신앙의
변증법

신앙의 변증법

: 김교신과 한국 개신교

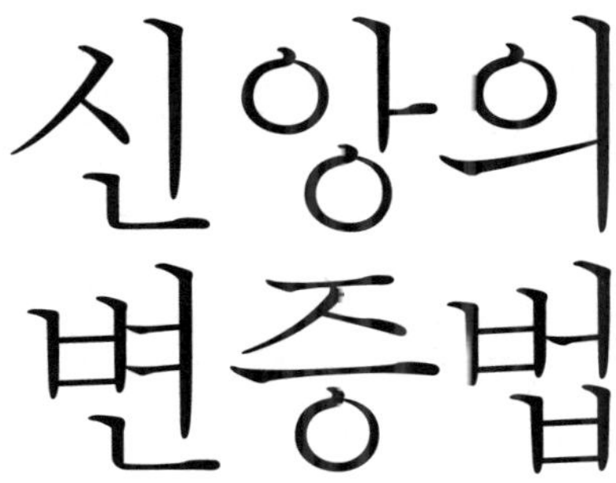

The Dialectics of Faith:
Kim Kyo-shin and Korean Protestantism

양현혜 지음

이 책을

존경하는 스승님, 미야타 미츠오〔宮田光雄〕 선생님과

츠키모토 아키오〔月本昭男〕 선생님께 바친다.

두 분 선생님의 한결같은 기도와 지도가 없었다면

이 책은 세상의 빛을 보지 못했을 것이다.

정신사적으로 볼 때 오늘날 한국 사회의 가장 심각한 문제는 말의 '오염'이라고 할 수 있다. 비근한 예를 들면, 민주주의, 자유, 계몽, 법치, 저항권 등 중요한 정치적인 개념들이 그 본연의 정치사상적 맥락에서 탈각하여 본래적 의미 내용을 잃고, 각자 임의대로 사용하는 '창작어'가 되어 표류하고 있는 현상이다. 그 결과, 소통의 도구인 언어의 기능이 마비되어 말들과 말들이 충돌함으로써 대화와 토론이 불가능해지고 갈등과 혐오만이 남게 된다.

특정한 개념을 지칭하는 말들의 '오염'에서 기인하는 이러한 부작용은 고유한 세계관을 갖는 종교 체계의 경우 더욱 심각하다. 모든 종교와 마찬가지로 개신교의 세계관 역시 특수한 개념들의 매트릭스이다. 흔히 사용하는 기독교 용어인 십자가, 부활, 구원, 은총, 자유, 사랑, 용서, 회개 등의 개념은 이 매트릭스 안에서 각각 위치가 배정되어 상호 그물망처럼 연결되어 있다. 그러한 개념들이 각자의 위치와 맥락에서 이탈했을 때 그 말은 '오염'될 수밖에 없다.

오스트리아의 역사가인 프리드리히 헤어(Friedrich Heer)는 그의 저서 *The Intellectual History of Europe*(Ohio: The World Publishing Company, 1966)에서 다음과 같이 말했다. "이 세상에서 가장 강한 변혁력을 가진 종교와 신앙조차도 표면적인 회심을 가져오기 위해 수 세기가 걸리고, 그러한 종교 혹은 신앙이 사회구조의 중심부까지 침투하여 변화시키려 한다면 몇천 년이 필요하다는 것을 유럽 기독교의 역사는 우리들에게 가르쳐 준다.”

세계에서 가장 긴 기독교 역사와 그 문화권의 하나인 유럽에서조차도 100퍼센트 단일한 기독교 문화가 형성된 것은 아니라는 것이다. 고대적 혹은 기초적 토착 문화가 소멸하지 않고 오늘날에도 사회구조와 사람들의 생각, 삶의 방식 속 무의식의 심층에서 생명력을 가지고 움직이고 있다. 또한 유럽 문화권이 기독교 국가가 되어 가는, 기독교가 가치 체계의 결정적 요소가 되어 가는 과정어서 민중 생활 일상성의 근저에 토착적인 것, 외래의 것 등이 포함되어 다양한 문화적 요인이 교착하고 있었다고 한다.

한 가지 색깔로 칠해진 듯 보여도 시간이 지나 표면이 씻기면 그 아래의 벽면이 드러나듯, 기층에 있는 것은 문화적 생명력을 견지하며 살아 있는 발전 양식을 수반하고 있다. 하물며 수천 년을 불교와 유교 그리고 샤머니즘의 전통문화 속에 살아온 한국에 개신교는 수용된 지 겨우 140여 년이 지났고, 그 다층적 발전 양식은 한층 뚜렷하다. 개신교라는 표면을 조금만 벗겨 내면 정체를 구분하기도 어려운 여러 전통문화와 사상들이 뒤엉킨 채 켜켜이 쌓여 있다.

더구나 한국의 개신교 수용은 한국 근현대사와 맞물려 전통과의 대결 및 연속과 혁신이라는 사상적 씨름을 할 겨를도 없이 서구화를 위한 ‘당위’로서 수용된 측면이 강했다. 따라서 한국 개신교에는 서구적 문화 양식 또한 겹겹이 쌓여 있다. 이러한 한국 개신교의 정신 구조 안에서 기독교의 고유한 ‘말’들이 전통 사상의 사유 체계나 언어들 그리고 동시대 사조들의 언어와 뒤섞여져 ‘혼동, 오용, 오염’되는 것은 어찌 보면 자연스러운 현상이다. 사회적 지탄의 대상이 되고 있는 이단과 사이비 그리고 최근 극단적으로 정치화된 세력 등이 한국 개신교에 출현하는 것은 다름 아니라 이러한 말의 '오염'에서 일차적으로 기인한다.

외래에서 온 모든 이질적 사상과 문화의 발전 과정에는 일반적으로 세 가지 단계가 있다. 수용-학습-재생산 과정이다. 수용의 경우, 수용 주체는 이미 내재한 전 이해를 토대로 이질적인 외래 사상을 이해하고 습득할 수밖에 없다. 이 과정에서 불가피하게 왜곡과 몰이해가 수반된다. 시간이 지남에 따라 이질적 사상의 본래 맥락과 구조를 이해하는 좀더 본격적이고 체계적인 학습이 이루어진다. 이러한 학습 과정을 통해 이질적인 사상이 명확히 파악·숙지되고 자기화되면서 사상 자체에 대한 생산적 기여나 진전, 전통의 혁신 등이 일어나고 사상의 재생산도 가능해진다. 그렇다면 이질적 외래 사상이었던 한국 개신교의 정신적 구조는 이 수용-학습-재생산 단계 어디쯤 위치하는가.

개신교 수용 140여 년이 되어 가는 이때, 개신교의 존재 양식 및 그 본질에 대한 성찰과 반성이 한국 개신교에 요구되고 있다. 또한 한국 개신교의 발전과 전진을 위해서 개신교와 한국의 전통 정신과의 조우 방식, 양자의 대결 방식, 상호 침투방식 등에 대한 재검토도 요구되고 있다.

이 책은 이러한 재검토를 시도한다. 그러나 교리상의 상이점 발견과 대결 양상, 양자의 교류 방식, 결합의 방식 내지 가치관의 교류 가능성을 논하는 방식으로 이 과제에 접근하지는 않는다. 관념적 논의로 끝날 가능성이 있기 때문이다. 교리나 교의 이해와 해석에 관련된 이론적 비판은, '이렇게 믿고 이렇게 살았다'는 신앙을 스스로 역사 속에서 살아 낸 실존을 가지고 증거되지 않는 한 크게 설득력이 없다. 교리나 신학은 살아 낸 신앙을 이론적으로 설명하고 변증하는 것이지 신앙 그 자체가 아니기 때문이다. 즉 신학이나 교리는 신앙 없이도 이야기될 수 있다.

따라서 이 책은 한국의 역사적 현실 가운데 신앙적 내지 사상적 과제로서 스스로 '신의 메시지를 받들어 살아 낸 실험'을 통해서 기독교의 본질을 추구하고, 전통 사상과 기독교의 창조적 대결을 모색한 사람의 문제 제기를 통해 이 문제를 재검토해 보고자 한다.

이러한 의미에서 한국 개신교사 가운데 김교신이 차지하는 위치는 특별하다. 그는 1927년부터 강제 폐간되는 1942년까지 〈성서조선〉이라는 신앙 월간지를 158호까지 발행한 개신교 언론인이다. 일제의 언론 통제 정책 아래에 있었던 당시 잡지들의 평균 발행 호수가 50호 정도였음을 감안한다면, 그가 〈성서조선〉의 속간을 위해 얼마나 노고를 기울였을지 짐작할 수 있다[김미정, "김교신의 성서조선과 일본의 언론 통제 정책", 〈대학과 선교〉 62(2024)]. 〈성서조선〉 158호에 실린 "조와"(弔蛙)로 인해 '성서조선 사건'이 일어났고 그는 1년간 서대문형무소에서 수감생활을 했다. 출옥 후 잡지 발행도 교사직도 이어 갈 수 없게 된 그는 범법자 강제 징용을 피해 일본 흥남질소 비료 공장에 입사하였고 조선인 노동자 주택 관리계의 계장으로 일했다. 사택 내 발진티푸스 환자를 간호하다 자신도 감염되어 해방을 4개월 앞둔 1945년 4월 25일 결국 병사했다.

이러한 삶의 이력을 가진 그가 〈성서조선〉을 통해 씨름하고자 한 것은 당시 조선 개신교의 존재 양식, 기독교의 본질과 조선 개신교의 본질, 조선의 전통 사상과 개신교의 관계 그리고 전통과 역사의 혁신을 담당할 새로운 기독교적 주체의 모색이었다. 이러한 씨름은 조선 개신교 내의 말의 '오염'에 문제를 제기하고, 그것을 본래의 위치에서 적확하게 파악하고 통용되도록 만드는 노력이었다.

그는 동시대 조선 개신교계에서 보면 주류는 아니었다. 식민 지배국 일본의 무교회주의를 따르는 위험한 모험을 하는 사람, 자발적으로 본진에서 이탈해 싸우는 야전 전투원 같은 사람이었다. 그러나 그는 조선인으로서 조선 사람들의 문제를 짊어지고, 조선 기독교인으로서 자신의 사명을 다하기 위해 고독하게 분투했다. 이러한 실존을 가지고 조선 역사의 한복판에서 자신의 신앙을 증거한 김교신의 '이의 있음'은 경청할 무게와 가치가 분명히 있다.

이 책에서는 그가 제기한 말의 '오염'과 관련된 중요한 개신교 키워드 열두 개를 선정했다. 신앙, 회심, 자유와 복종, 신앙과 이성, 전도, 예언, 종교개혁과 무교회, 기독교와 국가권력, 전쟁, 토착화, 여성, 공산주의. 이렇게 12개의 말이다. 기독교적 세계관에서 고유의 의미 내용을 갖는 이러한 말들의 유통에 대해 김교신이 자신의 시대 개신교의 '오염'이라고 주장한 부분은 어떠한 것이었나, 이를 시정하고자 제시한 내용은 무엇이었는가를 그의 대표적 글을 통해 살펴보고자 한다. 또한 이러한 그의 주장을 동시대 다른 개신교인의 사상과 비교하여 논리 구조를 분석하고, 양자 사이에 어떠한 간극이 있는가를 검토하고자 한다. 그리고 이 '말'의 본래의 맥락과 의미 '학습'에 참조할 수 있는 신학적 자산을 생각해 보고자 한다.

마지막으로, 김교신이 제기한 문제가 그로부터 100여 년이 지난 오늘날 한국 개신교에서 어떻게 재연, 시정, 악화되었는지 추적하고자 한다. 즉 당시 조선 개신교의 존재 양식과 본질을 검토하고, 이것에 비추어 오늘날 한국 개신교의 존재 양식과 본질을 비판적으로 성찰함으로써 한국 개신교의 현주소를 가늠해 보고자 하는 것이다.

이 책은 이러한 비판적 성찰 작업을 다음과 같은 사상사적 문제의식에 근거하여 수행하고자 한다. 첫째로, 특정한 정신 구조를 문화 근저에 가진 사회에서 이질적인 사상 수용과 학습 그리고 재생산은 어떻게 일어나느냐는 문제이다. 먼저 수용 단계에서 수용 주체인 한국 개신교인들이 무엇을 어떻게 수용했는가, 초기 수용의 단계에서 한국의 전통 정신 구조 안에 내재된 어떤 전이해적 요소를 기반으로 기독교를 이해하고 수용하였는가, 이 과정에서 발생한 몰이해와 왜곡은 무엇이었는가, 복음과 그것을 전한 미국 선교사들의 배후에 있는 미국적 가치관, 생활양식과 문화양식, 그들의 기호 등을 준별하고자 했는가, 만일 그러한 자각적 노력이 일어났다면 그 전개 과정은 어떠한 것이고 사상적 구조는 어떠했는가를 물어야 한다.

또한 기독교의 본질에 다가가기 위해 어떠한 학습이 필요하다고 인식했으며 그 내용은 무엇인가, 이러한 학습을 통해 기독교 사상이 어떻게 체화되어 자기화되었는가, 그 결과 한국 개신교에서 어떠한 의미 있는 재생산이 일어났으며 그 사상적 구즈는 무엇인가 하는 문제이다. 이러한 문제는 새로운 사상의 수용과 변화, 성장, 진전의 요인과 과정을 탐구하는 것으로, 한국 개신교의 전개 과정과 본질을 탐구하는 데 중요한 연구 과제이다.

두 번째로, 이질적인 종교나 사상 혹은 문화가 전통 정신 구조와 만나고 교류하는 역동적 과정에서 발생하는 내발적 가치의 연속과 비연속에 대한 질문이다. 한국 개신교사에서 이 문제를 생각해 본다면, 한국의 전통 정신 구조 안에 내재한 여러 요소 가운데 한국인의 인간 해방, 사회관계의 휴머니즘에 반한다고 생각되는 제 요소를 극복하기 위해 기독교 사상 혹은 그 안에 있는 요소를 매개로 해서 싸워야 할 대상에 도전하여 타파하고 극복하려고 하는 시도 혹은 이질적인 요소를 매개로 해서 내재적인 개별적 가치를 보편적인 가치에로 유도·배양하는 시도에 대한 분석이 될 것이다. 즉 사상 변화 과정에서 나타난 전통의 내재적 가치의 연속과 비연속 그리고 전통 사상의 혁신 문제에 대한 연구다.

세 번째로, 역사 속 특정 시기의 시대 조류 내지 시대정신을 발견 내지 발굴하여 그 정신 구조를 분석하는 것이다. 시대정신은 반드시 그 시대의 정점을 이룬 위대한 사상가가 대표하는 것은 아니다. 위대한 사상가가 그 시대에 대단한 영향력을 미치는 경우도 있으나, 경우에 따라 고독한 예언자적 존재, 다가올 시대의 방향을 지시하는 선각자, 시대의 아웃사이더가 그러한 경우도 있다. 이러한 사상가 연구는 대단히 중요하다. 또한 위험한 사상 또는 비인간적인 사상이 시대사조가 되는 경우도 종종 있다. 사회 전체가 비인간적인 사상에 지배되어 사회 조직과 제도가 규정되고 사회 전체가 특정한 행동으로 추동되어 갈 경우, 이러한 사상 내지 사상가 연구도 사상사의 중요한 연구 대상이 된다. 그리고 사상적 깊이가 깊지 않다고 여겨지는 사람도 대중적 인지도가 있거나 많은 사람의 마음속 생각이나 욕망을 대변하면서 대중의 마음에 침투하여 그들을 움직일 때도 있다. 이러한 사상가 내지 사상을 발굴하고 분석하는 것 역시 중요한 사상사적 연구 과제의 하나이다.

이 책은 이러한 문제의식들에 근거해 개신교의 말의 오염 문제를 검토함으로써 한국 개신교의 존재양식과 본질을 재검토하려는 사상사적 시론이다. 종래 한국 개신교사 연구는 교회사나 한국 근현대사에서 중요한 위치를 차지하는 인물이나 사건 연구에 집중되고 있었고, 그 연구 방법은 역사적 사실에 대한 실증적 연구였다. 그러나 한국 개신교의 추락이 사회적 문제에까지 부상된 이 시기에 필요한 것은 축적된 기존의 실증적 연구를 계승하는 한편, 이에 더해 사상사적 분석으로 말과 개념의 오염을 드러내고 그 본연의 의미 내용을 복원시키는 것이다.

한국 개신교 사상사에 대한 예비적 시론에 불과한 본 연구는 미미하지만 이러한 작업의 단초를 놓는 데 기여하고자 한다. 앞으로 한국 개신교사 연구에서 '역사적 사실의 한정된 범위 내에서 그 의미를 창조적으로 묻고 해석하는 것을 과제'로 하는 사상사적 연구가 더 활성화되기를 기대한다. 아울러 한국 개신교의 자기 쇄신에도 미력하지만 기여하고자 한다. 한국 개신교의 자기 쇄신은 비단 개신교회 안에서뿐만 아니라 한국 사회 전체의 이슈가 된 지 오래이다. 해방 이후 한국 개신교는 미국과의 뿌리 깊은 연관성으로 한국 근현대사와 불가분의 관계를 맺으면서 단순한 종교 영역을 넘어 한국 정치의 커다란 변수로 작용해

왔기 때문이다. 오늘날 더는 방치할 수 없게 된 한국 개신교의 자기 쇄신은 말의 오염의 시정이라는 근원에서 시작될 수 있을 것이다.

이 책의 구성에 대해 몇 가지 이야기하고 싶다. 이 책은 전체 1, 2, 3권으로 구성되어 있다. 1권은 기독교 신앙에 관련된 부분으로, '신앙의 변증법: 김교신과 한국 개신교'라는 제목으로 엮었다. 2권은 기독교 신앙을 일상생활 혹은 공적 영역에서 실천할 때 가장 문제가 되는 테마를 중심으로 '공적 신앙의 윤리: 국가권력과 로마서 13장'이라는 주제로 묶어 보았다. 3권은 오늘날 시의적으로 좀 더 긴급한 문제 중심으로 '경계에 선 신앙: 전쟁, 토착화, 여성, 공산주의'라는 제목으로 모았다. 그동안 발표한 논문들을 부분적으로 수정, 가필한 것도 여기에 포함되어 있다. 논문 가운데 일부는 주제에 따라 다소 중복되는 부분도 있다. 전체적으로 틀을 바꾸기는 어려워 그대로 수록한 점은 독자들께 미리 양해를 구하고 싶다.

끝으로 이 책이 나올 수 있도록 도와주신 분들께 감사드리고 싶다. 한국인과 일본인이라는 묵은 역사적 인연을 넘어서서 시대의 아픔과 씨름하는 지식인으로서 그리고 동일한 신앙의 길을 걷는 기독교인으로서 나의 연구를 지도해 주시고 응원해 주신 미야타 미츠오 선생님께 이 책을 바친다. 적지 않은 부분에 선생님의 글이 인용된 것에서 엿볼 수 있듯이 선생님의 기도와 지도가 없었다면 이 책은 세상에 나오지 못했을 것이다. 무학(無學)한 저자를 무교회주의와 구약 성서의 세계로 이끌어 주신 츠키모토 아키오 선생님께도 이 책을 바친다. 저자를 학매(學妹)로 여겨주시고 변함없는 지지를 보내주신 선생님의 사랑이 없었다면 이 책은 세상의 빛을 보지 못했을 것이다. 그리고 3년 전에 하나님의 부르심을 받고 소천한 남편 이규태에게도, 여전히 소란한 한국을 떠나 천상의 지복을 누리며 기다려 달라는 안부를 전한다. 다시 글을 쓸 수 있도록 건강을 회복시켜 주신 강선구 선생님, 권태협 선생님, 그리고 박혜윤 선생님께도 마음으로부터 감사를 드린다. 색인과 참고 문헌을 도와준 조교 송하은과 김미정 그리고 김춘복에게도 감사를 전한다. 마지막으로 이 책의 출판을 기꺼이 허락해 주신 홍성사의 정애주 사장님께 깊은 감사를 드린다. 항상 최선의 책을 만들어 주시는 홍성사 직원 여러분들께도 감사드린다. 녹록지 않은 한국 출판계 상황에서 어려운 길을 가시는 그분들의 노고가 없었더라면 한국 개신교계의 사상적 상황은 지금보다 훨씬 심각했을 것이다. 다시 한번 감사의 말씀을 드리고 싶다.

2025년 12월
한반도의 새봄을 기다리며,

양 현혜

차례

책머리에 **6**

1장 신앙

1 김교신의 신앙 이해 **21**

2 유용성인가 영원성인가 **38**

3 윤치호의 기독교적 세계관과 '지(知)의 제국주의' **40**

4 박인덕의 개신교 신앙의 구조 **77**

2장 회심

1 김교신의 회심 **135**

2 유교와 기독교 **144**

3 최병헌의 개종에서 본 기독교와 유교의 대결 양상 연구

―《성산명경》과《만종일련》을 중심으로 **146**

3장 은혜와 복종

  1 김교신의 자유와 종 됨의 변증법 **189**

  2 자유와 복종의 변증법 **201**

  3 본회퍼의 '값싼 은혜'와 '고귀한 은혜' **204**

4장 신앙과 이성

  1 김교신의 이성과 신앙 **219**

  2 이성을 포괄한 신앙 **229**

  3 성서 성립과 번역사 **236**

  나가는 말 **269**

  참고 문헌 **276**

일러두기

— 이 책에 인용된 성경은 개역개정을 따랐다. 김교신 글 인용은 《성서조선》(김교신선생기념사업회, 홍성사 간, 2019, 전8권)을 사용하되 의미를 이해하기 어려운 경우에만 한자를 병기하거나, 현대어로 고쳤다.
— '책머리에'는 〈한국 개신교 사상사〉 1, 2, 3권에 동일하게 수록하였다.

1장

신앙

1. 김교신의 신앙 이해

1,000명의 기독교인이 있다면 1,000개의 기독교가 있다는 말이 있다. 기독교라는 단어가 표상하는 내용은 그만큼 다양할 수 있다는 말이다. 이 말은 '기독교 같은 기독교' 신앙은 많으나 '기독교 신앙'은 드물 수 있다는 말도 된다. 따라서 기독교에 입문하려 할 때 '기독교 신앙이란 무엇인가'라는 질문은 반드시 해야 할 질문이기도 하다. 〈성서조선〉을 통해 사랑하는 조선 민족에게 가장 고귀한 선물로서 성서를 바치려고 한 김교신은 기독교의 언어와 개념의 오염과 오용을 막고자 했다. 따라서 그에게 '기독교 신앙이란 무엇인가'라는 질문에 답하는 것은 가장 중요한 일의 하나였다. 그가 이 질문에 대해 많은 글을 남긴 것은 자연스러운 일이었다. 여기에서는 그 대표적인 문장으로 "영원의 긍정", "살랴 죽을랴", "망하면 망하리라", "하나님 중심의 신앙으로 돌아오라", "종교의 목적"을 읽어 보자.

기독교는 약속의 종교입니다. 기독신도의 신봉하는 구신약성서는 즉 하나님이 그 백성에게 수여한 계약 성문(成文)이올시다. 계약서는 그 약속한 바가 성취 이행되는 데에 의의가 있고 생명이 있는 것이오. 만일에 쌍방 혹은 일방이 약속 이행할 성의 없는 자일 때에 그 계약이 낭패로에 돌아가는 것처럼 기독교의 구약과 신약의 계약문이 이행성 현실성을 결여한 공문서라면 세상에 기독교 신도처럼 불쌍하고 어리석은 자들은 없을 것이오(고린도전서 15:12-19).

그럼 구신약 계약문은 과연 신뢰할 만한 것인가? 아닌가? 이것은 기독교 신도에게는 우주존멸(存滅)의 문제마치 중차대한 문제다.

첫째로 하나님 자신은 자기의 언약을 어떤 것이라고 표시하셨나. 이하 구절을 찾아봅시다.

모든 육체는 풀과 갓고 그 모든 영광이 풀의 꽃과 같흐니 풀은 마르고 꽃은 떠러지되 오직 주(主)의 말씀은 세세(世世)토록 잇나니라(이사야 40:6, 7, 8. 베드로전서 1:24, 5).

천지는 업서질지언정 내말은 업서지지 아니하리라(마가 13:31). 아바지의 말삼은 진리니이다(요한 17:17).

영세불변하는 것 영구불멸하는 것. 진리 그것이 곧 하나님의 말씀이라 하셨다. 다음에 이와 가치 진실하신 하나님의 말씀을 진실한 약속 그대로 신뢰한 자 즉 이스라엘 백성은 여하한 특성을 가졌든가. 이 점을 상고할 필요가 있습니다. 대개 깨끗한 자에게는 모든 것이 깨끗하나 더럽고 믿지 아니하는 자에게는 하나도 깨끗한 것이 업고(디도 1:15) 형제의 허물을 사하여 준 경험이 없는 자는 자기의 죄가 사하여졌음을 믿을 수 없는 것이니(마 5:23) 이스라엘 민족의 특성을 상고함으로써 우리는 하나님의 언약의 성질에 관하야 많은 것을 납득할 수 있습니다.

이스라엘 민족의 조상 아브라함은 약속에 의하야 이름을 변경하고 약속에 의하야 '갈 바를 아지 못하면서' 향관(鄕關)을 출발하야 가나안을 향하였고 약속에 의하야 노년에 생남(生男)할 것을 기대하였고 또한 약속에 의하야 그 아들을 제단에 바친 것이었다. 아브라함을 조상으로 가진 이스라엘의 허다한 예언자와 선지자들은 이 점에 있어서 예외없이 진정한 아브라함의 후예였습니다. 저들은 자기에게 해로운 결과가 생길지라도 언약을 파기하고는 생존할 수 없는 자들이였습니다(시 15:4). 가령 사사기 중에서 일 례(例)를 찾어 보면 제11장 29절 이하에 입다어 관한 기사가 있습니다. …

사사 입다는 장부였다. 그러나 입다의 딸도 또한 장부였습니다. '아바지여 입을 열어 한번 맹서하였사오니 입에서 나온 말씀대로 내게 행하옵소서!'라고. '그 아바지에 그 딸'이라고 안 할 수가 없습니다. 이러한 가정 안에 믿지 못할 언약이 있겠습니까? 이러한 국민들이 여호와 하나님의 신실한 언약을 여실히 수납신뢰(收納信賴)하였음은 지극히 당연한 일이였습니다. 영웅이 영웅을 알아보고 신실한 자가 신실한 자를 간파합니다.

이스라엘 백성이 약속을 이행하고 하나님을 믿은 것은 우리들처럼 곤란한 일이 아니었습니다. 저들은 진실한 자손이오 우리들은 그러치 못한 고로.

오늘날 조선교회가 쇠퇴하고 신앙이 불지(拂地)하였다는 탄성(歎聲)이 분분함은 결코 전도기관의 불비(不備)라던가 대 신학자(神學者)의 불출(不出)로써 원인(原因)한 것은 아닙니다. 그 참 원인(原因)은 조선 사람의 마음속에서, 조선 사회에서, 조선교회와 개인의 영혼 속에서, '진실성'이 전혀 비산(飛散)하야 사람과 사람이 신의(信依)할 수 없고 사람이 하나님께 소원을 아뢰어 맹서한 것을 이행치 아니함으로써 하나님의 계약 성취에 대하야 의심의 구름만 몽롱하게 되어진 연고올시다.

우리가 각기 반성하여 봅시다. 우리의 부모가 우리를 수태할 때 하나님 앞에 소원을 아뢰어 약속한 것이 있다 합시다. 또한 우리가 우리의 자질(子侄)을 위하야 무슨 맹서를 여호와 앞에 세운 일은 없습니까. 특히 당신 자신이 신앙 초기에 가장 사랑하는 기도 중에서(묵시 2:4-5) 은근한 맹세를 주 예수께 드린 일은 없습니까. 이러한 경우에 부형(父兄)된 자가 부형으로서의 소원 서약에 입다와 같이 참혹하게까지 충실하고, 자녀된 당신은 입다의 딸과 같이 용감하게도 신실한 자일진대 교회가 쇠퇴하지 않고 우리의 신앙이 미약하지 않을 뿐더러 하나님의 이름을 다시 묻지 않고 하나님을 아는 백성, (히브리 8:11) 구신약의 계약을 약속수형(約束手形)처럼 신뢰하는 신도(信徒)가 되었을 것입니다.

마는 금일 조선 현상(現狀)은 어떠합니까. 수년 전(數年前)에 민립

대학이란 것이 발기(發起)되였던 것은 우리 피차 기억에 있을 줄 압니다. 그 실패의 원인이 어디에 있었는지 적확(的確)히 알 수 없으나, 경제문제가 제일원인이 아니었던 것은 분명합니다. 조선인이 궁핍하다 하나 매년 한 사람당 6원 50전 이상의 담배값을 지불할 능력 있는 것은 통계표가 증명합니다. 그러면 한 사람 당 1원으로 후원하기로 약속한 민립대학의 운명이 유야무야하게 실패로 귀(歸)하고 말게 된 것은, 아무리 보아도 경제문제로 실패된 것은 아니었습니다. 즉 조선사회에서 신실성이 비산(飛散)하야 서로서로가 신의할 수 없었던 결과로 1원을 안심하고 위탁할 만한 인물을 발견치 못하야 결국 실패로 돌아간 것인 줄로 압니다. 즉 민립대학 문제는 조선민족 이천만 중에 1원 가치의 신실을 가진 자가 한 삶도 없었다는 것을 증명하였습니다. 사도 바울은 '의인이 업다 일인(一人)도 업다'(로마 3:10)고 하였거니와 내가 지금 '조선에 신실한 자 업다. 일인(一人)도 업다'고 한들 누가 능히 변명하겠습니까.

또 일반사회의 일은 차치하고 소위 예수교 신도들은 어떻습니까. 신우회라는 것을 조직하여 가지고 교인크 세상에서 다대한 기대를 받던 것은 작년도의 일이 아닙니까. 그러나 요즈음에는 그 역시 신문지의 '응접실' 난에나 혹시 나오지만, 그 난의 기자의 박식으로도 오히려 그 종적을 알 수 없다는 것은 세인이 다 아는 바입니다. 조선에 결핍한 것이 많으나 '신실'처럼 결핍이 심한 것을 우리가 느껴 본적이 없었습니다. 사방공사로써 송림이 자란다는 말은 자주 들으나, 신실한 인물이 불어난다는 통계는 아직 보지 못하였습니다.

이와 같은 백성, 형제가 형제를 믿지 못하는 백성이 하나님을 믿지 않고 그 계약을 부정한다 할지라도 그것은 조금도 통탄할 일이 못 됩니다(요한 1서 4:20, 디모데후서 2:13). 하나님의 신실하심에는 조금도 변함이 없습니다.

그러나 예전에는 조선에도 신의가 전무하였던 것은 아닙니다. 저 율곡, 퇴계, 두 선생이 장마 중이였지만 약속대로 통도사에서 상봉하였다 함은 널리 전하는 일화의 하나입니다. 저들은 다윗, 리빙스톤, 아브라함 링컨 등과 같이 다 신실한 자들이었고 저들의 그 신실은 지금 우리의 혈관에도 얼마씩은 유전되었을 것입니다. 나는 여러분 중에 가장 자기의 신실함에 자부심이 강한 이에게, 수십 년의 진실한 신앙 생활의 경험을 가지고서 하나님의 언약이 여실(如實)치 못하고 전심전명(全心全命)의 기원도 보응이 없었으므로 드디어 하나님의 진실성을 부정하려는 형제에게 한마디 고언이 있습니다. '당신의 50년 미만의 신실로서 태초부터 영원까지의 신실에다 비기지 말라!'고. 당신은 사람으로서의 여한이 없이 다 하였을 것입니다. 아, 그러나 하나님의 신실하심에 비교할 때에, 만일 이것을 저울에 달아 비교한다면 과연 무(無)보다도 더욱 가비여울 것이 아닙니까. 시인이 '모든 사람이 다 거짓 말하난 자라'(시 116:11)고 설파한 것은 사실에 부합하였습니다. 브돌 사람 발람은 노래 중에 큰 진리를 교시하였습니다(민수기 23:19).

하나님은 사람이 아니시매 거짓말이 없으시고 인생이 아니심에 통회함이 없으시거늘 그 말씀이 어찌 성취하지 아니하시며 그 허락이 어찌 응하지 아니하리오. 우리는 사도 바울과 함께 '온 인류를 거짓되다 할지라도 오직 하나님은 성실하다'(로마 3:4)할 것입니다. 자기가 아는 것이 있는 것처럼 자부하는 사람은 아직 알아야 할 것도 채 다 알지 못한 자입니다. 가장 성실한 것처럼 사유하는 사람은 아직 성실해야 할 데까지 못 다 성실한 증거가 아닐 수 없습니다(고린도전서 8:3).

사색 중에 있는 형제여, 환난 중에 있는 형제여, 당신이 하나님 앞헤 세운 맹세를 설혹 일일히 다 이행하였다 할지라도, 그러고 하나님의 언약은 하나도 성취됨을 보지 못하였다 할지라도 오히려 당신의 성실, 나의 진실을 모두 다 합하야 영으로 합시다. 공(空)으로 합시다. 그러고 하나님의 영원불변하는 저 진실을 쳐다봅시다. 하나님의 언약을 다 '아멘'으로 화창합시다. 특히 조선사회와 기독교회의 현실에 실망하고 신종(信從)과 기도에까지 권태로움을 느끼게 된 노장 선배(先輩)들이여, 무(無)에 가까운 자아의 신실로 재지 말고 하나님의 성실에 눈을 향합시다. 그의 언약과 행사를 긍정합시다. 영원히 긍정합시다.

살랴 죽을랴(1932년 5월, 40호)

'살기 위하여 먹는가, 먹기 위하여 사는가' 함은 오랜 과제요, 각기 자기류의 답안이 있었다. 이제 크리스천을 향하여 살려는가, 죽으려는가고 질문하면 어떠한 대답이 나올까.

그렇잖아도 다른 나라들보다 궁핍하기 짝이 없는 반도의 살림살이가 경기라느니, 불경기라느니 하는 유행어의 의의조차 상고할 여유 없이 세계적 불경기의 대선풍(大旋風)에 휘몰려 들게 되었다. 못살던 친구가 더 못살게 된 것은 이루 헤아릴 수도 없거니와 꽤 잘살던 친척들까지도 문자대로의 적빈(赤貧)으로 접종(接鍾)하여 돌아오는 양은 공포의 감이 없이는 차마 견디어 보고 있을 수 없는 사태가 아닌가. 이에 생각한다. 협조운동? 농촌사업? 어떻게 하면 저들에게 일터를 주어 살길을 열게 할까. 물에 빠진 자는 건져 놓고야 볼 것이다. 굶는 자에게는 빵을 주어 놓고야 볼 것이다. 누가 이 일에 초급(焦急)을 느끼지 않을 수 있으랴. 온 교회가 그 진흥책을 강구할 때에 우선 농촌사업을 건의하며 각지의 기독교 청년회에서 덴마크 시찰담이 성행하는 것은 지당한 일이라 아니할 수 없다. 진정으로 나온 것이요, 사리 당연한 일이다. 누가 시비하랴.

그러나 먹는 일과 사는 일에 관하여는 기독교보다 더 유력한 종교와 사조가 많다. 보라, 현대에 유행하는 모모주의자들이 그 소신을 전파함에 씩씩하고 진실됨에 비하여 소위 기독교도들의 그 종류의 사업이란 것이 얼마나 미온적인가. 우리는 단언하기를 주저치 않는다. 인생의 주요 목적이 먹고 살려는 것이라면 어서 기독교를 버리고 유행하는 모모주의자로 개종할 것이라고. 적어도 저들은 그 주의의 현실성이 적확하고 그 언행이 진지하다.

'조문도(朝聞道)면 석사(夕死)라도 가(可)하다: 아침에 도를 들으면 저녁에 죽어도 좋다' 함은 기독교에서 멀지 않다. 원래 기독교는 죽는 길을 가르친 것이다. 기독교를 현세 살림에 이용하여 윤택을 더하려니 무능력하게 되어 버렸다. 그리스도의 일생은 골고다까지의 직행이었다.

베드로, 바울 그 밖에 초대 신도들의 기독교는 살고 더 잘 살려는 기독교가 아니었다. 루터는 살려고 보름스 회의에 임한 것이 아니었다. 생명을 구하는 자는 잃으리라고 경고하신 주 예수는 무엇보다도 먼저 우리의 생명을 바치기를 요구하신다. 특히 기갈에 임한 반도의 크리스천은 모름지기 죽기를 지원할 것이다.

망하면 망하리라(1934년 4월, 63호)

유대인의 고아, 그 삼촌을 따라 정처 없이 방랑하던 일개 소녀 에스더가, 천만의외에 당시의 대국 바사 왕의 왕후로 선정된 후 얼마 안 된 때의 일이다. 하만의 간계에 의하여 200여 만 명 이스라엘 백성이 일시에 전멸당할 운명이 처마 끝에 급박하였을 때에, 연수로 능히 한 민족의 비운을 전환하게 한 것은 과연 에스더의 '망하면 망하리라'는 한 마디의 힘이었다. 에스더가 무릅쓴 모험이 얼마나 위험한 일이었던 것은 바사 궁실 전범을 보아야 한다. 에스더는 적어도 '사'(死)를 모험한 것이다. 미주를 발견한 콜럼버스, 보름스 회의에 임한 루터, 남북 전쟁을 선언한 링컨, 암흑 대륙을 탐험한 리빙스턴 등은 다 에스더와 같이 '망하면 망하리라'는 표지로 생활한 자들이었다. 그것 외에 남보다 별다른 것이 없었으나 그것이 귀한 것이었다.

현대인들─신자, 불신자의 구별없이─의 가장 원하는 것은 '땅 짚고 헤엄치는 일'이다. 은급 제도, 보험제도는 물론하고 자질(子姪)의 교육, 실업의 경영, 종교에 귀의 등등의 결국은, 개인적으로나 단체적으로나 '땅 짚고 헤엄치자'는 목적을 달하려는 과정일 것뿐이다. 그러나 우리가 실제로 수영할진대, 땅 짚고 할 동안은 수영의 참맛은 영구히 알 수 없다. 빠지면 익사할 위험이 있는 창파에서라야 비로소 수영의 쾌미가 난다. 생물이 그 생명을 발육하며 종족을 보지(保持)함에는 '땅 짚고 헤엄치는' 주의가 안전하기는 안전하나, 거기서는 기계 윤전의 마찰 소리는 들릴망정 생명 약동의 기쁨의 노래는 나올 수 없다. 은어가 맑은 계곡물을 좇아 거꾸로 수영함과, 잉어가 폭포를 거슬러 뛰어오르는 일들은 위험하다면 실로 위험한 일이나, 이는 어쩔 수 없는 생명의 본질이다. 생명이 강성할수록 저는 폭포를 만났을 때에 용약(勇躍)하지 않고는 참지 못한다. 기독교의 신앙생활을 요약하면 기실은 '망하면 망하리라'는 생활이 그 전부다. 아브라함이 그 독자(獨子) 이삭을 제단에 바칠 때, 모세가 이스라엘의 어리석은 군중을 거느리고 출애굽할 때, 저들이 후세에 우리가 읽는 바와 같은 신기한 이적이 으레 있을 것을 미리 알고 행한 것이 아니다. 다만 알기는 망하면 망하더라도 절대명령에 순종할 것뿐이었다. 다니엘과 하나냐와 미사엘과 아사랴 등의 유대 소년들이 당대의 바빌로니아 왕 느부갓네살의 위풍에도 불복한 것은 저들이 무슨 술법이나 꿈으로나 혹은 성신(聖神)으로써, 사자굴에서도 안전히 생환하며, 철용광로에서도 무사히 구출될 것을 미리 보장받은 후에 감행한 것이 아니었다. 다만 망하면 망할지라도 의(義)에 당(當)한 것, 신의에 합한 일이면 감행하고, 땅 짚고 헤엄치듯이 안전한 일이라도 불의한 것은 거절한 것뿐이다. 그렇게 행한 결과에 하나님 편에서 특별한 능력으로 저희를 구출하였다. 신앙생활이라 하여 복술자(卜術者)처럼 길흉화복을 예측하거나 특별한 청탁으로써 하나님의 총애를 편취(偏取)하는 것을 능사로 아는 것은 대단한 오해이다. 신앙생활은 기이한 술수가 아니라, 천하의 대도공의(大道公義)를 확보하는 생활이다. '망하면 망하리라'는 각오로써.

하나님 중심의 신앙으로 돌아오라 (1935년 12월, 83호)

"독사의 종류들아 누가 너희를 가르쳐 장래의 노하심을 피하라 하더냐. 그런고로 회개함에 합당한 열매를 맺고 맘속에 생각하기를 아브라함이 우리 조상이라 말하지 말라. 내가 너희에게 이르노니 하나님이 능히 이 돌들로도 아브라함의 자손이 되게 하시리라…."
이것은 광야의 선지자 세례 요한이 그에게 세례를 받으려 나온 바리새 교인과 사두개 교인을 보고 말한 책망이다. 왜 그는 이런 격분한 말을 했던가. 저들이 양심의 갈급함이 없이 형식으로 외모로 나왔기 때문이었다. 사람의 '양심' 위에 '주의 길을 예비하며 그 지름길을 곧게' 하자는 그의 눈에는 외모의 믿음은 간교한 독사의 일같이 가증하게 보이었던 것이다.

이제 이 같은 부르짖음을 우리는 그리스도교 신자를 향하여 보낼 필요가 있는 때가 왔다. 은혜와 진리가 흘러넘쳐 사막 같은 이 세상에 생명물을 공급하는 오아시스이어야 할 하나님의 교회는 저 자신이 물이 다한 우물처럼 타 말라 보기 싫은 신조의 죽은 껍질만을 남겼을 뿐이다.

오늘날의 신자를 향하여 그대는 믿는 자냐고 물으면 그렇다고 대답한다. 그러나 그 믿음이란 어떤 것인가. 교회 명부에 이름이 있는 것이요, 주일과 기도회에 열심으로 출석하는 것이요, 날마다 성경 보고, 목소리를 높여 찬미하고, 장강유수(長江流水)의 기도를 드리는 것이요, 연보를 하고, 구제하는 것이다. 그리고 그것밖에 없다. 오늘날의 신자를 향하여 그대가 예수를 믿는 목적이 무엇이냐고 물으면 곧 대답하기를 죄 속함을 입어 영생에 들어가기 위하여서라고 한다. 그러나 사실이 그런가. 그보다는 생활이 나아지기 위하여, 남의 신용을 얻기 위하여, 인격수양을 위하여, 사회사업을 하기 위하여 믿는 자가 더 많지 않을까. 그 증거로 저희 가운데 자기 죄를 위하여 슬퍼하는 자가 없다. 그들은 죄라면 살인강도나 간음, 사기 같은 법률상의 죄만을 죄로 알 뿐이며 그것이 없는 한 자기는 의인인 줄로 안다. 기도할 때는 습관처럼 '저는 죄인이오나…' 하나, 머리를 들고 있는 동안은 자기가 죄인이라는 생각은 조금도 없다. 영생을 원한다고 하나 그 영생이란 늙은이에게는 욕심밖에 더 되는 것 없고, 젊은이에게는 내용 없는 말밖에 되는 것 없다. 불신자가 누리는 세상영화에서 털끝만 한 것도 빼지 않고 다 누린 후, 천당에 가서 불신자가 못 가지는 복락을 또 한 가지 더 얻자는 것이니 욕심의 변태가 아니고 무엇이며, 몸은 비록 죽으나 자기들의 사업과 정신이 후에 남는 것이라고 생각하니 텅 빈 말이 아니고 무엇인가.

오늘날의 신자는 말마다 하나님의 일이라고 한다. 그러나 그 하나님의 일은 어떤 것인가. 교회를 세우는 것이다. 유치원을 하는 것이다. 농촌사업을 하는 것이다. 하기아동성경학교를 하는 것이요 청년회, 하령회를 하는 것이다. 그리고 그것을 하기 위하여 불신자에게도 기부를 청하고, 남의 보조를 받고, 운동을 하고, 교섭을 하고 선전을 한다. 거기도 수완이 있어야 하고, 책략이 있어야 하고, 우량한 성적을 말해 주는 높은 숫자의 보고서가 있어야 한다. 오늘날의 신자는 전도를 열심으로 한다. 불쌍한 영혼을 구원하기 위하여 한다고 한다. 그러나 그 불쌍한 영혼은 끌려서 어디로 가나? 하나님에게로 가나? 예수께로 가나? 아니 '우리 장로교'로 가고 '우리 감리교'로 간다. 때로는 좌우편에서 끌어 그 가련한 양은 갈팡질팡하는 수도 있다. 그것을 없애기 위하여 구역의 설정이 있다. 저기는 네 구역, 여기는 내 구역. 재산 분배를 청하는 사람을 보고 "누가 나를 너희 우에 법관과 물건 나누는 자로 삼았느냐"고 책망한 예수가 그 구역을 분배하였을까?

통히 말하면 오늘날 교회의 신앙은 죽었다. 그 정통이라는 것은 생명 없는 형식의 껍질이요, 그 진보적이라는 것은 세속주의다. 이제 교회는 결코 그리스도의 지체도 아니요, 세상의 소금도 아니요, 외

로운 영혼의 피난처조차도 되지 못한다. 한 수양소요 한 문화기관
이다.

기독교는 그런 것이어서는 안 된다! 다른 종교는 몰라도 적어도 기
독교만은 형식에 떨어지고 세속주의에 빠져서는 안 된다. 그리스
도가 십자가에 못 박힌 것은 바로 그 형식의 종교와 세속주의를 박
멸하기 위하여서가 아니었던가? 이제 다시 그것들과 영합하는 것
은 분명히 그리스도를 배반하는 일이다. 그리스도를 믿는 자는 그
를 생명으로 아는 자가 아니면 안 된다. 그에게 절대 복종하고 절
대 신뢰하는 자가 아니면 안 된다. 그가 명령하기를 부모나 형제나
처자보다 자기를 더 사랑하라 하였으면 그대로 하는 것이요, 날마
다 제 십자가를 지고 따라오라 하였으면 그대로 하는 것이다. 믿음
이란 그저 말로나 외모의 행동으로나 하는 것이 아니요, 자기의 전
생명을 그리스도에게 넘겨 주는 일이다. 종래 '자기 표준', '인간 중
심'으로 살던 것을 '그리스도 표준', '하나님 중심'으로 사는 일이
다. 자기에 대하여 죽고 그리스도로 사는 일이다. 그런고로 신앙은
안에 있는 것이요, 밖에 있지 않으며, 양심에 있고 행동에 있지 않
다. 하나님의 요구하시는 것은 통회한 영혼이요 제사가 아니다. 고
로 모든 교회 법규를 다 지키고, 외양의 행동을 선히 하여도 '나'를
하나님께 바치지 않는 이상 신앙은 아니다. 내 영혼이 구원 얻기 위
하여, 내 인격이 높아지기 위하여, 내가 영생하기 위하여, 내 가족
내 민족이 살기 위하여 하나님을 부르는 것은 아무리 열심이 있고
경건이 있어도 신앙이 아니다. 그것은 내 재산, 내 세력을 모으려

는 것보다는 정도는 높을는지 몰라도 '나' 표준, '인간' 중심인 데서 변함이 없다. 그리고 이것처럼 하나님이 기워하는 것은 없다. 죄란 살인강도를 가리킴이 아니고 하나님을 거역하고 사람이 자기 중심이 되는 것이다.

회개하지 않으면 안 된다! 오늘날의 신자는 그 거짓 신앙에서 뛰어나와야 한다. 그 '나 표준'의 태도를 버리고 그 문화주의 살림을 폐해야 한다. 모든 것을 다 하나님에게 돌리는 하나님 중심의 믿음으로 돌아와야 한다. 불신자에게 회개를 권하기 전에 저 자신이 먼저 회개할 필요가 있다. 예수는 바리새 교인더러 천국 문에 서서 자기도 아니 들어가고 남도 못 들어가게 한다고 책망하였다. 오늘날 교회의 떨치지 못하는 원인은 불신자에게 있는 것이 아니요, 신자 자신에게 있다. 형식주의, 문화주의의 거짓 신앙을 가지고 있는 한, 오늘날의 신자는 역시 천국 문을 가로막아서는 자다. 아아 무서운 일이여! 저희는 속히 이 무서운 자리를 떠나야 한다. 회개하고, 성령을 고쳐 받고, 성경을 고쳐 읽어!

내 뜻대로 헤매었던 탕자가 돌아옴같이 산 신앙을 도로 찾아 하나님께로 돌아와야 한다!

종교의 목적(1940년 1월, 142호)

종교를 믿음으로써 개인의 덕을 닦고 품성을 높일 수도 있을 것이다. 또 국가사회를 이롭게 할 수도 있을 것이다. 그러나 무엇보다도 참된 종교의 궁극적인 목적은 죽음에 대한 도전과 정복에 있을 것이다. 따라서 아무리 그 사상체계의 심원을 자랑하는 종교일지라도 죽음을 정복할 능력이 없다면 가치 있는 종교라고 말할 수 없고, 또 가령 그 교리에 독단이 많은 듯하더라도 그 신앙에 의하여 죽음을 삼켜 이기고 남음이 있는 실력을 가진 종교라면 그것이야말로 우리가 갈망하고 있는 종교일 것이다.

사도 바울의 종교는 한마디로 말하면 '죽음을 이긴 종교'였다. 그러므로 그 자신은 그의 종교를 복음이라고 했고 능력이라고 불렀다. 이론이 아니라 사실이고 곧 쓸 수 있는 능력이었다. 그는 개가를 불렀다.

"형제여, 내가 이것을 말하리라. 혈육은 하나님 나라를 유업으로 받을 수 없나니 썩을 것이 썩지 아니하는 것을 유업으로 받지 못하리라 … 이 썩을 것이 썩지 않을 것을 입고 이 죽을 것이 죽지 않을 것을 입을 때 '죽음이 이김의 삼킨 바 되었다'고 기록한 말씀이 이루어지리라. 죽음아, 너의 쏘는 것이 어디 있느냐? 죽음의 쏘는 것은 죄요, 죄의 힘은 율법이니라. 그러나 감사하리로다, 하나님은 우리 주 예수 그리스도로 말미암아 이김을 주시느니라"(고린도전서 15:50)라고.

이것은 과장도 허식도 아니다. 또 바울 한 사람의 특이한 사상도 아니다. 실로 성서, 특히 신약성서 전체는 생명이 죽음을 삼키는 기록이다. 이 능력 있는 신앙에 의하여 죽음에 대한 준비가 되어 있었던 사람들이기 때문에 그들은 육체를 죽여도 그 이상 아무것도 못하는 것들을 무서워하지 않는 생애를 보낸 것이다. 그들은 박해를 가하는 자에 대하여도 두려움 없이 대답했다.

"하나님께 듣기보다 너희에게 듣는 것이 하나님 앞에 옳은 일일까? 너희는 이를 판단하라. 우리는 본 것, 들은 것을 말하지 않을 수 없다"(사도행전 4:19-20)라고 주장했다. 실로 발랄한 생명이 아닌가. 무엇 때문에 그렇게 되었는가. 이미 죽음의 문제가 해결된 영혼이었기 때문이다.

최근 우리의 지우(誌友) 중에 남에서도 북에서도 젊은이도 늙은이도 뒤를 이어 하늘에 불리운다는 소식에 접하여 인생의 쓸쓸함을 느끼지 아니치 못하나 그러나 자세한 소식에 접할 때마다 그것이 모두 개선의 뉴스 아닌 것이 없다. 죽음을 생각할 때마다 "의심하는 자는 와서 보라, 우리 전우(戰友)의 실상을!" 하고 말하지 않을 수 없다.

2. 유용성인가 영원성인가

유한한 인간에게 생활의 필요는 언제나 그의 능력을 초과한다. 그러나 기독교의 본질은 개인의 필요를 채워 주는 데 있지 않다. 인간이 종교를 자신의 필요와 욕망을 충족시켜 주는 수단으로 보는 한, 그가 섬기는 것은 하나님이 아니라 자기 자신이다. 기독교가 추구하는 것은 필요 충족의 '유용성'의 세계가 아니다. 기독교가 추구하는 것은 우리 존재를 있게 할 뿐만 아니라 존재가 살아가야 할 길을 주신 하나님의 뜻을 알고 실현하는 것이다. 기독교가 추구하는 것은 유용성의 세계가 아니라 뜻의 세계, 곧 '영원성'의 세계인 것이다.

김교신은 하나님이 무엇보다도 명백한 '뜻'을 가진 존재이심을 알았다. 하나님은 우리의 필요와 욕망을 위해 거래하는 대상이 아니다. 하나님은 아부를 하거나 비위를 맞춤으로써 조종할 수 있는 존재가 아니다. 그가 생각하는 기독교의 하나님은 인간에게 죄와 죽음을 이긴 영원한 '생명'을 허락하는 존재였다. 인간을 죽음의 두려움으로부터 자유하게 하는 해방의 하나님이었다. 따라서 그가 생각하는 기독교인이란 하나님의 뜻에 헌신하고 '나'를 죽이는 것, 즉 내 뜻이 죽고 하나님 뜻을 살리는 사람이었다. 그리고 거기에서 오는 새로운 삶의 질서에 대한 기쁨으로 용약하는 사람이었다. 오직 '망하면 망하리라'라는 각오로, 그분의 길이 열어 주는 '영원성의 세계'를 대망하면서 말이다.

그러나 기독교를 삶의 필요를 충족시켜 주는 체계로 이해하는 사람들이 많다. 그러한 기독교인들은 종교의 우월성을 충족 능력의 고하(高下)로 평가한다. 윤치호와 박인덕은 그러한 신앙의 구조를 가진 대표적인 인물이라 할 수 있다. 이하에서는 그들의 신앙의 구조를 살펴보자.

3. 윤치호의 기독교적 세계관과 '지(知)의 제국주의'

1) 서론

근대 조선은 '근대국민국가'로의 시도와 좌절 그리고 식민지 지배를 경험해 왔다. 근대 조선의 역사는 정치, 문화, 정신적인 제 측면에서 급격한 변화를 경험하는 동시에 여러 가지 사상적인 모색과 실천 운동이 전개되었던 시기였다. 근대 조선의 역사상을 정신사적인 측면에서 살펴보면, 이 시기는 집단적 정체성의 위기 상황이자 동시에 민족적 정체성의 재구성이 모색되었던 시기라고 말할 수 있다. 이러한 관점에서 한국 개신교사를 조망해 볼 때, 윤치호는 기독교와 민족적 정체성의 문제를 극히 비극적인 형태로 구현했던 대표적인 인물이라고 할 수 있다.

그는 일본, 중국, 미국에 유학하여 서구 학문을 흡수했던 근대 조선의 대표적인 지식인이며, 조선인 최초의 미국 남감리교 신자로서 조선 기독교의 자기 형성에 적지 않은 영향을 미친 기독교 인이었다. 또한 근대 국가로의 변혁을 지향했던 '독립협회' 회장 으로서 민중운동을 지도했던 정치가이기도 했다. 그러나 식민지 말기에는 일본 정부의 칙선 귀족의원으로 선임될 정도로 적극적 인 대일 협력자가 되어, 1945년 '해방' 후에는 제1급의 민족반역자 로 고발되어 80년의 생애를 끝마친 인물이었다.[1]

이하에서는 그의 기독교적 세계관이 어떠한 논리 구조를 가 지고 있었으며, 이것이 그의 정치적 행보 가운데 어떻게 외재화되 었는가 그리고 그의 민족적 정체성과 어떠한 연관성이 있었는가 를 고찰해 보자.

---

[1] 윤치호의 죽음을 둘러싼 설이 세 가지 있다. 첫 번째는 일본 패전 후 친일협력자로 비판 당할 것을 비관하여 개성에서 자살했다는 자살설이다(동아출판사 편,《동아세계백과 사전》, 제22권, 동아출판사, 1982, 55쪽 교육출판공사 편,《세계 인명대사전》, 교육출 판공사, 1985). 두 번째는 유족들이 주장하는 노쇠에 의한 자연사설이고, 세 번째는 타 살설이다. 헤이에[坪江仙二]의《改正增補朝鮮民族濁立運動史》(高麗書林, 1986, 復刻 板)에는 다음과 같이 기록되어 있다. "1945년 8월 9일 조선 민족주의자의 거물인 윤치 호(73세)가 개성 자택에서 괴한에게 피살되었다. 윤치호는 조선시대의 귀족 출신으로 1890년 서재필이 미국에서 귀국했을 때부터 함께 독립운동에 참가한 사람이며, 현재의 이승만 대통령보다 대선배이다. 그는 일한 합병 후에도 기독교를 중심으로 전 조선인의 신망을 모았다. 따라서 일본 측의 통치 정책에 대해서는 늘 비판적이었으나, 만주 사변 후에는 일반 민중의 움직임을 반영하여 상당히 타협적인 사상과 행동으로 변절했다. 특 히 미일전쟁 후에는 그 언동이 적극적이 되어, 1944년 말에는 조선인 감사 사절단의 단 장으로서 도일(渡日)할 정도였다. 또한 과격분자가 한 것이라고 전해지나, 종전 직후 혼 란기였기 때문에 본인의 명예를 위해 가족들이 뇌일혈로 사망했다고 발표했다"(410 쪽). 지금까지 우리나라에서는 자살설이 일반적이어서 필자도 자살설을 취했다. 그러나 자연사라고 하는 유족의 주장도 있어서 이 문제에 대한 자료를 조사한 결과 자살설만이 아니라 타살설도 있음을 알게 되었다. 이후 이 문제에 대해서는 더 세밀한 조사가 필요 하다고 생각된다. 자세한 것은 필자의《윤치호와 김교신》개정판, 한울, 2009 참조.

2) 유교적 세계관에서 기독교적 제국주의 세계관으로

(1) 기독교와 '제국주의적 지(知)' 수용

윤치호는 유교의 전통적인 화이(華夷)적 국제 질서관이 동요되던 19세기 후반 조선 사회에서 태어났다. 조선 최초의 근대적 군대인 별기군(別技軍) 창설에 주역을 담당했던 부친 윤웅열의 영향으로 그는 유길준(兪吉濬), 유정수(柳定秀) 등과 함께 조선 최초의 동경 유학생이 되었다.[2]

1882년 윤치호는 2년간의 일본 유학 생활을 끝마치고 귀국했다. 그는 쇠퇴해 가는 조선 사회를 개혁하기 위해 서구적인 정치 행정 시스템의 도입과 군주 주도의 '안민(安民)의 정치 이상' 실현을 두 축으로 하는 내정 개혁론을 주장했다. 그 목적은 어디까지나 '서구화'에 의한 '유교적 정치의 실현'에 있었다.[3] 윤치호에게 이러한 유교적 세계관의 잔존은 1884년 개화파가 일으킨 갑신정변 참가를 "군(君)을 위협하는 것은 순(順)이 아니라 역(逆)이다"라는 이유로 거절했던 점에서도 분명히 보인다.[4]

---

2   姜在彦, 《朝鮮の開化思想》, 岩波書店, 1974, 205~206; 柳永烈, 《開化基의 尹致昊 硏究》, 한길사, 1985, 23쪽.

3   《尹致昊 國文日記》(이하 《日記》로 약기—지은이), 탐구당, 1975, 1884년 1월 18일, 1월 21일, 7월 14일, 11월 2일, 1883년 12월 3일, 1885년 6월 8일.

4   《日記》, 12월 19일.

갑신정변 실패 후 조선 정국의 반개혁적 보수화로 인해 윤치호는 이를 피하여 미국 남감리교회 선교사 알렌(Young J. Allen)이 설립한 상해(上海) 중서학원(中西學院, Anglo-Chinese College)에 유학하게 되었다. 여기에서 그는 선교사 본넬(W. B. Bonnel)에게 지대한 영향을 받으며 '내세(來世)를 위해 깨끗한 영혼'이 될 준비를 하지 않으면 안 될 필요성을 느끼게 되었다. 윤치호는 '감각적 만족'을 추구했던 종래의 생활을 반성하고 '심약문'(心約文)을 작성했다. 그 내용은 기침조(起寢條), 수세조(水洗條), 금오수조(禁吾睡條), 계주조(戒酒條), 근희조(謹戲條), 직언조(直言條), 진노조(眞怒條), 절용조(節用條), 성적(性的)인 순결조(純潔條) 등 일종의 행동 규율이었다.[5] '구악(舊惡)을 버리고 일신(日新)을 재촉하는' 윤치호의 이러한 윤리적 수행의 자세는 기본적으로 '천리멸인욕'(天理滅人慾)이라는 유교적 수신(修身)의 연장선상에 위치한 것으로 볼 수 있었다. 그는 윤리적 자기완성과 신앙심의 강화라는 목적으로 1887년 4월 세례를 받고 조선 남감리교 최초의 세례 교인이 되었다.[6]

한편 윤치호는 미국 남감리교회의 원조를 얻어 미국 남부 밴더빌트(Vanderbilt) 대학과 에모리(Emori) 대학에서 약 5년간 인문과학을 공부할 수 있었다. 윤치호는 기독교국이자 세계 최고의 부와 문명을 자랑하는 나라로서 동경해 마지않았던 미국 사회를 직접

---

5   《日記》, 1887년 1월 4일, 1월 5일, 1월 7일, 1월 16일, 3월 6일, 4월 14일; 白樂濬, 《韓國改新教史》, 연세대학출판부, 1973, 176쪽.

6   白樂濬, 앞의 책, 177쪽.

경험할 수 있었다. 이를 통해 그는 기독교라는 종교의 사회적 기능과 그 역할을 이해할 수 있었다.

윤치호는 진보한 자연과학적인 지식과 기술, 미국인의 근면한 노력에 의한 끊임없는 '자연 정복', 즉 산업화 결과가 미국 문명이라고 생각했다.[7] 이러한 윤치호의 서구 문명 이해는 자연을 정복하는 산업사회 창출자로서의 인간상이 전면에 부각되는 반면, 정치적 주체로서의 시민상이 간과되어 있었다고 할 수 있다. 윤치호는 모든 문명이 추구해야 할 진정한 가치는 '산업 문명화'라고 보고, 미국을 '문명의 궁극적인 종착점'이라고 할 만한 세계 최고의 사회라고 평가했다.[8] 그는 여기에서 미해결 상태로 유보되어 있던 유교의 농업 중심적 세계상과 결별하고, 유교적 세계관 전체를 '반문명적'인 것으로 부정·단죄하는 입장으로 선회했다.

서구 산업 문명으로의 전면적 전향은 당연히 그의 조국 조선에 대한 인식에도 중대한 질적 변화를 초래하였다. 그에게 조선은 단순히 빈곤하고 약한 나라가 아니었다. 조선은 유교에 꽁꽁 묶여 있는 반가치(反價値)의 덩어리였다. 그에게 조선의 열등성은 현상적인 것이 아닌 본질적인 것으로 인식되었다. 그는 이 '불명예'의 나라를 조국으로 하여 태어난 자신의 생(生)을 '우환'(憂患)이라고 원망했다.[9]

<hr>

7   국사편찬위원회 편, 《尹致昊日記》(전11권, 이하 《英文日記》로 약기―지은이), 1892년
     12월 29일, 1893년 10월 14일.

8   《英文日記》, 1893년 4월 15일.

윤치호는 미국 사회에서 성속(聖俗)의 영역을 막론하고 자행되고 있는 인종차별을 목도하고, 미국이 궁극적으로 민주주의 국가가 아니라 인종차별의 국가라고 인식했다.[10] 그리고 그는 미국 사회의 이러한 인종차별을 뒷받침하는 배경이 사회진화론적 '적자생존의 원리'임을 파악했다. 당시 미국에서는 대개 다음과 같은 사회진화론적 사상이 유행하고 있었다.

즉 여러 문화의 우열(優劣)을 평가해서 그것에 우열을 정하는 기준은 기술 진보이며, 기술 진보는 생물학상의 발전에 대응한다. 각 문명의 기술 수준이 다른 이유는 문명을 담당하는 인종이 생물학상의 진화 과정에서 별개의 단계에 있기 때문이다. 인종 중에는 진화가 저지되어 미개인으로 남아서 '원숭이'에 좀 더 가까운 인종도 있다. 열등한 인종인 흑인과 인디언 등은 백인과는 다른 종류의 인간으로 개별적으로 창조되었다. 따라서 뛰어난 기술적 진보를 달성한 백인이 비백인을 정복하는 것은 인종 경쟁에서 '비적자의 배제', 즉 '최적자가 생존'한 결과로 정당하다는 것이다.[11]

9 　同上, 1890년 5월 4일, 1891년 2월 2일, 1892년 3월 5일, 1892년 9월 13일.

10 　同上, 1890년 2월 4일, 2월 14일, 1891년 4월 10일, 4월 19일, 1892년 10월 29일.

11 　清水幾太郎,《コントとスヘンサ》, 東京: 中央公論社, 1987, 36; Peter J. Bowler, *Evolution, The History of an Idea*, 鈴木善次 譯,《進化思想の歷史》下, 東京: 朝日新開社, 1987, 383-485; 米本昌平,〈社會-ダウィニズム―の實像:缺落した思想史〉, 村上陽一郎編《時間と進化》, 東京: 東京大學出版會, 1983; Richart Hofstadter, *Social Darwinism in American Thought*, 後藤後次 譯《アメリナの社會進化思想》, 東京: 研究社, 1973, 205〜242; David L. Sills ed., *International Encyclopedia of the Social Sciences* vol. 13, The Macmillan Company & The Free Press, New York, 402-406.

한편 당시 미국 개신교계에서도 사회진화론적 통설에 부응하여 적자생존의 결과인 열등 인종의 멸망은 신의 뜻에 합당한 것이며, 앵글로색슨 인종은 시민적인 자유, 기독교와 제 문물 제도들을 가지고 지구상의 모든 인종을 교화시키고 복음화시킬 사명이 있다고 주장한 스트롱(Josia Strong)의 기독교적 제국주의 사상이 커다란 영향력을 행사하고 있었다.[12]

윤치호는 인종차별에 분개했음에도 사회진화론을 수용하였고, 차별은 열등자 자신의 열등한 본질 때문에 일어나는 것이라고 이해했다. 그리고 열등자에게 가해지는 차별과 정복은 신의 뜻에 합당하다고 하는 사회진화론의 '비적자 배제론'에 공감했다. 그는 이렇게 수용한 사회진화론적인 논리를 근거로 전 세계적으로 행해지는 인종 경쟁적 현상을 신의 역사 섭리와 관련해 해석하면서 독특한 기독교적 세계상을 구성해 갔다.

(2) 기독교적 제국주의의 세계관

윤치호는 서구 문명국이 비서구국을 정복하는 약육강식적인 현상을 전 인류의 문명화를 위해 하나님이 선택한 수단이라고 보고 서구의 비서구 세계 침략을 도덕적 투쟁이라고 보았다.[13] 즉

---

12   Charles A. Beard & Mary R. Beard, *The American Spirit*, The Macmillan Co., New York, 1942, 234-236; 會很続彦, 《アメリカ教會史》, 東京: 日本基督教出版局, 1978, 236-237. 1885년에 출판된 스트롱의 저서 《나의 조국》은 175만 부나 팔렸다고 한다.

인류의 역사는 서구의 문명국이 비서구의 야만국을 정복하면서 그 문명을 확대해 가는 과정이라고 인식한 것이다. 이러한 인류사관에 근거해서 그는 '서구 문명국=강자(強者)=도덕적인 선(善), 비서구 문명국=약자(弱者)=도덕적인 악(惡)'이라는 독특한 등식을 구상했다. 본질적으로 필연적 관계가 없는 이 3자의 무분별한 동일화는 강자의 자기 탐욕적인 침략 행위를 도덕적인 선의 실현으로서 정당화시키는 근거가 되었다. 그는 "서구의 비문명국에 대한 행위는 야만인을 강제적으로 문명화시키려는 것으로, 서구인은 문명의 교사로서 인류의 문명화라는 성스러운 임무를 수행하는" 것이라고 보았다.[14]

한편 윤치호는 비서구 사회가 선택할 길은 무능력을 극복해서 문명화하여 존속할 것인가 아니면 멸망할 것인가 양자택일이 있을 뿐이라고 보았다.[15] 그는 '자의적인 게으름과 무지' 때문에 서구에 의해 주어진 기회를 활용하지 못하고 문명화에 실패한다면 그 종족은 살 가치가 없는 종족이라고 인식했다.[16] 이러한 윤치호의 세계상은 '적자 생존의 원리'에 의한 전 세계 산업 문명화 실현을 신의 역사 완성의 궁극적 목표로 보는 일원적 세계상이었다. 그것은 마치 캘비니즘의 이중 예정설과 같이 '산업 문명국=선자

---

13   《英文日記》, 1891년 5월 12일, 1903년 1월 3일.

14   同上, 1894년 9월 27일.

15   同上, 1893년 4월 7일.

16   同上, 1893년 12월 2일, 1899년 3월 5일, 1902년 9월 14일, 1905년 10월 3일, 10월 13일.

(善者)=영원의 지복, 산업 야만국=악자(惡者)=영원의 멸망'이라는 상극적으로 대치되는 이원적(二元的) 가치에 근거한다.

이러한 윤치호의 세계상이 제국주의적 성격을 띠고 있다는 것은 말할 것도 없다. 그러나 그것은 서구 기독교인이나 일본 기독교인과 같은 자기 팽창적 논리는 아니었다.[17] 오히려 그의 세계상은 제국주의 국가의 자기 정당화 논리를 안이하게 자기 내재화시켜 버린 주체 부재의 것이었다. 또한 늘 외적 가치로 스스로를 판단하고 그 결과 자기 민족의 열등성을 감내하는 주체 상실과 자기 파괴의 논리였다.

한편 윤치호는 그의 '기독교적 세계상'에 의거하여 신앙의 논리를 전개했다. 그것은 종래의 기독교 신앙의 근간을 공동화(空洞化)시키는 것이 전제였다. 윤치호는 과학과 이성이 미발달했던 "시대의 사색가들이 스스로의 두뇌에 있는 것을 발현시킬 유일한 것이 신학밖에 없었기 때문에" 신학이 성립되었다고 생각했다. 그리고 일상적 상식에 근거해 보았을 때, 기독교의 이원적 세계관을 이루고 있는 여러 교리와 성서의 내용은 믿을 수 없는 일이라고 단정했다.[18] 윤치호는 이 작업을 성서의 예언과 예언자를 부정함으로써 최종적으로 완결했다. 그는 하나님의 세계와 이 세계를 매개하는 과정에서, 예언자가 "신이 나에게 말했다"라며 전하는 이미

---

17   일본 기독교의 지도자 중 한 사람인 야마지 아이잔[山路愛山]의 제국주의론에 대해서는 橋川文三, 松本三之介 編, 《近代日本政治思想史》, 東京: 有斐閣, 1974, 296-298 참조.

18   《英文日記》, 1890년 9월 10일, 자세한 것은 필자의 졸고 《윤치호와 김교신》 참조.

지, 예증, 비유 등은 예언자 자신의 말을 성스러운 계시로 권위 지우려는 수단에 불과하다고 보았다.[19] 왜냐하면 산업 문명이라는 신적 원리에 의해 관철된 일원적 세계상을 가진 윤치호에게 산업의 명령 이외에 하나님의 계시는 있을 수 없으며, 산업 문명화의 사도는 있어도 예언자는 있을 수 없기 때문이었다. 결국 윤치호는 예언을 부정함으로써 현세와 '신(神)의 세계'를 상정하는 기독교의 이원적 세계관을 그 골격까지 공동화시켰다. 그렇다면 이렇게 스스로의 일원론적 세계상을 관철시켰던 그는 기독교를 어떻게 믿어야 한다고 생각했던 것일까.

윤치호에게 하나님은 전 우주의 창조자이며 인간에게 윤리적인 규범을 주는 분이었다. 하나님은 편재적인 눈을 갖고 인간의 모든 행위를 감시하는 존재였다. 이러한 하나님의 존재가 신앙인의 마음을 "하나님에 대한 공포로 가득"하게 하여, 신앙인을 죄로부터 지키고 윤리적으로 행동하도록 강제한다고 이해했다.[20] 윤치호는 윤리 규범으로 안식일 준수를 비롯한 십계명 준수, 정직, 청결, 계획적 생활, 질서 준수, 육체적인 쾌락 금지, 노동 존중, 절약, 시간의 유용한 사용, 근면 등을 설정했다.[21] 이 윤리 덕목은 당시 미국 교회에서 통용되는 여러 규범을 혼합시킨 것으로, 기독교적 덕목과 근대 산업사회의 공리적인 사회규범이 혼재된 것이라 말

19   同上, 1891년 3월 8일.
20   同上, 1892년 2월 9일.
21   同上, 1890년 6월 8일, 1895년 2월 22일.

할 수 있었다. 윤치호는 이것들을 준수함으로써 '행복과 이익'을 얻는다고 인식했다.[22] 신의 규범의 정당성은 현세에서 인간의 행복재(材)를 증진시킨다는 점으로 입증된다고 보았다. 즉 윤치호는 기독교의 윤리를 '행복주의적인 결과 윤리'로 이해했던 것이다.

따라서 윤치호가 생각한 윤리 규범은 실제로 행복주의를 우선하는 형식으로 통합·조정되었다. 그 결과 그가 가장 중요시하였던 것은 육체적 쾌락 금지, 노동 존중, 간소한 생활, 절약, 유효한 시간 사용, 근면, 계획적인 생활 등 이른바 '향상주의적 세속 내적 금욕'이라고 불려질 만한 생활 태도였다.[23] 이것은 윤치호의 '행복주의'적인 윤리 이해의 필연적 귀결이었다고 볼 수 있다. 왜냐하면 산업사회에서 행복이라는 윤리적 목표를 실현하려면 일상의 의무와 노동을 적극적, 조직적으로 강제하여 그 성과를 엄격히 자기 심사하고 규율해 가는, 말하자면 '향상주의적 금욕'이라는 생활 윤리 규범이 필수불가결했기 때문이다. 즉 윤치호에게 기독교의 하나님은 근대 산업사회 특유의 향상주의적 금욕의 에토스를 인간에게 강제하는 권위이자 그 수호신이었다. 따라서 윤치호는 기독교가 진정한 종교라는 변증은 산업 문명 창출에서 입증된다고 보았다. 그는 기독교를 신앙하는 사회는 부와 권력을 소유하는 산업 문명 사회가 되어 "점점 더 진보, 발달하게 된다"고 했다.[24]

---

22   同上, 1890년 6월 8일.

23   同上, 1895년 2월 22일, 1890년 4월 4일, 1890년 8월 27일, 1891년 4월 5일 참조.

24   同上, 1894년 1월 24일.

그러나 윤리로서의 신앙은 윤치호의 기독교 신앙의 겉을 이루는 '현교'(顯敎)에 불과하다. '문명국=영원의 지복, 비문명국=영원의 멸망'이라는 이치논리(二値論理)에 지배된 세계상 속에서 '부정적 가치'를 짊어진 민족으로서 자기를 의식하고 있던 윤치호는, '부정적 존재'로서 모욕받고 상처받은 그의 영혼을 위로할 '밀교'(密敎)가 필요했다. 이러한 밀교를 향한 윤치호의 정열은 현교에 비해 결코 뒤떨어지는 것은 아니었다. 윤치호는 한없는 은총과 자비로 '부정적 존재'인 자신을 포용하그 비호해 주는 '하나님의 현재적인 사랑'이 필요했다.[25] 그리고 여기에서 체험되는 하나님은 윤치호의 '현교'에서 부정적 존재에 대해서는 어떠한 자비도 거절하는 '비정한 아버지' 하나님과는 다른 커다란 '사랑'의 하나님이었다. 조선의 식민지화가 확실해짐에 따라 기독교에 대한 윤치호의 신앙적 리얼리티는 밀교 쪽으로 집중되어 갔다.

3) 정치사상의 논리 구조와 그 적용

여기에서는 앞에서 분석한 윤치호의 세계관이 구체적인 역사 현실에서 어떻게 나타나고 어떻게 귀결되어 가는가를 분석해 보자.

---

25   同上, 1891년 3월 22일, 1892년 1월 10일.

(1) 상황 인식의 논리 구조: 허상을 비추는 합경(合鏡)

윤치호는 세계사 속에서 일본이 미국 및 서구에 뒤지지 않는 중요한 위치에 있다고 생각했다. 그는 서구인이 모든 비서구 지역에서 문명화의 교사로서 역할을 수행했음에도 비서구 제국이 대부분 '애국심의 완전한 결여' 때문에 문명화 교육을 소화하지 못하고 실패로 끝났다고 보았다. 이에 반해 일본만이 "열렬한 애국심, 명예에의 기사적 센스, 빠른 지성, 높은 야망, 그리고 위험을 두려워하지 않는 용기"라는 내재적 자질을 가지고 문명화에 성공했다고 인식했다.[26] 여기에서 그는 문명화의 기회는 서구에 의해 비서구 제국에 평등하게 부여되었는데, 그 기회를 포착하는가 마는가는 전적으로 비서구 제국 국민의 선천적인 내재적 자질의 문제라고 보았다. 이러한 인식에 근거하여 윤치호는 문명화에 필요하다고 생각되는 국민적인 제 특성을 일본 사회에 투영했다. 그는 일본은 "빠른 지성, 높은 야망, 예절 바름, 평화적, 진보적, 질서와 법을 애호함, 청결, 자연을 미화 내지 개발할 수 있는 능력, 오랜 기간의 봉건주의에 의해 성숙된 명예에의 높은 의욕, 용기와 애국심" 등등의 '덕성을 갖춘 사회'라고 보았다.[27] 일본에게 그의 세계관의 적확성을 입증하는 사례라는 위상을 부여한 것이다. 이러한 윤치

---

26   同上, 1894년 9월 27일.

27   同上, 1890년 4월 4일, 1905년 7월 18일, 7월 20일.

호의 사고는 원인과 결과가 상호 순환하며 현실을 정당화해 가는 현실 추인적 구조였다고 할 수 있다.

윤치호는 비문명국이 문명化할 수 있는 유일한 방법으로 '계몽적 전제군주 국가론'을 주장했다. 그것은 강력한 무력에 의해 뒷받침되는 전제군주가 주체가 되어, 우민(愚民)에 불과한 민중을 적대적으로 관리하며 자본주의적 발전을 위로부터 강제적으로 신속하게 추진해 가는 것이었다. 이 모델은 실은 명치유신 이후 일본의 국가상을 이미지화했던 것이다.[28]

한편 윤치호는 서구인을 '양심적인 교사'로서 존경하고 그들과 같이 되려고 노력했으나, 그들은 윤치호와의 사이에 깊은 인종적인 심연을 만들어 그로 하여금 '숙명적인 열등자'임을 자각할 것을 강요했다.[29] 윤치호는 이러한 차별을 논리의 차원에서는 '숙명적으로 열등한' 조선인으로서 당연히 감수해야 할 것으로 정당화하려 했으나, 누구에게나 열려 있어야 할 문명인 대접을 윤치호에게 거절하는 '백인 교사'들의 불공평함에 무의식적으로 깊은 증오심도 갖고 있었다.[30]

백인에 대한 윤치호의 증오가 증대함에 따라 같은 '열등자'로서 문명화에 성공한 일본에 대한 애착과 백인의 거만함을 꺾어 주기를 바라는 기대감도 점점 깊어 갔다. 러일전쟁에서 일본이 승

---

28   同上, 1932년 8월 25일 참조.
29   同上, 1903년 1월 15일.
30   同上, 1902년 5월 7일, 1903년 1월 15일.

리하자, "이 섬나라 사람은 황인종의 명예를 옹호했다. 백인은 수 세기간 동양의 인종을 지배하면서 주인의 자리에 너무 오래 앉아 있었다. … 나는 황인종의 일원으로서 일본을 사랑하고 존경한다" 라고 토로했다.[31] 윤치호는 서구인의 인종차별에 받은 상처를 일 본이 대신 복수해 준다고 망상함으로써 보상받으려고 했다.

대리적인 복수자로서 일본을 설정하고 그것에 의지하려는 그의 일본에 대한 '의존심'은 일본에 편입함으로써 기생하려는 원 망(願望)으로 확대되었다. 윤치호는 "나는 더러운 중국에도, 인종 편견과 차별이 지독한 미국에도, 열악한 정부가 있는 한 조선에도 살고 싶지 않다"라며, "만일 자기의 조국을 선택할 수 있다고 한다 면 나는 일본을 선택할 것이다"라고 반복해서 고백했다.[32] 윤치호 에게 일본은 '대리적인 마음의 조국'이었다.

한편 일본에 '대리적인 마음의 조국'의 위치를 부여했던 윤 치호에게 조선은 '이상'(理想)적인 사회인 일본에 대응하는 '불구' 사회로 가치 박탈되지 않을 수 없었다. 윤치호는 풍속, 도로, 주거 등 모든 것을 보아도 조선은 '가난하고 침체된 반문명국'이라 규 정했다. 그리고 조선의 역사는 '무자비한 증오와 수치스러운 음모 와 대규모 살육의 역사'이며 조선 정부는 국민을 '노예와 거지 그 리고 백치'로 만들었다고 비난했다.[33] 즉 윤치호에게 조선은 마치

---

31 同上, 1905년 6월 5일, 9월 7일.
32 同上, 1893년 11월 1일, 1905년 8월 6일.
33 同上, 1893년 10월 8일, 12월 8일, 1894년 10월 28일, 1905년 11월 6일.

 신앙의 변증법: 김교신과 한국 개신교

'사자(死者)의 나라'와 같았다.[34] 그는 조선이 이렇게까지 절망적인 상태가 된 것은 조선인의 '불구'의 민족성 때문이라고 규정했다. 그는 조선인은 "공포를 느끼지 않는 호전성이라는, 야만인이 갖는 장점조차도 없는 야만인"이라고 생각했다.[35]

이와 같이 조선을 불구 사회르 인식한 윤치호는 1894년 동학 농민 전쟁 발발 소식을 접하자 이것은 "양반에 대한 증오와 약탈"에 불과하다고 인식했다. 또한 1896년 민비 시해를 계기로 전국적 규모로 일어났던 의병 운동에 대해서도 도둑의 집단이 "일본인은 나가라"고 외치면서 폭동을 일으켰다고 평가했다.[36] 그는 "일본은 조선에 갱생의 희망이 있는 한 조선을 도울 것이다"라고 확신하면서 청일전쟁에서 일본이 거둔 승리를 "조선을 개혁해서 극동의 스위스로 만들 수 있는 절호의 기회"가 왔다고 이해했다.[37] 결국 그는 '일본화' 이외의 어떠한 조선의 개혁 운동도 인정하지 않았던 것이다.

이와 같이 '대리적인 마음의 조국'인 일본에 대한 망상적인 신뢰와 호감을 가진 윤치호는 조선 민중의 변혁을 지향하는 여러 움직임이 일본의 직접적 군사력에 짓밟히는 상황에 대해 조선인

---

34 同上, 1893년 10월 8일, "T. H. Yun's Letter to Dr. Young J. Allen", January 24, 1891 참조.

35 同上, 1894년 10월 30일.

36 同上, 1896년 3월 1일, 1894년 5월 30일, 1895년 2월 18일.

37 同上, 1894년 6월 23일, 1895년 1월 12일.

이 무능력한 탓이라고만 보았다. 그리고 "조선인은 그들의 상황을 개선시킬 능력이 없기 때문에 일본 또는 영국과 같은 나라의 지배하에 들어가는 것이 조선에 대해 오히려 축복"이라고 인식했다.[38]

결국 윤치호의 정치 현상 인식의 구조는 '이상'(理想) 사회로서 또 '대리적인 마음의 조국'으로서 위치 부여한 일본상(像) 그리고 조국이기는 하지만 '불구' 사회로서 위치 부여한 조선상이라는 두 허구를 비추는 합경(合鏡)으로 구성되어 있었다.

(2) 신벌(神罰)로서의 식민지화

윤치호는 '문명국'이 고종에게 강한 압력을 행사하여 개혁을 강제하는 것만이 조선을 개혁할 수 있는 유일한 길이라고 보았다.[39] 따라서 윤치호의 정치적인 행동은 이러한 선한 '구세주' 역할을 수행할 수 있는 문명국을 선별해서 그들에게 조선 개혁을 위해 강력한 개입을 요청하는 것에 집중되었다.[40]

윤치호는 그것을 먼저 일본에게 열렬히 기대했으나, 민비 시해 사건 이후에는 러시아에 조선 개혁의 후견인 역할을 기대했다. 그러나 이러한 윤치호의 동상이몽적 망상은 현실 정치 상황 속에서 배반당하지 않을 수 없었다. 윤치호가 독립협회 운동에 합류하

---

38 同上, 1894년 9월 28일.

39 同上, 1896년 2월 25일.

40 同上, 1905년 1월 29일 참조.

게 된 것은 바로 이러한 시점이었다. 1898년 5월 독립협회 창시자인 서재필이 조선 정부에 의해 추방된 후, 윤치호는 독립협회 회장이자 기관지 〈독립신문〉의 주필 및 사장이 되어 운동이 종식될 때까지 지도자 역할을 담당했다.[41] 2년 7개월에 이르는 독립협회 활동을 통해 윤치호가 의도한 것은 우민시(愚民視) 했음에도 불구하고 하나의 정치 세력으로 대두되기 시작한 '민중'이라는 세력을 통해, '계몽적'인 관료가 주도권을 장악하는 절대 권력 기구를 창출하는 것이었다. 그러나 윤치호는 모순되게도 이것을 반개혁적인 고종의 군주권 범위 안에서, 더구나 국왕의 보호하에서 수행하려는 '신민적' 자세를 버리려 하지 않았다.[42] 그리하여 1898년 12월 25일 독립협회가 무력으로 강제 해산될 때 윤치호에게 호의적이었던 고종은 "지방의 관직으로 내려가 사태가 완전히 해결될 때까지 서울을 떠날 것"을 그에게 권했다.[43] 1899년 2월 19일 윤치호는 조선 민중은 "더 좋은 정부를 가질 자격이 없다"라고 비난하며, 독립협회 운동의 좌절을 민중의 어리석음 탓으로 돌리고, 부임지인 원산으로 떠났다.[44]

---

41 金永義,《佐翁尹致昊先生略傳》, 東京: 基督教朝鮮監理教總理院, 1934, 116-126.

42 《英文日記》, 1898년 11월 16일, *The Independent* Nov. 1, 1898(이 신문은 〈독립신문〉의 영문판이다).《英文日記》, 1898년 2월 9일, 7월 10일, 7월 12일. 同上, 1898년 7월 3일, 11월 18일.

43 同上, 1898년 11월 7일, 11월 8일, 1899년 1월 5일, 1월 22일, 1월 24일.

44 同上, 1899년 1월 7일, 1월 16일, 1월 21일, 2월 2일, 2월 3일, 2월 10일; 金永義, 앞의 책, 128;《英文日記》, 1898년 11월 6일, 1899년 1월 1일, 1월 24일, 2월 1일, 2월 10일.

　　러일전쟁이 발발하자 윤치호는 새로운 사태에 대응하기 위
해 1904년 3월에 외무차관으로 내각에 재등용되었다. 그는 일본
의 러일전쟁 승리를 일본이 '세계의 강대국 대열에 들어가게 된 영
예'를 손에 넣은 사건으로 인식했다. 그리고 부수적인 결과로 일본
에 의한 조선의 식민지화는 피할 수 없는 사태라고 생각했다.[45] 또
한 일본에 의한 조선의 식민지화는 조선인이 가진 '노예근성, 부정
직, 죽은 자 같은 무기력성'에서 오는 자기 개발 실패라는 '죄에 대
한 벌'로서 해석했다. 그는 "신세대는 과거 세대의 죄 때문에 대단
한 괴로움을 겪을 것이다. 그러나 후세대는 독립국가를 배우고 그
것을 유지할 기술을 배울 수 있을 것이다"라고 전망했다. 민족 갱
생의 훈련 기간으로 식민지화에 의의를 부여한 것이다.[46]

　　1905년 11월 18일 보호조약에 의해 조선은 일본의 통감 정
치하에 놓여졌고 국가주권은 실질적으로 박탈되었다. 윤치호는
이러한 상황을 "조선의 독립은 깨끗이 사라졌다. 모든 것이 믿어
지지 않는다"라고 하면서도 "그러나 일은 처음부터 명백히 알고
있던 결과였다. 이것은 과거 수년간에 걸쳐 전개되었던 일련의 사
건의 불가피한 결과이다"라고 냉정히 받아들였다.[47] 그는 독립권
을 되찾기 위한 모든 운동이 무용하다고 보았다. 그리고 "조선인
은 부가되는 상황을 받아들이고 그것을 최대한으로 이용하지 않

45　　同上, 1904년 5월 4일.

46　　同上, 1905년 6월 20일.

47　　同上, 1905년 11월 18일; 金永義, 앞의 책, 187.

　　신앙의 변증법: 김교신과 한국 개신교

으면 안 된다"라고 주장했다.[48]

4) 세계관의 변용과 조선독립불가능론

(1) 105인 사건과 강자(强者) 앞의 굴종 논리

1910년 8월 조선총독부는 애국계몽 및 해외 독립군 기지의 건설을 도모한 신민회의 존재를 포착하고 1911년 10월 '데라우치 [寺內] 총독 암살 미수 사건'을 조작했다. 윤치호는 이 사건의 주모 자로서 제1심에서 10년, 제2심에서 6년의 실형 판결을 받았으나, 3년간 옥중 생활 후 특별 사면 형태로 석방되었다.[49] 윤치호의 입 장에서 보면 이 3년간의 옥중 생활은 억울한 누명의 결과였다. 왜 냐하면 윤치호는 신민회를 비롯하여 안창호가 조직한 일련의 단 체에 대하여 안창호와의 개인적 친분 때문에 명예회장이라는 이 름을 빌려 주었을 뿐 사실상 전혀 무관했기 때문이다.[50]

따라서 윤치호에게 처음이자 마지막이었던 이 옥중 생활은

48　《英文日記》, 1905년 10월 28일, 11월 27일, 11월 30일, 12월 12일, 12월 17일, 1906년 6월 15일. 同上, 1905년 11월 29일.

49　金永義, 앞의 책, 212.

50　'玉觀彬第21回公判始末書,' 同上 資料集, 700. '尹致昊第1回公判始末書,' 同上 資料集, 401.

더 한층 견딜 수 없는 고통의 시간이었을 것이다. 또한 식민지 권력에 대한 분노도 느꼈을 것이다. 그러나 '강자의 불의'를 정당화시켜 왔던 윤치호가 이 사건을 통해 몸으로 절감한 것은 아무리 해도 거역할 수 없는 현실적 강자의 힘, 즉 '권력의 공포'였다.

1915년 2월 12일 특별 사면 형식으로 석방된 윤치호는 신문 기자 앞에서 "지금부터는 일본의 신사유지와 교류를 깊이 하고 일·선 양 민족이 행복하게 되는 것, 일·선 민족의 동화에 관한 계획에는 적극적으로 참가해서 힘이 닿는 한 몸을 아끼지 않고 힘쓸 생각이다"라고 했다.[51] 식민지 권력의 공포를 절감하게 한 이 체험은 그의 종래의 세계관에도 깊은 영향을 끼치지 않을 수 없었다.

윤치호는 제1차 세계대전 종결 이후에도 끊임없이 국지전이 전개되는 국제 상황을 '강자'의 힘에 의한 '약자' 지배의 상황이라고 보았다. 강자가 약자를 강탈하는 것은 국가의 자기 성장의 방법이며, 그것은 인류의 본성에 근거한 것으로, '중력의 법칙과 같이 보편적으로 작용하는 자연법'이라고 그는 여겼다.[52] 윤치호는 어떠한 인종과 국가도 부단한 투쟁 없이는 살아남을 수 없다며, 이 '호전성'의 정신이야말로 종교, 도덕 그리고 인간 내지는 하늘까지도 지배하는 근본 원리라고 확신했다.[53] 윤치호에게 '칼'은 힘, 싸움, 투쟁이라는 호전성의 상징이었고, 칼 숭배는 민족 내지 국가

---

51 〈每日申報〉, 1915. 3. 14.

52 《英文日記》, 1928년 8월 8일.

53 同上, 1919년 1월 3일, 6월 1일, 1920년 11월 3일.

가 살아남기 위한 유일한 생존 조건으로 이해되었다.[54]

윤치호는 칼이라는 상징을 매개로 '강탈 능력'으로서 호전성을 최고의 가치로 확인하고, 무력적 강함만이 이 세계를 지배하는 논리라고 확신하게 되었던 것이다. 여기에서 주목해야 할 것은 '강자의 불의'를 약자에 대한 당연한 징벌이며 약자에 대한 '교육적 의미'를 갖는다고 정당화시켰던 종래의 해석 논리에서, '강자의 불의'는 투쟁에 의해 획득한 강자의 '정당한 권리'라며 그것 자체를 긍정하는 논리로 윤치호의 해석 논리가 변용된 점이다. 즉 강자를 도덕적으로 정당화하려고 한 종래의 사상적 요소가 제거됨에 따라 '강함' 자체를 최상의 가치로 두게 되었던 것이다. 이러한 세계관 변화에 따라 그의 기독교 이해에도 중대한 질적 변화가 일어났다.

(2) 사사적(私事的) 기독교

105인 사건을 계기로 강함 자체를 최상의 가치로 내세운 윤치호는 정치, 사회적인 영역과 개인의 '사사적'(私事的) 영역을 분리하고, 기독교를 오직 후자에 국한되는 것으로 이해하려 하였다. 그는 기독교가 현실의 정치적인 것과는 무관한 종교라고 주장했다. 그리고 인간의 역사, 정치, 사회에 깊이 개입해 오는 신인 구약

---

54   同上, 1928년 8월 10일, 1933년 6월 4일, 1934년 2월 14일, 1935년 7월 13일.

성서의 신을 적극적으로 부정했다.[55]

　윤치호는 약소민족이었던 이스라엘 민족의 선두에 서서 해방시키는 구약의 신은 이스라엘만 편애하는 편협하고 '비문명적인 잔인한 신'이라고 비난했다. 그리고 예언서가 말하는 신의 정의는 '증오의 정신'이라고 매도했다.[56] 윤치호가 이렇게 구약성서에 히스테릭한 반응을 보인 것은 '강함' 그것 자체에 최상의 가치를 두고 '강자의 불의'에 대한 비판적 자세를 의식적으로 배제하려고 했던 그에게, 이러한 메시지는 평안을 깨뜨리는 대단히 위험한 것이었기 때문이다.

　신의 정의의 측면을 배제한 윤치호는 "믿어라, 그러면 구해진다"라며 신을 단순히 신뢰하는 것으로 '궁극적 평안'을 얻으려 필사적이었다.[57] 윤치호는 "기독교인이 신을 숭배하는 이념 혹은 본능, 원리는 아프리카인이 페티쉬(=주물 숭배)를 숭배하는 원리, 본능과 본질적으로 동일한 것이다. 그것은 자연과 섭리 앞에서의 인간의 완전한 무력함이다"라고 했다.[58] 즉 윤치호에게 기독교는 상황을 무력하게 감수하며 '운명의 호의'를 빌려고만 하는, 말하자면 '주체 상실자'의 종교였던 것이다. 따라서 그에게 기독교는 정교한 예배 형식과 거대한 교리 체계를 가지고 있지만, 샤머니즘이

55　　同上, 1919년 4월 21일, 4월 22일.

56　　同上, 1921년 2월 9일, 1919년 6월 8일, 1934년 3월 1일.

57　　同上, 1919년 6월 6일, 7월 3일, 1919년 8월 22일.

58　　同上, 1920년 9월 4일.

나 부적 등 주물을 숭배하는 주물 숭배와 본질적으로 동일하다고 인식되었다.

한편 윤치호는 여전히 '향상주의적인 현세 내 금욕적' 생활 태도를 강조했다. 그러나 그것은 이미 문명화를 위한 사회 도덕적인 기능을 수행한다는 의미가 아니었다. 오직 '신이 정한 신분과 경계에 헌신'해서 현실 질서와 권위에 순응하며 자신의 생존을 도모한다는 의미에서 강조된 것이다.[59] 즉 그에게 기독교의 신은 식민지 질서 속에서 '순응의 지혜'의 묘(妙)를 발휘하며 집요하게 사사적(私事的) 향상을 꾀하는 종교적인 근거 부여자가 되었던 것이다.

식민지 시대 윤치호의 기독교 신앙은 식민지 질서의 합법적인 궤도 안에서 개인적 향상을 목표로 하는 '현세 내의 금욕적' 에토스의 자기 강제와 개인적 안위를 보장하는 사사적이고 보신적(保身的)인 성격을 띤다.

(3) 조선 독립 불가능론

윤치호의 세계관의 논리 구조는 식민지 조선 역사 인식에서 더욱 명백히 나타난다. 윤치호는 일본의 조선 지배가 '조선인이 아니고 조선을 원하는' 것이기 때문에 여러 가지 법률을 남용해서 '조선인으로부터 조선을 뺏으려고' 하는 것이라고 이해했다.[60] 이

---

[59]　同上, 1917년 8월 19일, 1923년 3월 18일.

렇게 식민지 조선의 현실을 명확히 인식했음에도, '약한 것은 죄'이며 노예의 처지에 있는 인간에게 가장 유해한 것은 비판 정신이라는 해석의 논리를 통해 곧바로 반전시켜 버린다. 즉 "침묵은 금이다"라는 자세로 비판적 인식을 폐기한 것이다.[61] 식민지민인 조선인이 행해야 할 가장 현명한 행위로 그가 주장한 것은, '권력에 아무런 공격도 하지 말고 조용히 있는 것', '일본인의 호의를 사는 것'이었다.[62] 그리고 일본인의 조선인 차별을 없애기 위해 "일본인에게 배워서 가능한 한 빨리 조선인의 지적, 경제적 상황을 일본인과 동일한 수준으로 향상"해야 한다고 역설했다.[63]

따라서 3·1운동 발발 당시 〈오사카마이니치신문大阪每日新聞〉과의 인터뷰에서 그는 "약한 인종이 강한 인종과 함께 생활하지 않으면 안 될 경우 전자는 자기 보전을 위해 후자의 선의를 얻지 않으면 안 된다"라고 주장했다. 그리고 "만일 우리들에게 독립이 주어진다 해도 우리들은 그것으로 이익을 얻을 준비가 되어 있지 않다"라고 했다. 독립운동 무용성을 주장한 것이다.[64] 윤치호는 "조선은 독립국가를 관리하고 지속시켜 가기에 필요한 정치적인 지성을 갖고 있지 않기 때문에 조선은 불확실한 말만의 독립보

60　同上, 1919년 5월 25일, 8월 9일, 8월 14일.

61　同上, 1920년 8월 10일, 1929년 12월 12일.

62　同上, 1918년 1월 16일, 1934년 6월 28일.

63　同上, 1919년 9월 1일, 1920년 5월 9일, 5월 17일, 7월 25일.

64　同上, 1919년 3월 19일, 7월 31일, 9월 27일; 〈京城日報〉, 1919. 3. 6.

다 자치제를 갖고 현재(=식민지)의 상태를 지키는 것으로써 보다 개선된다”고 주장했다. 또한 독립을 주장하는 독립운동가에 대해서 “일본인보다 더 커다란 적이다”라며, 독립운동을 조선 민족의 안녕을 위협하는 최대의 적으로 간주했다.[65]

윤치호의 ‘조선 독립 불가능론’을 근저에서 뒷받침한 것은 조선 민중의 주체적 역량과 독립 의지에 대한 무시와 거부, 즉 ‘민중 멸시관’이었다. 이것은 그의 사회주의 운동에 대한 인식에서도 명확히 나타났다. 3·1운동 실패에 좌절한 조선인들은 현실 타개 방법으로 공산주의 운동에 가담했다. 1920년대 이후 공산주의는 조선 독립운동에서 주요한 세력으로 부상한다. 윤치호는 그 성장의 원인을 기본적으로는 일본 통치에 의한 조선인의 ‘결식 상태’에 있다고 하면서도, 한편으로는 타인에 기생해 사는 능력밖에 없는 민중이 ‘부자의 집과 토지를 몰수하여 그 기생주의적 욕망’을 채우려는 마음에 있다고 맹비난했다.[66]

---

65   同上, 1919년 4월 11일.

66   同上, 1920년 9월 13일, 12월 6일, 1921년 1월 25일, 12월 1일, 1923년 2월 20일, 1932
      년 6월 17일.

5) 민족의 '발전적' 해체의 길

(1) 수동적 순응과 전향

식민지 권력이 규정한 법의 테두리 안에서 '조선인의 최대 이익'을 위해 행동할 것을 스스로 정치 신념으로 삼았던 윤치호는 여러 형태의 계몽 활동에 힘을 기울였다.[67] 그러나 만주 사변이 촉발하자 '만주 사변을 축하하는 국방 정신을 고양'하는 강연회의 강사가 되기도 했고, 직업적인 친일 분자였던 한상용이 조직한 '토요회'에 가입하기도 하면서 식민지 권력에 협력하기 시작했다.[68] 일본의 만주 지배를 강자의 당연한 권리로 이해했던 윤치호가 일본의 식민지 지배에 협력한다는 행위는 논리적으로 당연한 것이었다. 윤치호는 만주사변이 발발하자 '자발적 애국심을 보이라'고 권력이 강요할 것이 틀림없다고 예측하고, '그들의 적대 리스트에 오르는 것'을 두려워했다.[69] 즉 이 시기의 윤치호의 대일 협력은 권력에 대한 공포에 근거한 수동적 순응이었다고 볼 수 있다.

1936년 8월 육군 대장 미나미[南次郎]가 조선 총독으로 취임했다. 미나미는 '폐하(=일본 천황) 방문'과 '징병제 실시'가 가능하도

---

67   윤치호는 송도고등학교, 배재고등학교, 근화학원, 연희전문학교, 이화전문학교 등 제
      학교의 운영위원으로 활동하였으며 농촌개발, 농민계몽에도 힘을 기울였다.

68   《英文日記》, 1931년 10월 3일, 1932년 9월 8일.

69   同上, 1931년 10월 3일, 10월 31일.

록 완벽한 '황국신민' 상황을 만드는 것을 조선 통치의 목표로 삼
았다.[70] 그것은 내선일체(內鮮一體)를 근간으로 하는 '황민화'(皇民
化) 요구를 조선인에게 강요하는, 이른바 황민화 정책의 개시를 의
미했다. 이에 1936년 12월의 '조선 사상 보호 관찰령'을 비롯한 치
안 관계 법률과 '조선 중앙 정보 위원회' 등의 사상 통제 기구가 일
층 강화·확대되었다.[71] 이러한 상황에서 윤치호의 식민지 권력에
대한 수동적 협력 자세를 재고하게 만드는 사건이 일어났다.

1924년 5월 미국 북감리교 총회에 출석했던 신흥우는 하와
이에서 이승만과 만나 그가 조직했던 동우회의 자매 단체를 조선
국내에 결성할 것에 합의했다. 귀국한 신흥우는 윤치호, 이상재 등
과 의논하여 실업무역에 의한 실력 향상을 목적으로 '흥업구락부'
를 조직했다. 그러나 흥업구락부 활동은 회원 상호 간에 연락을 취
하는 정도에 그쳤다. 특히 '만주사변 발발 후에는 거의 유명무실'
한 존재였다. 경찰 당국은 이것을 충분히 알고 있었음에도 이 사
건을 과장·확대하여 '조선의 종교계, 교육계, 언론계를 좌우해 온'
관계자들을 협박하고자 했다.[72]

경찰은 회원 전원이 검거되는 가운데 윤치호에게 "권력자(총
독)가 당신을 구하기를 원하기 때문에 당신에게 위해를 끼치는 것

---

70 宮田節子,《朝鮮民衆〈皇民化〉政策》, 東京: 未來社, 1985, 53, 150-152.

71 林鍾國, 앞의 책, 53-58쪽.

72 '昭和 13年 鮮內思想運動狀況,'〈思想彙報〉第18號, 高等法院檢事委局思想部, 1939년
3월, 9; 同上, 9.

은 하지 않겠다"고 하며 면담 형식으로 그를 협박했다.[73] 이러한 위협과 회유에 대해서 윤치호는 "우리는 우리의 마음을 일본의 신민(臣民)으로 할 것인가, 아니면 유럽이나 미국 또는 천국으로 이주할 것인가를 결정하지 않으면 안 된다. 양다리를 걸치는 것은 극히 위험하다"고 생각하고, 마음속으로부터 황국신민이 될 것이 요구되는 상황이라고 인식했다.[74] 결국 윤치호는 '과거의 것은 불문에 부치는' 대신 ① 조선의 젊은이가 언행일치하도록 지도할 것 ② '동양인의 동양'이 되는 이상의 핵심은 내선일체에 있는 것을 젊은이의 마음에 새길 것 ③ 내선일체의 근본은 일본 제국의 충성스러운 신민이 되는 것에 있음을 주지시킬 것, 이렇게 총독 미나미가 제시했던 세 가지 원칙을 수용했다.[75]

이 사건은 윤치호를 보증인으로 한 흥업구락부의 해산과 회원 전원의 전향 성명문 발표라는 조건으로 막을 내렸다. 전향 성명문은 '동아 발전의 신방향을 무시하는' 민족 자결이라는 몽상을 버리고 조선인과 일본인을 '민족으로서 일원화시켜 인류 사회의 발전과 신동아 건설'에 봉사하기 위해, '내선일체의 사명을 구현시키는 것이 조선 민중의 유일한 진로'라는 내용이었다.[76]

---

73   《英文日記》, 1938년 8월 16일, 8월 31일.

74   同上, 1938년 7월 25일, 7월 26일.

75   同上, 1938년 9월 5일.

76   '昭和 13年 鮮內思想運動狀況', 〈思想彙報〉 第18號, 高等法院檢事委局思想部, 1939. 3. 10.

강함만이 세계를 지배한다고 인식하고 강자 일본을 칭송해
온 윤치호에게 이 전향은 어떠한 의미를 가졌을까.

(2) 도착(倒錯)의 제 양태와 친일의 논리

윤치호는 흥업구락부 사건으로 회원들이 차례차례 검거되
어 가는 상황에서 1938년 7월 임전 체제 확립을 목표로 조선의 전
주민을 구성원으로 결성된 '국민 정신 총동원 조선 연맹'에 중앙
이사 겸 경성 연맹 부이사로서 참가했다.[77] 그 외에도 그는 1939년
2월에 결성된 '육군 지원병 후원회' 회장, 동년 7월 결성된 '조선
반영 동맹' 회장을 비롯하여 1941년 10월 창립된 '조선 임전 보국
단' 고문 등 셀 수 없을 정도로 많은 친일 단체에 관계하고 있었
다.[78] 이러한 대일 협력으로 그는 1940년 10월 조선병탄 30주년
기념을 맞이하여 민간 공로자로 선발되어 일본 정부로부터 공로
상을 받았고, 1945년에는 일본 귀족원법 일부 개정에 의해 귀족원
의원으로 선임되었다.[79]

그러나 윤치호의 친일은 하야시 후사오[林房雄]가 "우리들은
전향해도 돌아갈 조국이 있으나 그들(=조선인)에게는 그것이 없다"

77　林鍾國, 《日帝下의 思想彈壓》, 平和出版社, 1985, 194쪽.

78　林鍾國, 《日帝侵略과 親日派》, 94, 175쪽.

79　《英文日記》, 1940년 10월 1일; 林鍾國, "日帝末 親日派 群像의 實體", 《解放前後史의
　　　認識》, 한길사, 1979, 240쪽.

라고 말한 것과 같이 사상적 전향을 통해서 일본적 공감을 확대·
재생산하는 공동체 국가에 귀의했던 일본인 전향자의 행위와는
명백히 달랐다.[80]

　　윤치호는 같은 대일 협력자인 최남선이 고대 동아시아 문화
를 비교·연구해서 '지배자의 신적 기원'이라는 공동의 관념을 인
종적 연결의 기초에 세우려고 했던 선조(先祖) 회귀적인 논리나, 신
들린 것 같은 당시 '일본주의'의 여러 논리를 '조소를 피할 수 없는
신화적인 동화 이야기'라고 냉소했다.[81] 그가 스스로 합일하려고
한 것은 그의 세계관이 시사하고 있듯 '검에 의해 그 위대함을 실
현한 나라'로서의 일본이었다. 그리고 그러한 나라를 만들어 낸 일
본 정신이라는 것은 오카와 슈메이[大川周明]가 말한 바와 같이 '통
일의 의지, 지배의 의지, 우월의 의지'라고 생각했다. 즉 윤치호에
게 일본 정신이란 '정복과 지배의 정신'이었다.[82] 바꿔 말하면 그
는 정복과 지배의 정신을 가지고 그것을 실현했던 일본에 스스로
합일시키고자 했던 것이다.

　　그러면 이미 이전부터 '대리적인 마음의 조국'으로서 일본
을 생각하고 있던 윤치호는 왜 중일전쟁 발발 후에야 적극적인 친

80　金石範,《轉向と親日派》, 東京: 岩波書店, 1993, 99; 藤田省三,《轉向の思想史的 硏究》,
　　東京: 岩波書店, 1975, 24.

81　《英文日記》, 1934년 5월 10일, 1943년 1월 11일. 최남선의 사학에 대해서는 池明觀,
　　〈申采浩史學と崔南善史學〉,《東京女子大學附屬比較文化硏究所紀要》第49卷, 東京,
　　1982 참조.

82　《英文日記》, 1943년 2월 20일.

일 행위를 하게 되었을까? 식민지 권력의 협박에도 원인이 있었겠지만, 무엇보다도 내선일체를 유일한 선택의 가능성으로 강요당하는 지금이야말로 거꾸로 조선이 "일본의 아일랜드가 아니라 스코틀랜드가 되는" 절호의 찬스라고 생각했기 때문이었다.[83] 그가 이렇게 생각한 배경에는 다음과 같은 정세 판단이 있었다.

> 신동아 건설의 가능 여하의 문제는 내선일체의 완성 여하에 달려 있다. 반도는 제국의 대륙 정책상 병참 기지 위치에 있다. 이와 같은 지리적 중요성으로부터도 조선의 일원화, 즉 조선인을 내지인과 동일하게 동양 건설을 위해 동등의 국민적인 의무와 자격을 갖고 매진하도록 하는 것이 제국의 대륙 정책의 입장으로부터도 자명하다.[84]

여기서 윤치호가 말하는 것은 전쟁 확대와 장기화로 조선인의 협력이 절대 필요한 상황이기 떄문에, 일본 당국은 종래와 같은 기만적인 조선인 대책이 아닌 진실로 조선인을 일본인과 동등하게 대우하여 그 협력을 얻지 않으면 패망하지 않을 수 없다는 것이다. 윤치호는 중일전쟁 이후 일본이 주장하는 내선일체는 조선인을 회유하는 기만책이 아니라 일본의 국가적 사활을 건 국책이라

---

83 同上, 1943년 3월 1일.

84 尹致昊, "內鮮一體の徹底化ために", 〈東洋之光〉, 1939年 2月號, 21-23.

고 확신했던 것이다.

따라서 그는 내선일체의 진정성에서 가장 중요한 문제는 '동등한 국민적 의무와 자격'에 의한 '민족적 편견' 극복이라고 보았다. 민족적 편견이 없어져서 조선인이 자유롭게 일본에 귀의하여 일본 정신을 갖는다는 의미에서 '내선일체'를 그는 줄곧 기대했다. 그런데 그러한 기대가 현실화될 수 있다고 보이는 시점이 1930년대 후반이었던 것이다.

이에 윤치호는 조선인에게 병역이 부과된 것은 '민족적 편견'의 극복에 의해 진정한 내선일체를 실현하는 당국의 노력이라며 환영했다. 그는 조선에서 육군 지원병 제도 실행이 검토된다는 보도를 접하자, "그것은 조선인의 역사의 새로운 페이지이다. 씩씩한 일본 군대의 보호와 감독 아래서 조선인은 고양된다"라고 감격을 토로했다.[85] 조선인이 황군(皇軍)이 될 수 있다면 일본이 조선인을 일본인으로 받아들이는 결정적인 증거라고 생각하고 감사의 마음으로 가득 찼던 것이다. 그는 태평양 전쟁이 발발하자 "구시대에 진실로 새로운 새벽이 도래했다. 이것은 백인종에 대한 흑인종의 본래적인 의미의 인종 전쟁이다"라고 규정하고, '일본이 앵글로 색슨족의 인종적인 편견과 불공평과 거만함의 풍선'을 터뜨릴 것을 고대했다.[86]

---

[85]　《英文日記》, 1938년 1월 22일, 1939년 5월 9일.

[86]　同上, 1941년 12월 8일, 12월 12일.

그러면 윤치호가 그린 내선일체의 구체적인 모습은 어떠한 것이었을까. '조선 독립 불가능론' 내지는 '조선 민족 열등론'이라는 논리에 근거하여 미래의 가능성이 전혀 없는 조선 민족을 발전적으로 해체하고, 유능한 조선인이 일본에 편입하여 자기 상승을 실현하는 것이 윤치호가 그린 이상적인 내선일체였다. 조선 근대 문학의 아버지라 불리는 이광수는 "조선인으로서 민족적 감정과 전통의 발전적 해소를 단행해야만 할 것이다. 그 발전적 해체가 내선일체라고 믿는다"라고 주장했다.[87] 윤치호의 심경을 대변한 이광수의 이 말은 다름 아닌 '민족의 발전적 해체론'이었다.

6) 결론을 대신하여

에드워드 사이드는 근대 서구의 제국주의는 동양을 무력으로만이 아니라 동양을 지배·위압하기 위한 양식을 창출하여, 동양을 그 자체의 모습에서 소외시켜 지적(知的)으로도 지배하려고 했던 '지(知)의 제국주의'이기도 했다고 말했다.[88] 윤치호가 본 19세기 말의 미국 개신교는 기독교 고유의 현실 상대화 기능을 상실하고, 서구 산업 문명의 종교로서 제국주의적 세계 지배를 정당화하

---

87 李光洙, "心的新體制と朝鮮文化の進路": 〈每日申報〉, 1940년 9월 5일-12일.

88 Edward W. Said, *Orientalism* (Georges Borzhardt Inc., New York, 1978), 2-28.

는 지(知)의 제국주의 종교였다.

윤치호는 이러한 서구 기독교의 현상을 기독교의 본질로서 수용하고, 이에 근거하여 그의 기독교적 세계관을 구축했다. 그러나 그것은 자기 상실과 자기 파괴를 초래하는 거대한 허위의식의 체계였고, 신은 최종적으로 그 체계에 권위를 부여하는 존재였다고 할 수 있다. 여기에서 윤치호가 주장하는 '향상주의적 세속 내적 금욕'의 에토스도 주체적 역사 형성의 에토스가 되지 못한 채 제국주의적 허위의식에 속박당한 노예의 에토스가 되지 않을 수 없었다.

한편 정치적인 현실에서 윤치호의 기독교적 허위의식의 체계는 인종차별 체험을 굴절판으로 하여 황인종의 문명국인 일본에 '내적인 마음의 조국'을 둔다는 형태의 유사 정체성을 형성하게 되었다. 즉 스스로를 민족의 외부에 두고 조선 민족에게 오직 '열등자의 정체성'만을 강요하려 했던 것이다. 이러한 윤치호의 정신 구조와 명치일본의 정신 구조 사이에는 일정한 유사점이 보인다. 즉 양자 모두 서구 근대가 비서구에게 강요하려 했던 '열등자 정체성'에 압도되어, 그들이 말하는 열등성을 아시아로 이전시킴으로써 그 공포로부터 탈피하려 했던 것이다.[89]

그러나 동일한 정신 구조를 갖고 있었다 하더라도 그것을 살

---

89   栗原彬, 《歷史とアイデンテイテイ: 近代日本の心理＝歷史研究》, 東京: 新曜社, 1982, 211-212.

아 내는 자세에는 큰 차이가 있었다. 일본은 서구가 만들어 낸 '우등자 정체성'을 스스로의 '유사(類似) 정체성'으로 수용하고 서구라는 부친을 언젠가는 굴복시키겠다는 스년 같은 오이디푸스 콤플렉스에 사로잡힘과 동시에, 아시아에 대해서는 자기만족에 빠질 수 있었다.[90] 그러나 윤치호는 부친에게 반역하는 일본이라는 '형님'과 자신을 동일화시킴으로써 부친에 대한 콤플렉스에서 도피하려 하는, 한층 더 유약한 유아 같은 자아의 소유자였다고 할 수 있다.

이러한 윤치호의 정신 구조와 근대 일본의 정신 구조가 내용적으로 완벽한 일치를 보인 곳은 아시아, 특히 조선에 대한 작위적인 가치 박탈이었다. 일본의 조선 지배를 정당화하는 이론적 근거가 되었던 '조선 역사 정체사론'(朝鮮 歷史 停滯史論)의 모태는 일본 사회과학 발전에 지대한 공헌을 남겼다는 후쿠다 도쿠조[福田德三]의 경제 사상이었다.

1901년 독일에서 귀국한 후쿠다는 일본의 봉건제를 서양형의 '기사적' 봉건제라고 강변하고, 일본의 역사 발전이 서구와 동일한 '질서 있는 진화'의 과정을 밟고 있다고 변증하려 했다. 그리고 그것을 뒤쪽에서 논증하기 위해 조선을 끌어들여 일방적으로 가치 박탈했다. 1902년 발표한 "조선의 경제 조직과 경제 단위"라는 논문에서 그는, 조선의 정치 조직을 국가라는 개념으로 말하는

90　앞의 책, 181-187쪽.

것 자체가 적절하지 못하다며, 조선의 역사는 19세기 말까지 고대 사회 말기 단계에 머물러 있다는 '중세부재론'을 주장하였다.[91] 조선 역사의 '정체후진론'(停滯後進論) 혹은 '중세부재론'이라는 후쿠다의 논리는 그 후에도 구로마사[黑正嚴], 가와이[河合弘民], 시가타[四方博] 등에게 이어져 이른바 '식민지사관'의 뼈대를 이루었다.[92]

　　윤치호의 논리는 이러한 일본의 조선 식민지 사관의 논리와 일치했다. 그는 조선 민족 열등관에 근거해 서구에의 적대적인 추종과 조국에 대한 증오의 자세를 가지고 '대일본 제국의 레일'을 걸으려고 했다. 그러나 식민지 조선인인 윤치호에게 그 레일은 자기 파괴의 길이 되지 않을 수 없었다. 이것은 근대 조선의 민족적 정체성의 '죽음의 전형'을 대표하는 것이었다고 할 수 있다.

91　　姜尙中, "'日本的オリエンタリズム'の現在"; 〈世界〉, 1988年 12月號, 東京: 岩波書店, 134-137.

92　　강만길, 《韓國民族運動史論》, 한길사, 1985, 215-218쪽.

4. 박인덕의 개신교 신앙의 구조[93]

1) 서론

박인덕은 개신교 여성 지식인이자 교육자였으며, 일제 말 대일협력에 앞장섰던 대표적 친일파이기도 했다. 박인덕의 친일파적 면모에 대해서는 반민족문제연구소의 연구를 필두로 많은 연구가 있다.[94] 한편 그녀의 이혼 경력이나 강연 활동을 평가하며 선구적인 여성 지도자로 보는 연구도 있다.[95] 이러한 역사적 평가와는 별도로 최근에는 근대 지식인의 자서전 분석 관점에서 그녀의 저서를 연구한 성과물도 나오고 있다.[96]

이러한 종래의 연구 성과를 종합해 보면, 역사적 인물로서 박인덕에 대한 평가는 찬반이 크게 엇갈린다. 그녀에 대한 역사적

---

93   양현혜, "박인덕의 개신교 신앙의 구조 연구", 〈대학과 선교〉 63(2025) 전재.

평가가 엇갈리는 근본적 이유는 근대 여성의 자아 정체성 확립이라는 사상적 과제 자체의 어려움에 있다고 할 수 있다. 남성들과 달리 여성들은 붕괴된 자신의 민족적 정체성과 더불어 전통적 가부장제에서 스스로를 해방하여 성적 정체성을 확립해야 한다는 이중의 사상적 과제를 안고 있었다. 즉 자아 정체성 확립에서 중요한 사상적 기반이 되는 '민족'이 자신의 '성적' 정체성 확립에는 저항의 대상이었던 것이다. 따라서 한국 근대 여성의 자아 정체성은 자신의 성적 정체성도 긍정해 주는 새로운 '민족적 정체성'을 확립해야 하는 더 지난한 과제를 안고 있었다. 이 과정에서 민족과 성은 때로 갈등하며 길항하기도 했고, 때로 서로를 지지하며 병존하기도 했다.

94 반민족문제연구소,《친일파 99인》, 돌베개, 1993; 김상웅 외 공편,《친일변절자 33인》, 가람기획, 1995; 친일반민족행위진상규명위원회,《친일반민족행위관계사료집 10: 일제 침략전쟁 및 식민 통치에 대한 협력논리(1937-1945)》, 친일반민족행위진상규명위원회, 2009; 장하진, "친일파 군상 여류명사들의 친일행적", 〈역사비평〉 11(1990), 100-110쪽; 한국여성연구회여성사분과 편, "친일여성들의 활동과 여자정신대",《한국여성사—근대편》, 풀빛, 1992; 이선옥, "여성주의 시각에서 본 친일문학—평등에 대한 유혹—여성 지식인과 친일의 내적 논리", 〈실천문학〉 67(2002), 254-269쪽; 우미영, "서양 체험을 통한 신여성의 자기 구성 방식—나혜석·박인덕·허정숙을 중심으로", 〈여성문학연구〉 12(2004), 131-160쪽; 김경일, "식민지 시기 신여성의 미국 체험과 문화 수용: 김마리아, 박인덕, 허정숙을 중심으로", 〈한국문화연구〉 11(2006), 45-91쪽 등이 있다.

95 김성은, "박인덕의 사회의식과 사회 활동: 1920년대 말-1930년대를 중심으로", 〈역사와 경계〉 79(2010), 185-232쪽; 이숙진, "기독교 신여성과 혼인윤리: 박인덕을 중심으로", 〈기독교사회윤리〉 29(2014), 345-375쪽 등이 있다.

96 이소희, "《구월 원숭이》에 나타난 자전적 서사 연구: 신여성의 근대 체험을 중심으로", 〈미국학 논집〉 40(2008), 173-213쪽; 김욱동, "박인덕의 구월 원숭이: 자서전을 넘어서", 〈로컬리티 인문학〉 3(2010), 271-310쪽 등이 있다.

여기에 기독교 여성 지식인의 경우, 서구적 전통에 연원을 둔 종교적 정체성이 추가되면서 자아 정체성의 사상적 구조는 더욱 복잡한 양상을 띤다. 박인덕의 자아 정체성은 민족과 성 그리고 개신교라는 세 가지 사상적 계기의 상호 관련성 속에서 형성되었다고 할 수 있다. 그녀는 유년 시절 개신교 세례를 받은 이래 평생 개신교의 자장 안에서 활동했기 때문이다.

본 논문에서는 박인덕의 자전적 저서인 《구월 원숭이》와 《호랑이의 시(時)》를 중심으로 그녀의 개신교 신앙의 구조를 분석하는 한편, 그 신앙이 세계 인식에 어떠한 방식으로 작동되었는지를 고찰해 보고자 한다. 이 연구는 종래의 박인덕 연구가 주로 식민지 시기에 국한되어 민족적 정체성과 성적 정체성이라는 두 요소 분석에 집중되어 온 점을 보완하며, 그녀의 생애 전체를 아우르는 좀 더 통합적 시각을 확보하는 데 일조할 것이다.

2) 입신과 무대결적 수용

박인덕은 1896년 평안남도 진남포시 억량리에서 부친 박영하(朴永河)와 모친 김온유(金溫柔) 사이에서 태어났다. 유학도였던 부친은 '덕을 갖춘 여자아이'가 되라는 뜻으로 임덕(任德)이라는 이름을 지어 주었으나 박인덕이 7세 때 사망했다. 남편을 여의고 실의에 빠진 어머니는 친척에 의해 진남포의 감리교회로 인도받

왔다. 그녀의 어머니와 박인덕은 성탄 전야에 첫 예배를 드리게 되었다. "왜 자신이 남자 형제들처럼 교육을 받을 수 없는지, 자신도 남자처럼 생산 활동을 할 수 있는데 왜 재산권을 가질 수 없는지, 왜 여성은 공평하게 대우받을 수 없는지" 의문시해 왔던 그녀의 어머니는 이 새로운 종교가 자신과 딸의 삶을 구원할 것임을 즉각 알았다.[97] 박인덕에게 크리스마스 선물로 미국산 노란 연습장과 'No. 2'라는 노란색 숫자가 새겨진 연필이 주어졌던 것이다. 연습장과 연필은 조선 여성에게는 금지되었던 교육을 허락한다는 의미였다. 어린 박인덕에게도 이날의 경험은 너무나 강렬한 것이었다.

> 일곱 살 시절의 지워지지 않는 인상들! 그 정신! 그 고양감! 그 기쁨! … 인생 중 경험한 모든 크리스마스 가운데 그 어떤 것도 경험의 생생함이라는 측면에서 내 인생 내내 나를 지탱했던 그 믿음과의 경외스럽고 당황스러운 거의 이해되지 않는 최초의 접촉을 능가하지 못했다.[98]

그녀 역시 완전히 새로운 세상을 접한 것이다. 그리고 그날 선물로 받은 'No. 2' 연필은 이후 그녀의 삶을 변화시키는 해석학

---

97   박인덕,《구월 원숭이》, 인덕대학교, 2007, 33-34쪽.
98   박인덕,《호랑이의 시時》, 인덕대학교, 2007, 24쪽.

적 원형이 되었다. "그것은 내 것이었다. 우리 마을 아이들 중에서는 연필을 갖고 있는 아이가 하나도 없었다. 다른 아이들과 달리 나는 그때 아버지가 없었다. 그러나 나는 연필은 정말로 갖고 있었다. 선교사 한 분은 그 연필은 바다 너머 먼 곳의 울워스 상점에서 사 온 것이라고 했다. 아무튼 그 연필은 내 마음에 계속 남아 있었다"라는 그녀의 고백처럼 '노란 No. 2 연필'은 아버지의 부재라는 그녀의 결핍을 상쇄해 주는 정신적인 아버지가 되어 주었다.[99]

불교에서 개신교로 개종한 그녀의 어머니는 새로운 종교에 반대하는 박씨 문중과 결별하고 딸의 이름을 '인덕'(仁德, 어질고 덕이 있다)이라는 남자 이름으로 개명한 후 남장을 시켜 서당에 보냈다. 박인덕이 8세 때 개신교가 진남포에 여학생을 위해 삼성학교를 열었다. 박인덕은 이 학교에 입학하여 약 20여 명의 학생들과 함께 공부했다. 주요 과목은 4복음서였고 공부 방법은 암기 후 암송 시험을 치르는 방식이었다. 훗날 이때를 회상하며 박인덕은 "세월이 지나가며 나의 영혼의 양식이 되었던 생명의 말씀들을 처음으로 만나게 된 것"이고, 새로운 과목으로 수학과 노래 부르기를 배웠다고 했다. 특히 음악이 준 기쁨은 커서, '예전에는 결코 느껴 본 적이 없는 억눌린 감정을 분출할 수 있는 탈출구를 제공해 주었다. 반주를 위해 사용되었던 작은 풍금은 내가 처음으로 본 악기였다'라고 했다.[100] 이 삼성학교 시절에 박인덕은 어머니와 함께 존 Z.

---

99   앞의 책, 25쪽.

무어(John Z. Moor) 선교사에게 세례도 받았다.

개신교를 통한 서양 문물과의 접촉은 꾸준히 확대되어 갔다. 평양의 감리교회에서 열린 2주간의 사경회를 어머니와 왕복하며 64킬로미터를 걸어다닌 박인덕은 노블 부인(Mattie W. Noble)에게 성경 이외에도 위생, 보건 등 전반적인 근대적 건강 상식에 대해서도 배울 수 있었다. 삼성학교 졸업 후 1908년에는 이화학당에 진학했다. 박인덕이 수학했던 당시 이화학당의 교과목은 국문, 한문, 작문, 산술, 도화, 지리, 초보 체조, 영어, 중등과 성경, 생리, 위생, 동물학, 식물학, 대수, 기하, 천문학, 지문학, 심리학, 교육학, 물리, 화학 등으로 서구의 근대 교양 교육과 종교 교육으로 구성되었다.[101]

고등과를 졸업한 후 진학한 이화학당 대학과의 수업도 박인덕은 스폰지처럼 빨아들였다. 〈올드 블랙 조〉나 〈켄터키 옛 집〉 같은 스티븐 포스터(S. Foster)의 노래를 화음으로 부를 때는 그 아름다움에 전율했고, 농구, 실내야구, 배구, 테니스 등 체육 활동을 통해 단체 활동도 배웠다.[102] 당시 이화학당 선교사들은 졸업 후 지도자가 되기 위해서는 반드시 피아노와 연설을 잘해야 한다고 강조했다. 근대 교육을 받은 '신여성'과 '모던 걸'의 상징이 된 피아노 연주에서 평소 음악을 좋아하던 박인덕은 두각을 나타냈다. 또한

100　박인덕, 《구월 원숭이》, 37쪽.

101　이화100년사편찬위원회, 《이화 100년사》, 이화여자대학출판부, 1994, 72-73쪽.

102　박인덕, 앞의 책, 51쪽.

문학 동아리적 성격을 가진 학생 자치단체인 이문회(以文會, Literary Society)에서 '데모스테네스와 같은 유명한 연설가'가 되고 싶은 포부를 가지고 연설가적 자질을 함양해 갔다.[103] 이화학당 교육을 "침묵하고 온순한 존재였던 여학생들의 개성을 개발"시키는 교육이었다고 한 박인덕은, 자기 생각이라는 것을 가질 뿐만 아니라 그것을 표현할 수 있는 '서구적 여성'이 되고 있었다.[104]

이러한 박인덕의 입신과 신앙적 이력을 추적했을 때 가장 눈에 띄는 특성은 무엇일까. 그것은 전통과의 대결이 보이지 않는다는 점이다. 박인덕은 어머니의 결단에 따라 박씨 문중과 단절한 이후 전통의 어떠한 억압에도 직접 노출되지 않았다. 그야말로 저항 없는 무대결 상태에서 기독교가 순조롭게 이식되면서 그 영향력이 확대되어 갔던 것이다. 이러한 점은 초창기 개신교인들의 입신과 비교해 볼 때 대단히 특이한 양상이었다.

한국 감리교의 초기 지도자인 최병헌은 선교사 존스(George H. Jones)의 어학 선생이었고 아펜젤러의 배재학당에서 한문 교사로 일하였으나 기독교에 대해서는 커다란 경계심을 가졌다.

그 사람(선교사)의 종교를 감시 관찰하건대 부모와 임금을 모르는 종교요 사람 얼골에 즘생마음이 잇으니 엇지 오륜삼강을 의론할 사

---

103   정충량, 《梨花 80年史》, 이화여자대학출판부, 1967, 119쪽.
104   박인덕, 앞의 책, 51-53쪽.

람이랴. 내가 당분간은 할 수 업시 월급에 팔녀서 저 사람의게 다니거니와 엇지 영구히 친할 자랴.[105]

이렇게 최병헌은 기독교를 경계하면서도 심각한 종교적 고민에 빠져 밤잠을 이루지 못했다. 결국 5년간의 성서 연구 끝인 1893년 그의 나이 35세 때 세례를 받고 유교로부터 개신교로 개종했다. 이후 그의 신학적 성찰은 주로 전통 종교, 특히 유교와 기독교의 만남과 충돌에 집중되었는데, 그 결과물은 1911년의 《성산명경聖山明鏡》으로 출간되었다. 그는 동서양의 정신이나 문명이 윤리라는 대도(大道)의 관점에서 단절이 아니라 연속적이라고 하면서, 유교가 기독교 안에서 성취된다고 보았다.[106]

한편 최병헌보다 6년 앞선 1887년에 세례를 받아 조선 최초의 남감리교 세례 교인이 된 윤치호의 입신에서도 유교를 중심으로 하는 전통과의 대결 양상은 두드러진다. 그도 개신교에의 입신 문제를 두고 유교와 기독교의 세계관적 차이를 두고 고심했다. 무소부재한 신의 감시가 윤리를 실천하지 않을 수 없게 한다는 점에서 개신교가 유교보다 우월하지만, 그 외에는 유교가 합리적이라고 생각하면서도 그는 내세를 위해 세례를 받았다. 이후 서양 문명의 위력을 목도한 윤치호는 기독교를 서구 근대 문명화를 위한 불

105　노블 부인 편, 《승리의 생활》, 경성: 조선야소교서회, 1927, 15쪽.

106　양현혜, "최병헌의 개종에서 본 기독교와 유교와의 대결 양상 연구", 〈신학과 사회〉 38-2(2024), 100-101쪽.

가결한 원동력으로 이해하고, '반(反) 문명' 덩어리인 유교를 철저하게 파괴하고 해체시키는 것이 필수불가결하다고 생각했다.[107]

이러한 초기 개신교 지도자들과 비교해 보았을 때 박인덕의 입신과 신앙의 전개 과정에는 전통과의 대결이 보이지 않는다. 무엇보다도 아버지로 상징되는 전통 자체가 그녀에게는 없었다. '부재한 아버지'로 상징되는 전통의 진공 상태에 '노란 No. 2 연필'로 상징되는 개신교와 서양 문물이 무대결적으로 이식되어 순조롭게 확대되어 갔던 것이다. 이후 자전적 저서에서 박인덕이 자신이 이룬 모든 성취의 상징으로 한결같이 노란 No. 2 연필을 언급하듯이, 개신교와 서양 문물은 이렇게 그녀의 삶의 중축이 되어 갔다.

3) 필요에 대한 고도의 충족의 체계

생애 첫 개신교 예배에서 아버지의 부재라는 결핍을 채워 줄 No. 2 연필을 만난 것은 박인덕의 신앙을 이해하는 중요한 상징이다. 이화학당에서 가장 즐거운 기억인 크리스마스 기억에서도 동일한 것을 엿볼 수 있기 때문이다.

기쁨과 평화의 메시지를 전달하는 크리스마스는 가장 즐거운 시

간이었다. 크리스마스 이브가 되면 프라이 선생님은 학생들을 작은 그룹으로 묶어 선생님의 아파트로 초대하곤 했다. 여러 가지 색의 공들과 작은 촛불, 천사와 양치기의 그림들 그리고 작은 솜뭉치들로 장식된 전나무 아래에는 미국의 여러 감리교 교회에서 기증한 예쁘게 포장된 선물들이 모든 학생들에게 하나씩 준비되어 있었다. 내가 받은 첫 번째 선물은 아이보리 비누 하나와 세면 수건, 말구유가 그려진 크리스마스 카드 그리고 푸른 줄무늬가 들어간 긴 플란넬 잠옷 가운이었다. 내가 처음 가져본 진짜 잠옷 가운이었다. 나는 그것을 나에게 보내 준 사람에게 감사 인사를 할 수 있기를 진심으로 원했다.[108]

이 추억담에는 박인덕의 개신교 신앙의 원형적 특징이 녹아 있다. 서구인들에 의해 자극된 욕망과 그 결핍 그리고 충족이라는 것이다. 절박한 필요에 대한 충족이라는 구조는 그녀의 수감 생활에서도 반복되어 나타난다. 1919년 3·1운동의 기운이 무르익자 김마리아가 여학생들의 참여를 독려하러 이화학당을 찾아왔고, 이에 박인덕은 김마리아와 함께 학생들의 참여를 독려했다. 이 혐의로 검거되자 박인덕은 "내가 그들의 선생이기는 하지만 옳은 일에 그들이 참여하는 것을 막을 수 없는 일이고 그들의 행동에 대해 내가 책임을 져야 한다고 생각하지도 않는다"라고 심문관에게 답

---

108   박인덕, 앞의 책, 53쪽.

하여 자신의 책임 없음을 주장했다.[109] 그러나 결국 3월 10일 구속되어 5개월 반 동안 서대문 형무소에 수감되었다. '허기지고 외롭고 근심스러운 상황'에서 그녀는 하나님께 두 가지 것, 즉 먹을 것과 읽을 성경을 달라고 쉼 없이 기도했다. 그 기도는 응답되었다.

> 감방 문의 식사 구멍이 열리더니 잘 익은 맛있는 쌀밥과 구운 소고기, 콩나물과 김치가 집어넣어졌고 영어로 된 성경 하나가 주어졌다. 내 기도에 대한 직접적인 응답에 너무나 흥분되어 나는 울고 웃으며 밥을 받아 들고 먹기 시작했다. … 고난에 처하여 하나님께 그토록 절실하게 간구하였던 것도 잊어버리고는 나는 생각했다. '오 하나님, 제가 이것들을 필요로 한다는 것을 어찌 아셨나요.'[110]

매일 두 차례 들어오는 잘 차려진 식사는 이화학당의 프라이(Lulu E. Frey) 학당장이 보낸 것이고 성경은 감리교 선교사인 B. W. 빌링즈(B. W. Billings)가 차입해 준 것이었다. 개신교는 박인덕의 필요를 이렇게 충족시켜 주었다.

신앙이 그녀의 필요를 충족시켜 주는 과정은 여기서 그치지 않았다. 3·1운동 관련 수감자들이 가혹한 처우를 받는다는 것을 알게 된 프랭크 W. 스코필드(Frank W. Scofield) 등은 총독부에 항의

---

109   앞의 책, 64쪽.
110   앞의 책, 69쪽.

하는 한편 수감자들을 직접 면회하고자 했다. 이에 형무소 당국은 재소자들이 좋은 처우를 받고 있음을 입증하기 위해 좋은 음식과 성경으로 '행복하며 빛나는 모습'을 하고 있던 박인덕을 증거 사례로 제시했다. 그리고 박인덕이 '모범수로서 바르게 행동한' 것에 만족하고, 형무소 측은 그녀에게 매일 15분씩 감옥 마당을 산책하는 특전을 제공했다.[111] 이 수감 생활은 빌링즈가 30원의 보석금을 냄으로써 7월 24일로 끝나게 되었다.

박인덕은 프라이 학당장과 빌링즈 부부가 자신을 '감옥에서 이화로 데려가 주셨다'며 그들의 '진정한 애정에 영원히 감사할 것'이라고 했다.[112] 3·1운동 관련 수감 생활에서 그녀에게 단연 돋보였던 것은 삶의 절실한 필요와 그에 대한 고도의 충족 체계로서 작동된 개신교 신앙이었다. 이러한 경험을 통해 박인덕은 "우리 민족이 일본의 군사 정권에 대해 무력으로(사실 갖고 있지도 못했지만) 싸울 수 없다는 것을 깨닫게 되었다. 기도와 기독교적 인내를 통한 하나님의 도움으로 많은 것을 이룩할 수 있음을 깨달았다. 분명 우리 민족은 기독교와 기독교 신앙의 격려를 필요로 하고 있었다"라고 했다.[113]

이 강렬한 깨달음 이후 박인덕의 삶에는 더 이상 민족의 독립이라는 이슈가 부각되지 않았다. 요컨대 박인덕의 생애에서 민

---

111   앞의 책, 73쪽.

112   앞의 책, 70-79쪽.

113   앞의 책, 70쪽.

족의 독립이라는 이슈로 고난을 당한 처음이자 마지막 사건이었던 3·1운동 경험은, 조선 민족의 무력함과 무능함을 통절히 깨닫게 하고 개신교의 유효성을 철저히 확신하게 한 사건이었다.

이러한 박인덕의 체험은 동일한 사건으로 수감되었고 이후 그녀처럼 미국 유학을 경험한 개신교 여성 지도자 김마리아와는 현저히 달랐다. 미국 북장로교가 설립한 정신여학교 교사로서 3·1운동 당시 여성의 참여를 조직하고 독려했던 혐의로 수감된 김마리아는 3월 5일 체포되어 6개월간 취조를 받았다. 독립운동이 '정의의 길'이라는 소신을 굽히지 않던 그에게 일제는 혹독한 고문을 가했다. 그 결과 상악골 축농증과 귀 뒤의 뼈에 고름이 생기는 '메스토이'라는 평생의 지병을 얻었다. 결국 병이 악화된 김마리아는 1919년 8월 4일 증거불충분으로 예심면소 판결을 받고 출옥하게 되었다.[114] 같은 개신교인인 김마리아의 수감 생활에서는 삶의 필요에 대한 고도의 충족 체계로서 작동하는 신앙을 찾아보기 어렵다. 오히려 그녀의 신앙은 민족의 독립이라는 '신의 뜻=정의'에 대한 철저한 헌신과 희생 구조로 작동하고 있었다.

필요에 대한 고도의 충족 체계로 작동하는 박인덕의 신앙 이력에 예외가 없었던 것은 아니다. 유학이나 결혼이냐는 선택의 기로에 놓였을 때였다. 박인덕은 이혼 경력이 있는 남자를 사랑하게

114　양현혜, "김마리아의 대한민국 애국부인회 사건에 대한 조선과 일본 언론의 반응", 〈한국문화연구〉 39(2020), 136쪽.

되었으나, 동시에 아펜젤러(Alice Appenzeller) 학당장이 어렵게 마련한 장학금으로 미국 웨슬리안 대학(Wesleyan Female College)에 유학할 기회도 갖게 되었다. 그녀는 결혼을 감행해 개신교계와 사회에서 추방되는 불이익을 받을지, 당시의 여성들이 동경해 마지않는 미국으로 유학할 것인지를 두고 심한 갈등을 겪었다.

수감 경력이 있으면 일본 정부가 여권을 내주지 않는다는 것을 염두에 둔 그녀는 "하나님, 제가 만일 여권을 받는다면 떠나라는 뜻으로 알겠습니다. 여권을 받지 못하면 결혼하겠습니다"라고 기도했다.[115] 자신의 필요와 대치되는 '신의 뜻'이라는 것이 그의 기도에 나타난 것은 이때가 처음이자 마지막이었을 것이다. 결국 여권은 나왔으나 박인덕은 그럼에도 결혼을 강행했다. 자신의 필요를 충족시켜 주지 않는 신의 뜻에 순종을 거부한 것이다.

이 결혼은 불행했고 그녀의 경력은 중단되었다. 무능하고 가부장적이며 첩을 데리고 있던 남편과의 결혼 생활로 급기야 박인덕은 자살을 결심했다. 목을 맬 나뭇가지를 찾던 중 문득 야곱이 천사와 씨름하던 장면이 떠오르며 그녀는 자살 충동을 이겼다. 그리고 신의 뜻에 순종하지 않은 벌로 불행한 결혼 생활을 받아들이며 더욱 신앙생활에 매진했다.[116] 이 사건 이후 박인덕에게 신의 뜻은 서구적 여성 교육이라는 못다 한 학업 완성과 동일시되었다. 그

---

115   박인덕, 앞의 책, 85쪽.

116   앞의 책, 93쪽.

러나 학업을 완성하여 서구적 여성 지식인으로서 재기하는 것은 가부장적 질곡에 스스로 걸어 들어가 삶을 망가뜨린 그녀가 스스로를 구원할 수 있는 유일한 길이었다. 그렇기 때문에 실은 자신의 결핍이자 절실한 필요였다. 이후 박인덕의 삶에서 그녀의 필요를 충족시켜 주기를 바라는 기도와 배치되는 신의 뜻은 존재하지 않는다.

재기의 기회는 배화여고에서 함께 일하던 미국 선교사 루비리의 도움으로 주어졌다. 웨슬리안 대학에 유학할 기회를 다시 얻은 것이다. 어린 두 딸 생각으로 마음이 약해지기도 했지만, "현대식 여성으로 내 교육의 나머지 부분을 끝맺는 것은 결국 나의 아이들과 나의 조국, 우리 가족의 미래 그리고 나 자신을 위해서도 좋은 일이 될 것이다"라고 생각한 그녀는 "이번에는 그분의 손길을 따를 것"이라며 유학길에 올랐다. 떠나기 전 그녀는 "하나님, 너무나 친절하심에 감사드립니다. 결코 다시는 하나님을 저버리지 않겠습니다"라고 기도했다.[117] 박인덕의 하나님은 이렇게 그녀의 절실한 필요를 충족시켜 주는 '친절한 하나님'이었다.

박인덕은 1926년 9월 웨슬리안 대학에 3학년으로 편입했다. 성경, 철학, 심리학, 영국 역사, 영문학, 사회학, 체육, 음악 과목 등을 수강하는 한편 교회와 주일학교에서 아르바이트와 연설을 종종 하면서 용돈을 벌었다. YMCA와 YWCA로부터도 적지 않은

---

117   앞의 책, 103쪽.

도움을 받았고, 그녀의 이력을 완성하는 데 중요한 발판이 되는 기회도 얻게 되었다. 1927년 12월 28일부터 1928년 1월 1일까지 열리는 학생자원봉사운동(Student Volunteer Movement) 총회에 YWCA 지원으로 참석하여, "예수 그리스도는 나에게 무엇을 의미하는가"라는 연설을 하게 되었던 것이다.[118] "기독교의 힘이 지렛대처럼 움직여 과거의 인습이라는 척박하고 단단한 땅으로부터 그분(=박인덕의 어머니)을 떼어 내었고 비극과 공포, 미신에서 그분을 구해 내었다. 그 힘은 또한 생명의 물로서 그 땅을 비옥하게 만들었다. 나는 이 새로운 땅에 뿌리를 내리고 영양분을 얻게 되었다"라고 그녀는 연설했다.[119]

자신의 어머니가 개신교를 통해 가부장적 질곡에서 탈출하여 새로운 삶을 살게 되는 선물을 받았고, 그 어머니를 통해 자신 역시 축복을 받았다는 것이다. 그리고 자신이 수감되었을 때 하나님이 선교사들을 통해 얼마나 많은 도움을 주었는지도 말했다. 하나님은 자신의 절실한 필요를 충족시켜 준 '친절한 존재'였고, 그

---

118   1888년 11월 6일부터 존 모트(John Mott)를 회장으로 발족한 '학생자원운동'(SVM)의 목적은 다음과 같았다. 1) 학생들이 장래 생업으로 해외 선교 사역을 전적으로 고려해 보도록 개인적으로 지도 2) 선교를 지원한 학생들이 선교부에서 직접 지원할 때까지 학업 면이나 선교 활동 면에서 도움 제공 3) 공격적이면서 또 하나의 보편적이고 조직적인 운동이 되기 위한 연대 4) 여러 선교부에서 필요로 하는 자격을 갖춘 지원자 확보 5) 국내에 남아 있는 학생들에게 기도와 헌금으로 선교 사업을 강력히 지지할 수 있도록 해외선교에 관한 정보와 관심 유발 및 유지(최정만,《다시 써야 할 세계 선교 역사》1권, 쿰란출판사, 2007, 209쪽).

119   박인덕, 앞의 책, 서문.

로 인해 자신의 삶이 얼마나 개선·향상되었는가를 증언한 이 간증은 주최 측이나 청중들이 꼭 듣고 싶어 한 이야기였다. 결과는 대성공이었고 이로 인해 그녀는 1928년부터 1929년 말까지 2년간, 동양인 최초로 월 75달러의 월급을 받는 순회비서직을 제안받았다.

그녀는 미국 체류 기간을 연장하여 컬럼비아 대학원에 진학했고 동시에 순회비서직을 수락했다. "내가 교육을 더 받는다면 나라와 교회를 위한 내 가치가 더 높아질 터"라는 계산이 그녀에게 있었다.[120] 잘못 선택한 결혼을 만회하고 자신의 가치를 최대한 높일 수 있는 이 두 가지 기회야말로 자신의 필요에 대한 친절하신 하나님의 선물이라 생각했던 것이다.

순회비서로서 그녀의 역할은 대학생 그룹을 만나고, 일반 청중들에게 연설하며, 해외 선교사로 자원할 신입 회원 모집을 돕는 일이었다. 이러한 임무 수행에서 가장 어려운 문제는, 동양 사람들은 이미 불교나 유교 등의 고등 종교가 있고 미국 개신교는 인종차별과 부의 불평등 등 자기 사회 모순도 해결하지 못하는데 무슨 권리로 개신교 선교사를 보내 동양인들을 개종시키느냐고 질문하는 미국 대학생들을 설득하는 것이었다.[121] 이에 대해 박인덕은 한국의 전통 종교가 개신교에 비해 얼마나 무능한가를 논하면서 이들을 설득하고자 했다.

---

120   앞의 책, 138쪽.

121   앞의 책, 149-150쪽.

한국에는 다신교적인 샤머니즘이 있는데 이것은 자비로운 영과 징벌의 영의 세계로, 나쁜 영에 둘러싸여 살아가는 사람에게 지속적인 두려움, 의심, 불안을 준다. 불교는 '신은 우리 안에 있다는 깨달음'으로, "삶에 대한 집착을 버리고 아집과 욕망을 버려야 한다"는 것이 주된 교리이다. 그 결과 신은 개개인의 행복을 바라는 인간의 아버지가 되지 못할 뿐 아니라 승리감을 가지고 "신을 사랑하는 자에게는 모든 것이 가능하다"는 것을 설득력 있게 전하는 데에도 실패했다. '은거와 무(無)'를 추구하는 '수동적 종교'인 불교는 결론적으로, "내 어머니나 나에게나 우리나라 사람들에게 별로 도움이 되지 못했다. 일본의 통치로 궁핍해진 이 민족에게 불교가 무엇을 해줄 수 있겠는가? 불교는 개인 문제의 관점에서 생각하지 않기 때문에 어떠한 해결책도 제시해 줄 수 없었다"라고 그녀는 비판했다.[122] 즉 '은거와 무'의 종교인 불교는 현실의 필요를 충족시켜 줄 수 없는 무능하고 무용한 종교라는 것이었다.

유교에 대해서 박인덕은 인간관계를 다섯으로 나누어 각각의 관계에 '의무와 자비심을 강조한 도덕 체계'라고 규정했다. 각 관계 중 붕우유신(朋友有信)의 관계만이 수평적 관계이고 나머지 네 관계는 하위자의 순종을 요구하는 비대칭적 관계로, "하위자가 독립적으로 행동하거나 판단할 기회가 없다. 의무만으로는 사람이 만족할 수 없다는 것을 알고 자비심을 추가했지만, 기독교에 있는

122　앞의 책, 151-153쪽.

추진력이 부족했다"라고 비판했다. 유교는 삶에 대한 욕구를 추동하고 거기에서 오는 필요를 충족시켜 줄 수 있는 체계의 종교가 아니라는 것이다. 그러므로 조선을 비롯한 비서구 세계는 "예수님을 위해 새롭게 정복되어야 할 땅"이라는 것이었다.[123]

그렇다면 그녀가 생각한 개신교는 어떠한 종교였는가. 기독교의 하나님은 개개인의 운명에 관심을 가지고 사랑하는 '아버지'로서, 살아갈 힘을 줄 뿐만 아니라 성령의 도움까지 주는 사랑의 하나님이다. 이렇게 신자의 삶에 관심을 가지고 그 필요에 응답하는 아버지인 절대자를 가짐으로써 기독교에서는 '하나님과 합일할 수 있는 유대'가 가능해지고, 결과적으로 "개인의 천성을 해방시키는 역동적 요소로 작용하여 희망과 결단력과 열망, 곧 삶을 주었다".[124] 요컨대 욕망과 필요에 응답해 그것을 충족시켜 줌으로써 '개개인의 능력을 최대한도로 팽창시켜 줄 수 있는' 능력의 체계가 다름 아닌 개신교라고 설득한 것이었다.[125]

박인덕의 기준에서 볼 때 신자 개개인의 현실적 삶에 관심을 가지는 아버지로서 그 구체적 필요를 채워 주며 성령의 도움까지 주는 개신교의 절대자야말로 필요를 충족시켜 주는 능력에서 단연 독보적이었다. 따라서 개신교는 모든 종교 중 가장 탁월한 종교였다. 요컨대 박인덕은 종교를 필요와 충족의 체계로 파악하고 종교

---

123   앞의 책, 27쪽.

124   앞의 책, 150쪽.

125   앞의 책, 150쪽.

의 우월성 기준을 충족 능력의 고하(高下)에 두고 있었다. 이러한 개신교 이해에는 현실적이고도 실용주의적 '힘'으로서 기독교 이해가 전면에 나타나고 있다. 하나님과 이웃을 사랑하라는 절대자의 뜻에 따라 자기 확장과 자아 팽창의 의지를 비우고 힘의 추구를 포기함으로써 이웃을 위해 살고자 하는 삶의 방식은 보이지 않았다.

4) 여성친화주의

필요에 대한 충족 능력의 최고치로서 개신교를 이해한 박인덕에게는 개신교가 여성으로서 자신을 독립시키고 자아를 실현하게 하는 종교, 즉 여성친화적이라는 경험과 확신이 있었다. 살펴보았듯 개신교는 그녀의 어머니와 박인덕을 가부장제의 압력에서 해방하여 새 삶을 선물한 '탈출구'였다. 개신교의 자장 안에서 박인덕은 남성에게만 허락되었던 교육의 기회를 얻었다. 삼성학교를 거쳐 당시로서는 유일한 여성 고등교육 기관이었던 이화학당에 진학하면서 그녀는 본격적인 서구식 여성 고등교육을 받을 수 있었다.

1908년에 중등과에 입학하여 1916년 이화학당 대학과를 졸업한 8년의 이화 교육은 그녀에게 남자들과 동등하게 '영어로 된 교과서를 통해 공부하고 삼각법'을 배우게 해주었고,[126] 또한 조선의 전통 여성들과 다른 새로운 삶의 롤모델을 제공했다. 당시 이화학당에는 체육 담당 자네트 월터(Jannette Walter), 과학 담당 올리브 F. 파이(Olive F. Fye), 음악 담당 그레이스 하문(Grace Hamoon), 수학 담당 자네트 허버트(Jannette Herbert) 등 많은 여선교사들이 재직했다. 박인덕은 이들에 대해 "그분들은 자신의 머리를 훈련하는 것은 물론 마음도 훈련한 분들이었다"라고 평가했다.[127] 이역만리 타향에서 독신 여성이자 전문인으로서 지도자 역할을 감당하는 미국 여선교사들은 확실히 삼종지도(三從之道)의 인습에 따라 남성에게 종속되어 있던 전통적인 조선 여성의 양식과는 다르게 지성과 정신이 훈련된 독립된 인간으로서 살고 있었던 것이다. 박인덕은 이들에게서 새로운 여성의 삶의 양식을 배웠다. 그녀는 "당시 우리는 선생님들이 가르쳐 주시는 공부뿐 아니라 그 선생님들로부터 얼마나 많은 것을 배우고 있었는지 잘 깨닫지 못했다"라고 술회했다.[128]

박인덕은 특히 프라이(Lulu E. Frey) 학당장에게 깊은 인상을 받았다. 여성 고등교육에 대한 인식이 전무하던 당시 상황에서, 프라이는 한국 여성을 깨우치려면 한국 여성 중에서 지도자가 나와야 한다고 역설하며 대학과 설립을 시도했다.[129] 박인덕은 프라이

126　앞의 책, 59쪽.

127　앞의 책, 59쪽.

128　앞의 책, 55쪽.

129　Lulu E. Frey, "Higher Education for Korean Girls", *The Korea Mission Field: A Monthly Journal of Christian Progress*, vol. 10 no. 10(1914), 307-309.

학당장에게 '비전과 강한 확신, 구체적인 계획을 실행할 수 있는 열정'을 배웠고 이는 자신의 삶의 가치가 되었다고 술회했다.[130] 그를 모델로 한 '서구적 여성 지도자'가 되고 싶었던 것이다.

박인덕이 가진 이 새로운 롤모델을 실현할 기회는 의외로 빨리 찾아왔다. 그녀는 졸업 후, 주부라는 통상적인 삶이 아닌 수학, 체육 그리고 음악 교사라는 전문 직장인으로서 새로운 이력을 시작할 수 있었다. 박인덕은 자신이 "우리나라에서 일어나고 있는 모든 일에 관심을 가지고 있었고 세상 다른 곳에서 일어나고 있는 혼란과 진보를 호기심에 차서 관찰하고 있었던" 여성이 되었고, 이전의 어떤 조선 여인도 가질 수 없었던 '확장된 마음'을 가진 여성이 되었다고 했다.[131] 그녀가 이해한 바로는 "개개인을 존중해 주기 때문에 그가 어떤 사람이든지 또는 어떤 계급의 사람이든지 창조주인 하나님의 눈에는 모두 가치 있는 사람"으로 보는 개신교는 특별히 조선과 같은 남존여비의 비서구 지역에서 여성의 독립과 자아실현을 지지하고 응원하는 여성친화주의적 종교였다.[132] 개신교는 여성으로서 그녀의 성적 정체성을 확립해 준 은인이었다.

자신의 결혼이 잘못되었다는 것을 깨달은 그녀가 두 아이를 두고 미국 유학을 떠날 수 있었던 것도 자기를 실현하고 싶은 강한

---

130   박인덕, 앞의 책, 57쪽.

131   앞의 책, 59쪽.

132   앞의 책, 150쪽.

성적 정체성 때문이었다. 5년간의 미국 생활은 그녀의 성적 정체성을 더 확고히 해주었다. 무엇보다도 기독교 문명국인 미국은 여성이 잘 대접받는 사회처럼 보였다.

나는 케이블카를 타고 도시의 낮은 산을 오르내리면서 남녀가 행복하고 즐겁게 함께 여행하는 것을 보았다. 특히 여자가 차를 타고 내릴 때 남자가 도와주는 모습을 보면서 남자들이 여자 친구를 보호하고 배려하는 것에 감동을 받았다. 한국에서는 '남자가 우선'이었으나 미국에서는 '여자가 우선'으로 보였다.[133]

미국 사회에 보이는 여성 존중은 조선에서 그녀가 겪은 시집살이와 너무나 대조되었다.

오후 늦게 집에 돌아올 때면 시아주버니는 거실에 있는 가장 시원한 장소에서 모기장을 쳐 놓고 낮잠을 자고 있었고, 남편은 우리가 사는 곳에서 가장 바람이 시원한 곳에서 낮잠을 자고 있는 모습을 종종 보았다. 두 남자는 여자들로쿠터 온갖 시중을 다 받았다. 아침에 눈을 뜨면 집안에 여자들은 대야에 세숫물을 받아 오고 비누와 수건을 가져 왔으며 이를 닦을 소금까지도 대령해 주었다. 세수와 양치질이 끝나면 밥상을 차려줬다. 그리고는 하루 종일 친구를 만

133   앞의 책, 117쪽.

나러 가거나 장기 등을 두면서 시간을 보냈다. 집안에서 일하는 사람이라고는 혜란을 돌보는 시어머니, 얼마 전부터 집에 들어와 음식을 해주는 나이든 찬모, 그리고 돈을 버는 나 이렇게 세 사람뿐이었다.[134]

'조선 사회에는 전적으로 부재한', '건전하고 독립적이고 평등한' 미국 사회의 남녀 관계는 다름 아닌 기독교의 영향이라고 그녀는 이해했다.[135] 남존여비 사회구조 속에서 이혼녀라는 약점을 이기고 '서구적 여성 지도자'로서 자신을 실현하고자 하는 그녀로서는 이러한 남녀 관계가 '가장 필요한 것'이었고 '가장 부러운 것'이었다.

한편 개신교의 자장 안에서 이루어진 학생자원운동 순회비서 활동은 그녀를 경제적으로 자립하게 만들었을 뿐 아니라 정신적으로도 성장시켰다.[136] 그녀는 미국과 캐나다의 여러 주를 돌아다니며 다양한 사람들을 만났고 새로운 것을 경험했다. "아마도 나는 나에게 주어졌던 기회를 통해 폭넓게 그리고 친근하게 미국을 지성적으로 이해하는 최초의 한국 여성이었을 것이고, 나처럼

---

134   앞의 책, 96쪽.

135   박인덕, 《호랑이의 시時》, 63쪽.

136   경제적 자립은 북미 유학생회가 발행한 〈우라키〉에 기고한 그녀의 "조선 여자와 직업 문제"에도 반영되어 있다. 이 글에서 그녀는 여성의 노예적 삶의 원인을 경제력의 부재에서 찾았으며, 그 극복책은 교육을 통해 여성이 직업을 갖는 길이라고 역설했다(〈우라키〉 제3호, 1928. 4.)

전 세계를 돌아다니며 각 국가마다 사려 깊은 친구를 만나고 현대적인 삶을 이해할 기회를 가졌던 한국 여성은 거의 없을 것이다. 나는 내 지식으로 이제 무엇을 할 ᄉ 있을 것인가?" 미국에서 귀국하는 그녀에게는 이런 자신감이 충만했다.[137]

귀국한 박인덕이 최초로 한 일은 남편에게 3천 원과 집을 주고 이혼한 것이었다. 여성이 남성어게 위자료를 지불하고 이혼하는, 당대에 희귀했던 일을 결행할 ᄉ 있었던 것은 '기독교적 신념'과 자신감 덕분이었다. "인격의 소중함과 개인의 자유를 존중하는 기독교의 가르침 속에 성장한 내가 전적으로 남편의 손아귀에 들어 있다는 것은 부당한 일"로 느껴졌고 '하나님께서 남편보다 우월하시다'라고 생각되었다는 것이다.[138] 이혼 이후 어려웠던 그녀를 미국의 개신교 친구들은 변함없이 응원해 주었다. 그녀의 남편이 잘못된 방식으로 살고 있고 그녀가 아무리 설득해도 그를 바꿀 수 없음을 이해했다는 것이다.

그런데 여성친화주의적 종교로서 그녀의 개신교 이해는 얼마나 객관적인 것일까. 당시의 조선 개신교계는 가부장제에서 신음하던 여성들을 해방했던 초기의 역동성을 잃고, 남성 중심 성서 해석과 그에 근거한 성 역할 분담적 불평등의 교회 구조를 형성하고 있었다. 남침례교신학교(Southen Baptist Seminary) 박사이자 평양

137　박인덕, 《구월 원숭이》, 187쪽.

138　앞의 책, 104-105, 108-109쪽.

신학교 교수로서 한국 개신교 신학계의 대부인 박형룡은 여성을 죄악의 근원으로 보는 창세기 해석을 제시했다. 나아가 여성의 영역은 출산과 양육을 중심으로 하는 가정이므로, 남성 중심의 가부장적 교회 질서에 순종해서 죄악을 면죄받아야 한다는 여성관을 제시했다. 이에 반발하여 1933년 함남노회 여전도회 회장 최영혜는 "먼저 지음받은 자가 권위 있는 것이 아니요. 생존할 수 있는 자가 귀하고 권위" 있고 "도움받는 자가 용사가 아니요. 남을 도울 수 있는 자가 용사요 권위자라 인정합니다. 하나님께서 아담을 먼지 지으셨으나, 아담은 도저히 홀로 생존을 유지할 수 없음을 아시고 이브를 돕는 짝으로 지으셨은즉, 짝이라 함은 쌍방이 동일함을 이름이요 결코 도움을 받는 남자보다 지위가 낮음을 의미하는 말씀이 아닙니다"라고 논박했다.[139] 창세기 2장은 남녀의 구별을 이야기하고 있으나 남녀의 종속을 논할 근거는 어디에서도 읽어 낼 수 없다는 것이다.

최영혜의 주장은 많은 교회 여성들의 지지를 얻었다. 박인덕과 마찬가지로 컬럼비아 대학에서 석사학위를 받고, 대한민국애국부인회 사건의 공소시효가 끝나 귀국하여 조선 장로교 여전도회 7대 회장으로 봉사하던 김마리아 역시 당대의 여성 혐오적 성서 해석과 교회의 남성우월적이자 비민주적 구조를 비판하고 나섰다.

139　　양현혜, "한국 개신교의 성차별 구조와 여성 운동", 〈여성신학논집〉 2(1998), 226-228쪽.

"하나님께서 태초에 우주를 창조하신 후에 일남일녀를 창조하시고 인권에 대한 차별이 없이 아담과 이브에게 만물을 주관하라고 명하였으며, 예수께서도 부부는 일신이라 가르치셨고 여자를 열등시 하신 일은 한 번도 없었다. 사도 바울 역시 예수 그리스도 안에는 남자와 여자의 분별이 없다고 말씀하셨다. 이러한 사실을 불구하고 어떤 사람들은 성경 전체로서의 의미를 해석하지 않고 자기의 주장을 고집하기 위하여 성서를 부분적으로 해석하는 폐가 많다. … 여기서 남자들에게 여성 해방이나 여권운동을 부르짖지 않으련다. 그것은 우리 여자가 본시 누구에게 구속된 것이 아니었고 권리가 없는 것이 아니기 때문이다. … 출석 교인의 3분의 2가 여자이고 아울러 여자가 교회의 중심 역할을 한다"고 하며 "남녀는 원래 평등하다"고 주장했다.[140]

최영혜와 조선 여성 독립운동의 대모인 김마리아까지 가세한 여성차별적 신학과 교회 구조 비판은 104명이 연서로 함남노회에 여성 장로의 장립을 총회에 헌의하도록 제의하는 여성 장로 장립운동으로 발전했다. 이에 대해 1936년 장로교 총회는 "조선 예수교 장로회 총회의 태도"라는 공식적인 견해를 발표하여 박형룡류의 여성관에서 일탈하는 모든 견해를 '성서의 신성과 권위에 대한 막대한 능욕'으로 정죄하였다. 그리고 이러한 '이단적'인 견해

---

140   전병무, 《김마리아》, 역사공간, 2021, 165-166쪽.

를 가진 자들은 "임직을 거절케 할 것이오며 이미 임직을 받았던 교역자가 그런 교훈을 하거든 노회는 그 교역자를 권징 조례 제6장 42조에 의해 치리"하라고 하며 여성 장로 장립운동을 원천적으로 봉쇄하고자 했다.[141]

당시의 조선 개신교회사의 흐름을 전체적으로 전망해 볼 때, 박인덕이 개신교를 여성친화주의적 종교로서 이해한 것은 그녀의 지극히 개인적 경험에서 나온 주관적인 것이라 할 수 있다. 또한 당시 서구 사회가 한국과는 달리 남녀가 평등한 사회라는 인식도 주관적인 것이었다. 당시 미국 사회의 여성관은 빅토리아적 가정 주부상이 대세였으며, 여성의 선거권은 수잔 앤서니(Susan B. Anthony) 등의 가열찬 여성 참정권운동의 결과로 1921년에야 겨우 인정되었다.

5) 미국인 후원자의 네트워크

그렇다면 박인덕이 자기를 확충시키고 실현시킬 수 있었던 물적 기반은 무엇이었을까. 가난한 과부의 딸인 그녀가 이화학당에서 여성 전문 교육을 받을 수 있었던 것은 미국 개신교도인 C. G. 스타인하트와 그 누이 부부인 W. H. 휘트모어 부부가 고등과

---

141   양현혜, "한국 개신교의 성차별 구조와 여성 운동", 229쪽.

3년, 대학과 4년, 총 7년의 학비를 지원해 준 덕분이었다.[142] 또한 웨슬리안 대학 유학은 윌리엄 F. 퀼리언(William F. Quillian) 총장의 장학금 덕분이었다.[143]

미국 개신교도의 도움은 그녀의 생애 내내 지속되었다. 웨슬리안 대학 생활은 G. E. 로서 교수와 퀼리언 총장의 배려, YMCA와 YWCA라는 개신교 조직의 두터운 보호 아래 있었다. YWCA의 여비 지원으로 참가한 학생자원봉사운동에서 그녀의 이력에 전기를 가져온 순회비서 자리를 얻을 수도 있었다.[144] 1928년에서 1929년 말까지 2년간 월 75달러의 월급을 받았던 그녀는 딸들의 양육비를 보낼 수 있었고, 이혼 위자료인 3천 원도 지급할 수 있을 정도로 경제적 여유를 가질 수 있었다. 그뿐만 아니라 앞에서 본 것처럼 순회비서직을 수행하면서 미국 곳곳을 여행하며 인맥과 경력을 쌓았다. 이러한 개신교 네트워크를 통해 박인덕은 귀국 길에 세계를 일주했다. 영국, 웨일스, 스코틀랜드, 아일랜드 23개 대학을 방문해 강연했는데 YMCA의 후원이 컸다. 또한 YWCA의 도움으로 벨기에에 가서 강연하고 덴마크를 견학했다. 인도에서는 감리교 외국 선교위원회에서 설립한 이사벨라 토번 대학(Isabella Thoburn College)에서 융숭한 대접을 받았고, 싱가포르와 중국의 미션스쿨에서 강연했다.[145]

142　박인덕,《호랑이의 시時》, 57쪽.

143　앞의 책, 36쪽.

144　박인덕,《구월 원숭이》, 136쪽.

북미 개신교인과의 두터운 친분은 귀국 후에도 유효했다. 귀국 후 박인덕이 시작한 농촌 야학과 소비자 협동조합은 4년간 플로리다 선교 단체 연합회의 사무총장인 루이스 우드포드가 중심이 된 미국 개신교인들의 후원금으로 진행되었다.[146] 우드포드는 1936년 플로리다 선교단체 연합회에서 연설하라며 박인덕을 초대했다. 그녀는 이를 계기로 20개월 동안 미국과 캐나다 개신교 단체를 돌며 "비참한 조선 농부와 그 가족들"이라는 주제로 642회 연설을 하고, 결과적으로 소 33마리를 살 돈을 모금할 수 있었다.[147] 귀국한 그녀는 이 후원금을 발판으로 '농촌 지도자 양성 센터'를 운영했다.

미국 개신교인들의 네트워크는 식민지 시대로 끝나지 않았다. 해방 이후 네트워크는 더 활발히 작동했다. 1945년 9월 9일 미국 제24군단이 인천에 상륙하여 서울에 입성하면서 미 군정이 시작되었다. 군정 사령관 하지(John R. Hodge)는 앞으로의 일을 논의하기 위해 한국의 정계와 민간인 지도자 300여 명을 소집했는데, 박인덕도 그중 한 명이었다.[148] 그녀가 초대된 중요한 이유 가운데 하나는 미국 개신교 단체와 맺은 네트워크 때문이었다.[149] 박인덕은 미 군정 치하 애국부인회 산하 정치교육위원회 위원장이 되어

---

145 앞의 책, 158-184쪽.

146 앞의 책, 201쪽.

147 앞의 책, 214-215쪽.

148 앞의 책, 242-243쪽.

여성 유권자를 위해 강연하는 한편, 매주 일요일 오전 미군 군목이 국회의사당 접견실을 이용하여 드리는 예배에서 오르간을 연주했다. 이 접견실은 고위 공직자가 아니면 어느 누구도 사용한 적이 없었던 곳으로, 이곳에서의 일요 예배는 곧 특권의 상징이 되어 "입추의 여지가 없을 때까지 일사천리로 커졌다".[150]

1945년 12월 1일, 그녀는 미 군정 대긴정보부 정치교육과에서 주관하는 라디오 강연을 맡았다. 오랫동안 우정을 나누어 온 미국 친구 피셔(J. E. Fisher)와 아펜젤러의 아들이 정치교육과에서 근무했던 것이다. 여기에서 그녀는 민주주의에 대한 한국 여성의 책임을 강조하는 강연을 매주 진행했다. 또한 서울과 인근에 주둔한 미군들에게 한 주에 한두 차례 강연했고, 적십자가 운영하는 클럽에서도 강연했다. 이렇게 친분을 쌓은 미국인들에게 한국 생활의 다른 모습들을 보여 주기 위하여 그들과 함께 사적지, 사찰 등으로 여행을 가기도 했다. 라디오 강연 포상으로 군정 장관인 아서 러치(Archer Lerch) 장군으로부터 특별상도 받았다.[151]

1946년의 부활절 예배는 박인덕에게 특별한 감회를 주었다. 동이 트기 전 수백 명의 미군과 장교들 그리고 한국인들이 드리는

149　미군 중위가 박인덕을 방문하여, 그녀가 뉴저지의 모교 드와이트 학교에서 강연했을 때 꼬마였던 자신이 그 강연을 들었고 그의 어머니는 박인덕의 후원자의 한 사람인 베일리 부인이라고 소개했다는 에피소드가 남아 있다(앞의 책 248쪽).

150　앞의 책, 253쪽.

151　앞의 책, 254쪽.

예배에서 "무덤에서 살아나시어 하늘로 올라 적에게 힘찬 승리를 하고"라는 찬송가를 부르며 남산 계단을 오른 것이다. 그녀는 이때 "그리스도는 진정 죽은 자 가운데서 살아나셨다"라고 느꼈다고 한다.[152] 미 군정에의 활발한 참여는 후술할 일제 말 일본의 침략 전쟁에 협조한 친일파라는 낙인에서 그녀를 구출하여 완전히 '부활'시키고 있었다.

그녀가 인덕대학을 설립한 것도 미국 개신교인들의 도움 덕분이었다. 해방 후 도미한 그녀는 켄터키주 베리아 대학(Berea College)에서 자신의 학비를 스스로 벌며 공부하는 '반공반과'(半工半科) 대학을 보았고 미래에 '한국의 작은 베리아' 대학을 설립하겠다는 포부를 갖게 되었다.[153] 1955년 9월, 많은 미국 지인들의 도움으로 그녀는 '한국 베리아 재단'(Berea in Korea)을 워싱턴에 설립했다.[154] 1960년 베리아 법인 증명서에 따르면, 이 법인의 목적은 "미국 교육 기관에서의 한국 젊은이들의 교육을 고무·촉진하고, 캔터키주 베리아 대학의 이념과 방침에 따라 일하며 배우는 프로그램을 통해 재정적으로 어려운 한국 젊은이들에게 교육의 기회를 제공할 비영리 교육 기관을 한국에 설립하여 경영하는 것"이었다.[155]

---

[152] 앞의 책, 255쪽.

[153] 앞의 책, 314쪽.

[154] 박인덕, 《호랑이의 시時》, 102쪽. 경제적 후원뿐만 아니라 재단 설립에 절대적으로 필요했던 박인덕의 영구 비자는 웨슬리안 대학 총장의 부인인 퀼리언 여사의 지인 제임스 데이비스(조지아주 하원의원)의 1년간의 분투로 얻어졌다(박인덕, 《호랑이의 시時》, 100-103쪽).

　신앙의 변증법: 김교신과 한국 개신교

베리아 재단의 후원으로 마침내 1963년 9월 인덕실업고등학교가 개교했다. 1971년에는 그녀의 외동딸 김혜란을 학장으로 인덕예술공과전문학교가 개교했다. 1980년 4월 박인덕이 80세로 세상을 떠난 이후, 그의 외장손 이중희가 베리아 재단 이사장이 되었다.[156] 그녀뿐만 아니라 그녀의 손자대에까지 이어지는 미국인 지원 네트워크의 중심에는 개신교가 있었다. 그녀는 두 학교를 설립하는 동안 일관되게 "하나님을 믿고 미국과 캐나다에 있는 친구들을 믿었던 것이다".[157] 그 믿음은 그녀를 결코 실망시키지 않았다.

젊은 날 유학을 마치고 미국에서 귀국하던 그녀가 "4년 반 전에 나는 일반실 승객으로 배를 타고 샌프란시스코에 도착했지만, 이제 나는 특등실로 유럽을 경유하여 많은 친구를 뒤로한 채 많은 지식과 기억을 갖고 고국으로 돌아가고 있다. 확실히 미국은 나에게 굉장한 선물들을 잔뜩 안겨 주었다"라고 했듯, 미국 개신교인들은 그녀의 자아실현에 필요한 모든 것을 충족시켜 준 '고마운 사람들'이었다.[158]

박인덕의 개신교 신앙 구조는 여성친화주의와 강력한 미국

---

155   박인덕, 《구월 원숭이》, 243쪽.

156   앞의 책, 254쪽.

157   박인덕, 《호랑이의 시時》, 161쪽. 이것은 '필요'가 생기는 모든 순간에 대한 그녀의 일관된 반응이었다. 1961년 미국에서 한국으로 돌아오던 중 그는 중국 공산 정권을 피해 온 난민들의 정착촌을 보면서 "보급품은 어디서 오는가, 나는 생각했다. … 진정 감사하는 우리의 마음은 미국과 캐나다의 기독교인들에게 향했다"고 적었다(박인덕, 《호랑이의 시時》, 132쪽).

158   박인덕, 《구월 원숭이》, 156쪽.

인 후원 체계를 동반하며, 자아를 확대·팽창시키는 데 필요한 것을 충족시켜 주는 고도로 효율적인 체계였다. 이러한 내면의 신앙 체계가 당시 서구와 비서구의 힘의 불균등, 제국주의적 지배 그리고 일본이라는 후발 제국주의 국가의 식민지였던 조선을 어떻게 이해하게 했는지, 즉 그녀의 외부 세계 인식에 어떻게 작동했는지를 살펴보자.

6) 오리엔탈리즘

박인덕이 7세 때 받은 크리스마스 선물 No. 2 연필은 그녀의 평생을 지켜 주는 해석학적 원형이었다. 개신교의 자장 안에서 이러한 해석학적 원형은 더욱 강화되고 확대되었다. 이화고등학교 사무실 천장에서 전깃불이라는 것을 처음 본 그녀는 그것을 발명한 사람이 미국인 에디슨이라는 사실을 알았다. 그리고 "바다를 건너 그런 놀랄 만한 것들이 발명된 나라에 가 보기로 결심했다"라고 한다.[159] 미국에 대한 가슴 깊은 동경이 뿌리내렸던 것이다. 1926년, 그녀는 동경했던 미국 땅을 마침내 밟게 되었다. 그 감동을 그녀는 "갈매기들에게조차도 미국은 풍요의 땅이었다. 한 무리의 미국 전함들이 금문교 항만에 떠 있었고 언덕에는 게솔린 탱크

159 　박인덕, 《호랑이의 시時》, 33쪽.

　신앙의 변증법: 김교신과 한국 개신교

들이 편안하게 줄지어 서 있었다. 높은 건물들이 만드는 스카이라인과 붐비는 항구의 배들 그리고 차들로 붐비는 다리는 내가 그렇게 오래도록 동경에 왔던 이 위대한 나라의 거대한 산업과 활력을 상징하는 듯했다"라고 형언했다.[160]

갈매기조차 풍요롭게 보일 정도로 '미국은 아무것도 부족한 것이 없는' 나라였고, 그 풍요로움은 조선의 가난과 대조되었다. "조선 도시에 어두침침한 가로등과는 대조적으로 형형색색의 무수한 가로등이 반짝거리는 모습이 시카고를 어떤 요정의 나라처럼 보이게 했다. 미시간대로의 가로등만 가지고도 어두운 서울 전체를 환하게 비출 수 있을 것 같았다."[161] 미국은 가난한 조선과 '현격한 대조를 이루는' 거대한 풍요의 땅이자 '요정의 나라'였다.

또한 그녀에게 미국은 '자유의 나라'였다.

정치의 자유, 이성 간의 자유, 젊은 남녀들은 팔짱을 끼고 손을 잡고 거닐면서 전혀 근심이 없어 보였다. 그러한 것은 전통적인 유교 원리에 따라 한국에서라면 금지되었을 것이다. 나는 이중의 속박, 즉 일본 지배의 속박과 한국의 전통적인 일 처리 방식에 대한 순종의 속박 속에 자라났다. 이러한 이유로 내가 도처에서 보았던 자유는 내게 가장 깊은 인상을 주었다. 나로서는 자유를 갑자기 발견한

---

160 박인덕,《구월 원숭이》, 115쪽.
161 앞의 책, 122쪽.

셈이었고 그래서 그것을 더욱더 대단하게 여기게 되었다. 아무리 먹어도 배가 고픈 것처럼 자유라는 느낌은 아무리 많이 받아들여도 부족하게만 느껴졌다.[162]

미국에서 발견한 '자유'는 이화학당 고등과에서 처음 본 전 깃불과 같은 강렬한 충격을 주었다. 그런데 그 자유는 나라를 잃은 식민지민이 발견한 정치적 자유 혹은 민족적 자유와는 거리가 멀 었다. 그것은 가난한 과부의 딸이자 가부장적이고 무능한 남편에 게 속박되었던 그녀를 해방시켜 주는 자유였다. 미국은 그녀가 필 요로 하는 물질적 풍요로움과 자신을 실현할 수 있는 자유를 허락 하는 '공기조차 반짝이는' 천국이었다.

이후 그녀는 3천여 장의 크리스마스 카드를 미국과 캐나다 의 친구들에게 보낼 정도로 지인이 많아졌다. 그리고 자신이 그들 에게 '명예 회원'으로 받아들여지고 있다고 여겼다.[163] 그녀는 명 예 회원으로서 자신을 미국인과 동일시했고 미국인의 시각으로 세상을 보았다. 세계 일주를 하는 동안에 만난 다양한 국가의 문 화를 미국인의 시각에서 평가했다. 독일인의 근면함과 경제력을 이야기하고, 조선의 비효율적인 시간 활용과 비생산적 생활 태도 를 비판하고, 같은 논리로 베두인들의 전통적 생활양식을 비판했

---

162   박인덕, 《호랑이의 시時》, 38-39쪽.
163   박인덕, 《구월 원숭이》, 313쪽.

 신앙의 변증법: 김교신과 한국 개신교

다.[164] 시간 개념이 없다고 인도인을 비판했고, 서구인들의 문화를 접하고도 변하지 않는 인디언의 생활 방식은 야만스럽다고 생각했다. 흑인에 대한 미국인의 인종차별에 대해서도 "이 이상한 미국의 관습에 뭔가 이유가 있을 것이라고 생각"하고 판단을 보류했다.[165] 무엇보다도 박인덕은 조국 조선을 미국인의 시각에서 관찰하고 판단했다. 미국에서 돌아와 바라본 조선은 수천 년 동안 아무것도 변하지 않은 원시적인 곳이었다.[166] 거기에는 심한 빈곤이 있었고, 현대적 편의 시설과 개인적 자유는 없었다.

내가 단녀온 여러 다른 나라보담도 우리 조선은 엇더한 점으로 보아서든지 뒤떠려진 것만은 사실임니다. 그러나 '못 하다' '뒤 떠러젓다'는 그 점이 나에게 무쌍한 '쇽크'를 던저주는 것임니다. 다시 말하면 자기가 나흔 자식이 눈이 멀엇다든가 귀가 먹엇다든가 또는 한편 다리가 병신이 되여서 남에게 뒤떠러진 불구의 자식이란 말을 들을 때 불상하게! 가엽게! 애처럽게 생각하듯이 내가 조선의 땅을 밟으면서 무엇보담도 먼저 '가엽슨 조선아! 애처러운 내 땅아!' 하고 부르지엇슴니다. 내가 사랑하는 조선은 지도해 줄 사람이 업기 때문에 언제나 한 모양으로 쓸쓸한 꿈속에서 깰 줄 몰은다는 것을

<hr>

164 앞의 책, 174-175쪽; 박인덕, "내가 본 독일 농촌", 〈삼천리〉, 1932년 4월 호, 66-69쪽; 박인덕, 《세계일주기》, 경성: 조선출판사, 1941, 51, 128-130, 235쪽.

165 박인덕, 《구월 원숭이》, 123-124쪽.

166 박인덕, 《호랑이의 시時》, 65쪽.

절실히 늣기엿슴니다.[167]

미국이 인류 사회가 지향해야 할 이상적인 정(正)의 문명사
회라면, 조선은 눈멀고 귀 멀고 다리까지 병신인 '3중 장애'를 가
진, 즉 부정(不正)되어야 할 불구의 사회였다. 박인덕은 서구/비서
구를 구별하고 전자와 후자의 관계를 정상/비정상으로 이원화하
는 전형적인 오리엔탈리즘적 시각을 내면화했다. 동시에 불쌍한
'3중 불구'인 조선을 지도해 줄 계몽적 지도자로 자임했다.[168] 즉
"나는 또한 고국의 여인들처럼 특권을 부여받지 못한 사람들이 자
신들의 운명을 향상시키는 것을 돕기 위해 내가 무언가를 하지 않
는다면, 내 자신을 위해 이 자유를 즐길 권리를 누려서는 안 된다"
라며, 조선 여성들에 대한 계몽적 지도자로 스스로를 임명했다.[169]
오리엔탈리즘을 내면화한 사람들이 보여 주는 전형적인 '계몽적
지도자' 의식을 그녀 역시 공유했던 것이다.[170]

박인덕의 귀국 당시 조선 사회의 가장 큰 이슈는 정치적 독

167　박인덕, "六年 만의 나의 半島, 아메리카로부터 도라와서 旅裝을 풀면서 넷 형제에게",
　　　〈삼천리〉, 1931년 11월 호, 89쪽.

168　'계몽적 지도자'라는 박인덕의 자의식은 19세기 말 미국 선교사들이 조선인들과 함께
　　　일하는 것이 아니라, 문명의 전달자라는 상위적 개념을 가지고 그들을 위해서 일한다는
　　　시혜자적 의식을 상기시킨다(류대영,《초기 미국 선교사 연구》, 한국기독교 역사연구
　　　소, 2001, 136쪽).

169　박인덕,《호랑이의 시時》, 40쪽. 우미영은 박인덕의 서구 경험은 서양화라는 하나의 지
　　　점에 수렴되고 동일화의 원리에 의해 지배되었다고 한다(우미영, "서양 체험을 통한 신
　　　여성의 자기 구성 방식―나혜석·박인덕·허정숙을 중심으로" 참조).

립이었다. 1927년 역사상 최초로 딘족운동 세력의 좌우가 합작한 신간회가 결성되고, 1930년에는 전국 140여 개 지회와 3만 9천 명의 회원을 확보할 정도로 운동이 고조되었다. 이러한 조선 사회의 분위기를 익히 파악했음에도 박인덕은 독립이라는 정치 문제는 자신에게는 '두 번째 관심사'이고, 자신에게 가장 큰 문제는 이혼과 이혼녀라는 사회적 불이익을 만회하는 것이라고 상정했다.[171]

조선 독립이라는 가장 큰 시대적 과제를 외면하면서도 스스로를 '불쌍한 조선 여성들에 대한 계몽적 지도자'로 자임하는 이 오리엔탈리스트에게 조선 사회는 결코 호락호락하지 않았다. 식민지와 가부장제라는 이중의 질곡 속에서 함께 씨름하며 같이 싸우자는 것이 아니라, 몽매하고 가련한 원시인을 굽어보며 계몽하겠다는 박인덕에게 조선 사회는 '울적하고 쓸쓸하고 락망되는' 곳이자 극심한 '정신상의 피로'가 누적되는 곳이었다. "큰 희망과 행복의 기쁨을 주는 … 제2의 고향인 북미 대륙에 가서 재충전하지 않으면 안 된다"고 느낄 정도의 피로감이었다.[172]

학생자원봉사회 출석차 재차 도미하게 된 그녀는 "세계기

---

170 인도 여성들과의 '자매애'를 주장하면서도 인도 여성들은 구제를 기다리는 수동적인 존재이고 자신들은 그들을 구제할 '언니'라고 보는 재인도 영국 여성들의 오리엔탈리즘적 레토릭과 동일하다[안태윤, "식민지에 온 제국의 여성—재조선 일본 여성 쯔다 세츠코를 통해서 본 식민주의와 젠더", 〈한국 여성학〉 24-4(2006), 10-11쪽].

171 박인덕,《구월 원숭이》, 187쪽.

172 박인덕, "태평양을 다시 건너며, 세계 기독교 대회에 참석코저", 〈삼천리〉, 1936년 1월호, 77쪽.

독교대회에 소위 조선대표라는 명칭으로 떠나는 나 자신으로 생각하여 보면 참으로 얼굴이 뜨끈하고 부끄러운" 일이라는 소회를 밝혔다.[173] 오리엔탈리스트들에게는 언제나 조국이 수치의 대상이다. 그 수치의 대상에서 탈출하여 그녀는, "무정하다. 경성이여, 너는 나에게 그리 즐거움을 주지 못하였고 내 포부를 알아주지 못하였고 내 부름을 들어주지 않았다. 비탄과 초조, 방황. 나는 이제 이 땅을 떠나는 하나의 실향자라고 할까? 태평양아 로산젤스여 쉬카고여 미산간호여! 나는 다시금 너의 따뜻한 날개를 찾아 이 땅을 떠나노라"라며 '쉼을 주는 제2의 고향'인 미국행을 마음속으로부터 기뻐했다.[174] 그녀는 지도자가 되기에는 치명적인 자기 소외와 분열을 앓고 있었다.[175] 강고한 계몽적 선각자라는 나르시시즘적 분열의 자기 인식 속에서 그녀는 조선의 실재와 만날 수 없었다. 자기 완결적 동어반복의 체계에 갇혔던 것이다.

한편 오리엔탈리스트로서 박인덕의 자기 소외와 분열은 '일본적 오리엔탈리즘'과 거리가 멀지 않았다. 근대 일본은 일본을 중심으로 서구 중심의 오리엔탈리즘을 재편성한 일본적 오리엔탈리

---

173   앞의 글.

174   박인덕, "태평양 삼만리 가는 길", 〈신인문학〉 3-2(1936), 71쪽.

175   김경일, 《여성의 근대, 근대의 여성》, 푸른역사, 2004, 92-108쪽. 여성 여행가들이 서구를 여행하며 얻은 가장 큰 수확은 젠더로서의 자기 발견으로, 이러한 상황에서 민족 차원의 의식은 젠더적 의식으로 은폐되거나 사상되었다. 이선옥도 '성적 평등'이라는 미끼가 여성 친일파들에게 민족 문제를 뛰어넘게 한 '유혹'이었다고 한다(이선옥, "여성주의 시각에서 본 친일문학—평등에 대한 유혹: 여성 지식인과 친일의 내적 논리" 참조).

즘을 구축했다. 그것은 아시아의 유일한 문명국으로서 일본이 아시아를 일본을 위한 체계로 재편성하고, 서구가 부과한 '열아'(劣亞)라는 열등감에서 탈출하여 자신의 힘과 정체성을 재구성해 간다는 오리엔탈리즘의 일본적 변형이었다. 이 일본적 오리엔탈리즘 구도 속에서 일본이라는 정(正)의 사회에 대조될 '정체된 아시아, 비참한 아시아'라는 정형화된 불구의 타입을 만들어 내는 데 없어서는 안 될 이미지 변환판으로 조선이 이용되었다. 일본적 오리엔탈리즘에서 종종 조선은 "20세기 또는 10세기의 사람, 아니 1세기의 사람도 아니라 유사(有史) 이전에 속하는 자들"이었고 "산 자와 죽은 자가 근접하여 행동 노작(勞作)하는 곳"으로 기형화되었다.[176] '기형의 조선'과 조선을 문명화시킬 '일본의 계몽적 지도자로서의 사명'이라는 구도는 일본적 오리엔탈리즘의 전형적 수사였다.

미국으로 가던 도중 도쿄를 살펴본 박인덕은 일본인들은 '아주 활동적이고 성실하며', '지칠 줄 모르는 근면성'과 '적응력'을 가지고 자기 나라를 아시아 최고의 나라로 만들기 위해 모든 노력을 경주하고 있고, 그러한 일본을 '영혼과 위엄을 갖춘' 후지산이 굽어보고 있다고 했다. 그리고 일본에서 '이미 미국에 도착한 느낌'을 받았다고 한다.[177] 이렇게 동양의 미국이라 할 일본에서

<hr>

176   양현혜, "니토베 이나죠(新渡戶稻造)의 식민정책학과 기독교",《근대 한일관계사 속의 기독교》, 이화여자대학출판부, 2015, 338쪽.

177   박인덕,《구월 원숭이》, 106-108쪽.

궁극적으로 서구적 문명을 느꼈던 그녀는 2차 도미 후 귀국하던 1937년 8월 이른바 '서구의 몰락'을 목격했다. "영국과 네덜란드가 지배하던 동남아시아를 이제는 일본이 떠맡을 준비"를 하고 있음을 실감했고, 중국에서도 일본군은 약진했으며, 귀국해 보니 조선 어디에나 일본군이 있었고 일본어가 상용되고 있어 조선은 완전히 침몰한 것처럼 보였다는 것이다.[178]

일본어를 배운다는 명분 아래 그녀는 내선일체를 선도하던 재조선 일본 민간단체인 녹기연맹 산하 부인부에 접근하여 녹기연맹 대표인 츠다 사카에[津田榮]의 부인이자 부인부 부장인 츠다 세츠코[津田節子]와 교분을 쌓았다.[179] 츠다 세츠코는 녹기연맹의 기관지인 〈녹기綠旗〉와 〈신여성新女性〉에 여성의 국체 의식 함양과 생활 개선, 전시하 여성의 역할 등에 관한 많은 글을 발표하며 여성들의 총후보국(銃後報國)을 선도했다. 그녀가 담당한 부인부는 내선일체를 위한 중견 인물 양성을 목적으로 월례회 및 각종 연례회를 개최하며 이른바 '풀뿌리 식민 교육'을 담당했다.[180] 그녀는 자신과 일본 여성들은 빈곤하고도 불행한 조선 여성들을 계몽할 책임을 가진 '언니'라는 자의식을 가졌고, 조선 여성들은 그러한 언니

---

178   앞의 책, 219-222쪽.

179   안태윤, "식민지에 온 제국의 여성―재조선 일본 여성 쓰다 세츠코를 통해서 본 식민주의와 젠더", 79쪽.

180   정창석, "녹기(綠旗)에 나타난 내선일체와 황국신민화", 〈일본 문화학보〉 66(2015), 363쪽.

    신앙의 변증법: 김교신과 한국 개신교

들의 지도를 받아 '철저한 훈련을 쌓아야 행복해질 수 있다'는 강렬한 확신으로 일관했다. 츠다 세츠코는, 여학교를 졸업한 재조선 일본 여성 2세를 위한 1년제 교육기관으로 1934년부터 청화여숙(淸和女塾)도 설립해 운영하고 있었다.[181]

츠다 세츠코의 자기 인식은 '불구'인 조선을 계몽할 사명을 자임하는 박인덕의 자기 인식과 크게 다르지 않았다. 박인덕은 1940년부터 〈녹기綠旗〉에 기고를 시작하며 녹기연맹의 주요 활동가가 되었다. 그리고 1941년에 설립된 일본의 전쟁 협력 기관인 임전대책협의회 상무위원으로 활동했고, 조선 임전보국단에서는 부인부 지도위원으로 활약했다.[182] 일본의 진주만 공격이 알려지자 "일본이 폭탄을 투하하여 태평양에 있는 미 해군 기지가 심하게 파괴되어 가동 불능 상태가 되었다. 같은 날 일본은 필리핀에 폭탄을 투하했다. 그때부터 일본은 자신의 동맹국인 독일처럼 연승가도에 들어섰다. 말레이반도를 침입했고, 말레이 연안에서 영국함대를 격파시켰다"라며 일본의 승리를 확신한 박인덕은[183] 나

---

181 이승엽, "내선일체 운동과 녹기연맹", 〈역사비평〉 50(2002), 208쪽.

182 임전대책협의회는 1941년 8월에 중일 전쟁에 대한 협조를 위해 잡지 〈삼천리〉의 사장인 김동환을 중심으로 각계 인사 약 200명에 의해 조직되었다. 그들은 황국신민으로서 임전국책에 전력을 다하여 협력한다는 결의문을 발표했다. 주요 활동으로 명사들을 동원하여 전쟁경비 동원을 목적으로 채권가두유격대를 조직하고 연설회를 통해 저축 보국 운동을 벌였다. 종로대의 소속 인사들은 윤치호, 한상룡, 최린, 이광수, 김동환, 이용신, 방응모, 박인덕, 모윤숙이었다[친일연명사전편찬위원회, 《일제협력단체사전(국내 중앙편)》, 민족문제연구소, 2004, 382-384쪽].

183 박인덕, 《구월 원숭이》, 228쪽.

가카와 진토쿠[永河仁德]로 개명한다. 그리고 녹기연맹의 이데올로 그로서 일본어 상용과 창씨개명을 고안해 낸 현영섭[天野道夫, 아마노 미치오]과 더불어 친일 논설 기고, 연설, 좌담회 참석 등으로 조선 여 성들에게 '내선일체'와 '총후보국'을 역설하며 침략 전쟁에 협력 할 것을 독려했다.[184] 이때 박인덕의 논지는 첫째, 대동아 건설을 위해 조선인은 황국신민이 될 것, 둘째, 총동원체제에 협력하여 자 발적으로 소비 절약과 근로 동원에 참여할 것, 셋째, 미·영과의 전 쟁인 태평양전쟁은 대동아 민족들을 위한 '성전'(聖戰)임을 인식할 것, 넷째, 천황을 위해 아들을 나라에 바치는 것이 조선 여성들의 당연한 의무임을 숙지할 것이라는 4가지 요점으로 압축될 수 있었 다.[185] 박인덕의 주장은 전형적인 남녀 성역할 분담의 수사학에 기 반하여 아들을 전쟁에 보내는 어머니 역할과 전쟁을 후방에서 적 극 돕는 주부 역할을 강조한 츠다 세츠코의 '군국주의적 모성'과 정확히 일치했다.[186] 그뿐만 아니라 전쟁이라는 폭력성으로 진화

184   이승엽, "내선일체 운동과 녹기연맹", 209-210쪽.

185   박인덕, "군사교련은 찬성—여학생 군사교련안", 〈삼천리〉 1940년 11월 호; "生産擴 充의 精神 이것으로 일을 하라", 〈春秋〉 第2卷 第11號, 1941년 11월 호; 박인덕(永河仁 德, 德和女塾教長), "전승의 길은 여기 있다", 半島女性總立ちの秋(임전애국자군상 9), 〈삼천리〉 1941년 11월 호; "정전을 뒤에 지키는 맹서", 〈매일신보〉 1941. 12. 20.; "東 亞黎明과 半島女性", 〈대동아〉 1942년 5월 호; "半島指導者 女性의 決戰報國의 大獅子 吼", 〈대동아〉, 1942년 5월 호; 永河仁德(박인덕), "우리도 國軍의 어머니: 國軍어머니 의 矜持", 〈半島の光〉 鮮文版 56號, 1942년 7월 호 등을 참조할 수 있다.

186   안태윤, "식민지에 온 제국의 여성—재조선 일본 여성 쓰다 세츠코를 통해서 본 식민주 의와 젠더", 25쪽; 양현혜, "식민지 시대 한국 개신교의 전쟁과 평화에 대한 이해", 〈韓 國教會史學會誌〉 34(2013), 324쪽.

한 국가적 집단주의에 찬동하고 그 집단주의와 폭력성에 개인을 동원한 전형적인 친일 언설이었다.[187]

　한편 이 시기 박인덕은 1941년 4월 청화여숙과 같은 1년제 신부 학교인 덕화의숙을 자본금 10만 원의 재단법인 형태로 시내 사직정(社稷町)에 설립했다.[188] 녹기연맹의 츠다 세츠코와 청화여숙 교사가 덕화의숙의 수업을 맡는 경우가 대부분이어서 두 학교는 인적 교류 속에서 꾸준히 친밀한 관계를 유지했다.[189] 덕화의숙은 교육 내용과 그 성격 그리고 강사진의 인적 중복 등으로 볼 때 청화여숙의 자매 학교라고 할 수 있었다. 그녀는 일제의 침략 전쟁에 협력하는 대가로 덕화의숙을 운영했던 것이다. 이에 대해 1954년에 출간된 저서 《구월 원숭이》에서 박인덕은 "칼자루를 쥔 쪽은 일본이고 나는 칼날을 쥔 처지"라며 자신의 친일 행위를 불가항력적이었다고 변명하는 한편,[190] "내 학교를 가지고 있어서 행복했다. 최소한 나는 무언가를 하고 있었다. … 언젠가 내 조국에 좋은

187　김재용, "친일 문학의 성격 규명을 위한 시론", 〈실천 문학〉 2002년 봄 호, 184-185쪽.

188　1941년 4월 18일 덕화여숙 설립 일에 당시 경성 재판소 검사장이었던 야마사와[山澤]와 나가사키[長崎]를 비롯하여 일본군 보도부장인 구라시게[倉茂], 임전대책협의회의 위원인 이화여학교 신도순(본명 신풍조) 등이 참석했다.

189　덕화여숙의 초기 임원들은 다음과 같다.
　· 숙장(塾長) 永河仁德 (朴仁德)
　· 전임강사(專任講師) 方＊福
　· 강사(講師) (淑明專門教授) 豊山泰次(金浩植), (清和女塾講師) 消田節子, (清和女塾講師) 大橋壽子, (書家) 金克培, (精華醫院長) 張文卿, (梨花高女講師) 高松キシ子.

190　박인덕,《구월 원숭이》, 226쪽.

시기가 올 것이며 … 내가 도움을 줄 것이라는 굳건한 희망이 있었기 때문이다"라며 자신의 친일 행위를 정당화하기도 했다.[191]

그러나 일제의 전시동원령에 따라 덕화의숙은 설립 3년 만인 1944년 12월에 폐교되었다. 츠다 세츠코가 본국으로 귀국함에 따라 보호막이 없어진 것과도 관련이 있을지 모른다. 어쨌든 이때의 심정을 박인덕은 '동포를 위해 일할 수 있는 최상의 무기'를 잃어버리고 '숙청당한, 빈털터리가 된, 쓸모없는 존재가 되어 버린 기분'이었다고 말했다.[192] 실제 일본 측에서 볼 때 친일파는 목표를 달성하면 '쓸모없는 존재'로서 폐기될 존재였다.

박인덕의 일제 말기 친일은 그녀의 오리엔탈리즘과 '일본적 오리엔탈리즘'의 친연성 때문에 예상된 결과라고 할 수 있다. 그러나 친연성이 있어도 양자는 결코 동일한 것은 아니었다. 기독교적 오리엔탈리스트인 박인덕이 자아를 확장하고 실현할, 그토록 중시했던 '개인주의적 자유'를 포기하고 의사(疑似) 가부장제적 가족주의인 천황제에 귀의했다는 것은 자기 신념의 모순이었다. 근대 일본의 천황제 지배 체제는 정치 이외의 영역에 기초한 절대적 존재인 '신'의 지배 및 온정이 넘치는 '가부장'으로서 인간의 감성에 파고들어, 개인의 안전을 국가가 보장하는 형태를 취하면서 국민의 절대적 신뢰를 이끌어 내려는 것이었다. 이러한 가족 국가관

191   앞의 책, 72쪽.

192   앞의 책, 90쪽.

의 이데올로기 속에서 국가의 노골적인 권력 행사는 신의 명령으로 절대화되었고, 다른 한편에서는 가부장의 '눈물의 징계, 사랑의 회초리'로서 온정과 인자함의 소산으르 정당화되었다.[193] 따라서 그녀의 친일은 자기 배신으로서 오리엔탈리즘의 연장이라기보다 '전향'이라고 보아야 할 것이다. 그러나 또 한편으로 그녀의 친일은 '서구적 여성 지도자'라는 자아를 실현하려는 필요에 응답하는 새로운 충족의 체계였다는 점에서, 그녀의 내부를 보면 흐트러지지 않은 내적 일관성이 견지되었다고도 할 수 있다.

1945년 8월, 마침내 조선은 해방되었다. 그리고 2차 세계대전의 종결로 서구와 비서구의 제국주의적 국제 질서에서 미국과 소련을 중심으로 하는 동서 냉전 체제로 재편성되는 과정에서 남북으로 분단되었다. 그렇다면 박인덕의 오리엔탈리즘적 세계 인식은 해방 이후 어떻게 변형되었을까.

7) 친미·반공의 정치의식

박인덕은 해방의 감상을 다음과 같이 말한다. "일본은 항복했던 것이다. 우리는 자유였다! … 마치 우리나라 전체가 하나의 거대한 감옥이고 그 문들이 갑자기 휙 열린 것과 같았다. 모든 사

193　양현혜,《근대 한일 관계사 속의 기독교》, 124쪽.

람들이 외치고 노래 불렀다."[194] 이러한 감회를 담은 그녀의 자전적 소설인《호랑이의 시時》는 박정희 정권기인 1965년에 나온 책이었다. 따라서 친일파로서 해방을 맞은 그녀의 불안이 정직하게 서술되었다기보다 자신의 친일 행적을 감추기 위해 해방의 기쁨을 의식적으로 과장하여 서술했다고 보아야 할 것이다.

그녀는 미국에 대해 열광적인 찬사를 쏟아 냈다.[195] 미군은 어디를 가나 아이들의 친구가 되어 주고, '한결같이 여성과 소녀들을 배려'해 주었으며, '어떤 비상 상황에서도 남을 배려'하며 '인간 생명에 대한 굉장한 존경심'을 보여 주는, 세상에 전례가 없는 '천상의 군대'였다는 것이다. 심지어 미군이 가져온 디디티(DDT)를 사용한 '파리와 모기 구제 프로그램'은 해방에 못지않은 '평생 못 잊을 또 하나의 경이로운 기적'이었다고 한다.[196]

전술한 것처럼 박인덕은 미국 개신교와의 교류에 힘입어 미군정의 신임을 얻었다. 그리고 1947년 12월에는 군정 사령관 하지의 요청으로 한국의 민간 문화 사절 자격을 받아 도미했다. 미국인들에게 '한국의 생생한 모습'을 전하며 미 군정을 지지하는 여론을 일으키는 것이 목적이었다. 그러나 당시 그녀의 형편은 꽤 좋지 않았다. 해방 이후 친일파에 대한 국민들의 분노와 적개심은 대단했다. 대한민국 정부 수립 이전인 1947년 '남조선 과도 입법의원'

---

194   박인덕,《호랑이의 시時》, 73쪽.

195   박인덕,《구월 원숭이》, 228쪽.

196   앞의 책, 250쪽.

은 친일파 청산을 위해 '민족 반역자·부일 협력자·전범·간상배에 대한 특별법'을 제정하였으나, 미 군정은 자신의 동맹 세력인 친일 경찰, 친일 관료, 친일 정치인이 연루되어 있으므로 인준을 거부했다.[197] 이로써 친일파 청산 과제는 대한민국 정부 수립 후의 과제로 넘어갔다. 1948년 8월 열린 제헌국회에서 '반민족행위처벌법 기초특별위원회'가 구성되고 이 특별위원회에서 '반민족행위처벌법'이 통과되었다. 오랫동안 친일파 청산을 기다려 온 시민들은 이 특위의 활동에 대대적인 지지를 보냈다. 친일파를 자신의 권력 기반으로 한 이승만의 견제와 국회 프락치 사건, 경찰의 6·6 특위 습격으로 반민특위는 와해되었으나, 문화 분야에서 활약한 친일파로 거론되던 박인덕으로서는 불안한 나날이었음에 틀림없다. 민간 문화 사절이라는 이름으로 3년간 미국에 체류한 것은 이러한 사정과 무관하지 않았다.

이후 3년간 박인덕의 강연 초점은 1. 중국, 일본과 대비되는 한국 알리기 2. 분단과 공산주의의 위험 알리기 3. 민주주의를 이끌 차세대 지도자를 위한 장학금 조성 필요성, 이렇게 세 가지로 요약될 수 있다.

특히 2번이 중요했다. 그녀는 공산주의자들이 "만약 국민들이 권력을 갖기를 원한다면 무산계급이 정치적 기구를 장악해야 하는데, 그러기 위해서는 무산계급이 아닌 다른 모든 계급에 속하

---

197   이준식, 《김규식》, 역사공간, 2014, 178-179쪽.

는 사람들을 노예수용소에 집어넣거나 완전히 죽임으로써 뿌리를 뽑아야 한다고 강조했다"라고 했다. 그녀는 신념의 철저함의 정도와 그 해악에 따라 공산주의자들을 겉만 빨개 해악이 가장 적은 '빨간 사과'형, 모스크바에서 훈련받아 공산주의 이념을 신봉하는 철저하게 빨간 확신범인 '토마토'형, 겉은 푸른 척하지만 속은 철저히 빨개 지하 운동원으로 활동하는 가장 위험한 '수박'형으로 분류했다. 그리고 대중들에게 "민주주의에 대한 우리 스스로의 대의와 세계적 동포애를 열렬히 신봉"하여 사과즙과 토마토 주스 그리고 수박 피클로 만들어 이들 공산주의자들을 먹어 치우고 "한국을 극동에서 힘 있는 민주국가로 만들어야 한다"라고 호소했다.[198]

이렇게 박인덕의 친미적 정치의식과 활동은 반공과 쌍을 이루고 있었다. 박인덕이 반공을 주장하는 이유는 이해하기 어렵지 않다. 미국을 제2의 고향이자 문명의 모델이라고 생각하는 그녀에게 어떻게 보면 반공은 자연스러운 것일 수 있었다. 그런데 그녀의 반공 의식에서 간과할 수 없는 것은 그것이 단순한 친화감이나 취향 혹은 정치적 이념 선택이 아니라는 점이다.

이 모든 새로운 변화와 발전이 이루어지는 가운데 우리는 언론, 표현, 결사의 자유를 최대한 이용하여 목적을 달성하려는 공산주의자들의 선전공세에 끊임없이 시달려야 했다. 그들은 어떤 이유로

---

198   박인덕, 앞의 책, 286-288쪽.

든지 일본인과 거래를 해야 할 필요를 느꼈던 한국인을 모두 반역자라 낙인찍고 비난함으로써 한국 사람끼리 서로 의심하게 만들었다. 공산주의자들의 선전에 대처하는 유일한 방법은, "과거는 잊어야만 한다"는 원칙, 그리고 모든 사람의 처신에 대한 평가는 해방이 된 그날 이후를 기준으로 삼아야 한다는 것 같은 민주적인 원칙을 지키고 널리 홍보하는 것뿐이었다.[199]

박인덕이 공산주의를 싫어하는 것을 넘어 증오한 가장 큰 이유는 좌파 진영이 해방 정국에서 친일파 청산과 단죄를 주장한다는 점 때문이었다. 박인덕에게 반공은 단순한 정치적 이념 문제가 아니라 생존의 문제였던 것이다. 이것은 그녀가 이승만을 지지한 이유이기도 했다. 좌파를 비롯한 대부분의 정치 세력들이 친일파는 새로운 국가 수립의 주체에서 제외시켜야 한다고 주장한 것에 반해 이승만은 친일파에게도 문을 열어 주었기 때문이었다.[200]

1950년 한국전쟁 발발 당시 민간 문화 사절 임무를 띠고 해외에 거주했던 그녀는 "나는 공산주의자들의 수법을 알고 있다. 그들에게는 명예, 페어플레이, 이성 그리고 진실이니 하는 것들은 아예 존재하지 않는다"라고 격분하며,[201] '십자군의 심정'으로 남한 정부와 미국의 승리를 위한 선전 활동을 전개했다. 그리고 한국

---

199   앞의 책, 251쪽.

200   박태균, 《버치문서와 해방 정국》, 역사비평사, 2021, 56쪽.

201   박인덕, 앞의 책, 298쪽.

을 돕기 위해 구호물자를 모집하는 미국 개신교인들의 활동에 주
목하며, "거의 모든 미국인들이 한국을 위하여 무언가를 하고 있
는 것 같다. 그들은 갓난아기를 위하여 쉴 새 없이 바느질하고, 우
편으로 한국 고아를 입양할 준비를 하고, 구호물자를 보내고, 장학
금을 내놓고, 조직적으로 옷을 모으는 일들을 하고 있다. 작은 물
방울이, 작은 모래알이 거대한 바다를 만든다. … 우리 한국인은
위대한 마음을 가진 미국인에게 얼마나 큰 감사의 빚을 지고 있는
가"라고 마음으로부터 감사를 보냈다.[202]

1953년 7월, 휴전이 성립하자 그녀는 "이승만 대통령이 영
도하는 대한민국에 협조할 뜻을 가진 한국인이라면 누구든 창의
력을 발휘할 수 있다. … 분명 그는 한국 통일의 상징이며, 한국의
공산주의자들이 가장 증오하는 사람이다. 공산주의자들이 지극히
싫어하는 사람이면 누구나 민주 한국에 도움이 되는 사람이다"라
고 했다.[203] 이승만에 대한 절대적 지지를 피력했던 것이다. 친일
의 과오를 덮기 위해서도 그녀의 친미·반공은 단순한 정치적 신념
이 아니라 생존과 관련된 절대적인 정치 이데올로기였다.

---

202   앞의 책, 310쪽.

203   앞의 책, 307-308쪽.

   신앙의 변증법: 김교신과 한국 개신교

8) 결론

박인덕의 개신교 신앙과 그 구조를 지금까지 고찰해 보았다. 전통과의 치열한 대결 없이 일방적으로 이식된 개신교는 식민지 조선의 가난한 과부의 딸이자 이혼녀라는 위치에서 박인덕을 탈출시켜 '서구적 여성 지도자'라는 특권을 선물해 주었다. 그녀에게 개신교는 삶의 절실한 필요를 충족시켜 주는 고도 효용성의 종교 체계였다. 그리고 그녀가 추구한 종교적 영성은 "하나님과 함께라면 인간이 못 할 것이 없다"라는 향상주의적 승리주의였다.[204] 그녀가 다른 종교와 비교해 개신교의 우월성을 확신하고 비서구 지역을 기독교에 의해 '정복되어야 할 땅'으로 본 것도 이러한 향상주의적 승리주의를 가능하게 하는 서구 개신교의 실질적인 힘 때문이었다. 이러한 박인덕의 삶의 필요에 대한 고도의 충족의 체계로서 신앙은 여성친화주의, 미국인 지원 네트워크라는 하부 구조를 가지고 있었다. 그리고 당시 서구와 비서구의 힘의 불균등과 서구에 대한 제국주의적 지배 및 식민지 조선을 오리엔탈리즘이라는 인식틀을 통해 조망하게 했다. 이 오리엔탈리즘이라는 세계 인식의 틀은 2차 세계대전 종결에 따라 세계가 미국과 소련 중심의 냉전체제로 재편성되는 과정에서 조선이 남북으로 분단되며 친미·반공이라는 틀로 변형되었다.

---

204   앞의 책, 280쪽.

이러한 박인덕의 신앙 구조는 여성이라는 성적 정체성 확립과 실현을 적극적으로 지지하고 응원했다고 할 수 있다. 반면 식민지 조선인이라는 민족적 정체성에 대해서는 탈출과 해체의 매개로 작용하였고, 해방 이후 분단 정국에서도 친미와 반공을 넘어서는 민족적 정체성을 확립하는 데 실패했다. 결국 그녀의 신앙은 조선인이자 동시에 여성이라는 정체성을 통합시켜 분열되지 않는 자아 정체성을 확립하는 데에는 실패했다고 할 것이다.

박인덕의 개신교 신앙 구조에서 두드러지는 특징은, 그것이 자아 팽창과 확장 그리고 그 실현을 추구하는 '자기애'의 신앙이라는 점에 있다고 할 것이다. 자기애 신앙에서는 인간이 신을 섬기는 것이 아니라 신이 인간을 섬긴다. 신은 인간의 욕망을 실현하는 정신적·물질적 도구에 불과하다. 인간에게 요구하는 신 자신의 고유한 뜻과 의지는 찾아보기 어렵다. 박인덕의 신앙에서 자기실현이라는 욕망은 늘 '신의 뜻'과 동일시되었고 이를 실현해 주는 신은 '친절한 하나님'이었고 그 실질적 실현자는 미국 개신교인들이었다. 같은 개신교인이자 미국 유학파인 김마리아에게서 나타나는 정의의 실현을 촉구하는 신의 뜻 혹은 고통받는 민족 공동체를 위해 헌신과 희생을 요구하는 신의 뜻이 박인덕의 신앙에서 보이지 않는 이유는 이 때문일 것이다. 그녀가 온 힘을 기울였던 덕화의숙을 비롯한 육영 사업들도 '불구' 조선인에게 시혜를 베푸는 서구적 계몽 지도자로서 자아를 세우려는 수단으로서의 측면이 농후했다.

박인덕이 입신했던 19세기는 동아시아 문명의 중요한 전환기였다. 이 시기는 군사력을 앞세운 구미 제국들이 개항과 통상을 요구함으로써 동아시아가 이른바 자본주의적 세계 질서로 편입되어 간 시기였다. 서구의 자본주의적 세계 질서 편입은 순순히 수용하는 자에게는 굴종이자 거절하는 자에게는 패자의 불이익이 부과되는 이중적 속박이었다.[205]

개신교의 한국 전래 역시 이러한 서구적 '보편주의'의 압도적인 힘 아래 진행되었다. 이러한 시대적 배경과 맞물려 박인덕의 신앙은 개신교와 미국으로 대변되는 서구 자본주의 문명의 힘과 기독교를 혼동한 전형적인 사례라고 할 것이다. 양자를 혼동한 많은 한국 개신교인들에게 기독교 신앙은 삶의 필요에 대한 고도의 효율적인 충족의 체계였고, 오리엔탈리즘과 친미·반공의 세계 인식의 틀이 한 덩어리가 된 매트릭스였다. 그 결과가 오늘날 우리가 목도하는 한국 개신교의 사회적 공신력의 추락이라고 할 수 있다. 많은 뜻있는 개신교인들이 한국 개신교의 쇄신을 외치고 있다. 쇄신의 첫 번째 작업은 필요에 대한 충족의 체계로서의 신앙과 향상주의적 승리주의 영성의 탈각에서 시작되어야 할 것이다.

---

205   양현혜, 《근대 한일관계사 속의 기독교》, 5-6쪽.

2장

회심

1. 김교신의 회심

개신교가 조선에 전래된 것은 19세기 후반이다. 공식적으로는 언더우드(H. G. Underwood)와 아펜젤러(H. G. Appenzeller)가 제물포에 도착한 1885년 4월 5일로 기념된다. 이후 개신교인이 된 사람들은 한국의 전통 사상인 불교나 유교 혹은 무속의 신봉자였다. 이들의 입교에서 중요한 사상적 문제는 과거 어떠한 종교적 세계관에서 개신교의 세계관으로 전회했는가, 즉 그들의 개신교 입신은 과거에 몸담고 있던 전통 사상 및 개신교와 어떠한 대결을 거친 결별이었는가, 둘 사이에는 어떠한 연속성 혹은 불연속성의 단절이 보이는가 하는 문제라고 하겠다. 그 대결 양상에는 다양한 유형이 있을 수 있다. 대결을 하였으되 일정한 연속성이 보이는가, 무대결적인 일방적인 이식과 투항인가, 아니면 비연속적 단절인가, 양자의 무대결의 혼동과 혼용인가 하는 문제이다. 이러한 문제는 전통 사상이 개신교에 의해 어떻게 변용되었는가의 문제이기도 하고,

수용된 개신교의 질이 어떠한 것이었나를 묻는 문제이기도 하다.

여기에서는 김교신의 글 "입신의 동기" 1, 2와 "나는 복음을 부끄러워하지 않는다"를 통해 이러한 문제를 생각해 보고자 한다.

입신의 동기 1(1928년 11월, 6호)

한 사람이 회개하고 나사렛 예수를 주 그리스도라고 신종(信從)하게 됨에는 반드시 성령의 다대한 운동이 있었을 것은 물론이다. 그와 동시에 사람 편으로서는 각기 개성과 주위 환경에 따라 특이한 소원과 동기가 없지 못하였을 것이다.

'칠십이종심소욕불유구'(七十而從心所欲不踰矩, 칠십에 이르러 마음이 내키는 대로 해도 법도에 지나침이 없다)라는 일절을 논어에서 학습할 때 이것이야말로 나의 일생의 과정표이요, 공자보다 10년을 단축하여 '육십이종심소욕불유구'(六十而從心所欲不踰矩)라고 줄여보리라고 마음속으로 기약하고 일야초심(日夜焦心)하였었다. 그러나 조급해하면 할수록 '덕불수 학부강'(德不修 學不講, 덕을 닦지 못하고 배움을 익히지 못함)이 나의 어리석음임을 한탄하게 되어 육십은 고사하고 팔십에도 종심소욕불유구의 영역을 밟을 희망이 없어 자못 낙망의 심연에 위태롭게 가까워졌을 때에 나에게 다시 새로운 희망과 용기를 주어 서게 한 것은 청년 전도사를 통하여 온 기독교 복음의 소리였다.

그는 간증하기를 비단 칠십 세 후에 완성할 것이 문제가 아니라 지금 현장에 이십 세 청년이라도 신앙에 들어서는 동시로부터 원하면 이루지 못할 것이 없다 하였다. 고로 이것이야말로 나의 일생의 소원인 '종심소욕불유구'에 도달하는 유일한 길인 줄 멋대로 이해하고 환희하여 뛰었음이 어찌 무리였겠는가.

입신의 동기 2(1929년 9월, 9호)

이래(爾來)로 다시 한번 노력하기를 시작하였다. 마음의 소원인 바 유교의 도덕을 기독교 전도사가 말한 바 성령의 권능을 빌려 빨리 이루려는 노력이었다. 뿐만 아니라 '견의부위무용야'(見義不爲無勇也, 의를 보고도 행하지 않으면 용기가 없음이라)라는 공자의 말씀과 '의를 보고 행하지 아니함은 죄니라'는 그리스도의 말씀에는 그 심각한 정도에 큰 차이가 있음을 보았고 '이직보원(以直報怨) 이덕보덕(以德報德)'하라는 인간적 교훈과 '적을 사랑하며 오른 뺨을 때리는 자에게 왼 뺨을 대주어라' 하는 초인적 교훈을 비교함은 마치 연못의 폭과 대양(大洋)의 그것을 견우는 것이었고, '기소부욕(己所不欲)을 물시어인(勿施於人)'(네가 원하지 않은 것은 남에게도 하지 말아라)과 '기소욕시어인'(己所欲施於人, 네가 원하는 것을 남에게도 하라)이라는 두 구절 등을 생각할 때에 기독교 전반이 무엇인지는 몰랐지만 도덕율로만 보아도 기독교의 교훈에는 유교의 그것보다 훨씬 심원 고대한 무엇이 있음을 알았다. 원대한 도덕률을 발견할수록 기독교에 대한 나의 열심은 점점 높아지고 절실해졌다. 그리하야 산상수훈의 구절은 일점일획의 여지없이 성취할 것이라고 자신한 때에 도덕봉(道德峯)을 향한 나의 순례의 전도에는 양양(洋洋)함이 있었다.

때에 신뢰할 만한 기독교 교사에게서 산상수훈 해설을 청강하게 되여 나의 기독교관이 그 근저부터 동요케 되었다. 공자의 언행보다도 더 완미장엄(完美莊嚴)한 기독교 도덕률을 신자 각 사람이 살아 생전에 실행대성(實行大成)하는 데에 기독교의 기독교인인 이유가 있는 줄로 믿는다는 나의 감화에 대하여 교사는 솔직하게 대담하게 그것을 부정하고 성서에 그 근거가 없음을 지적하였다. 나의 실망이 클 것을 염려하야 친절한 선배는 내세 성화의 약속이 있음으로써 나를 위로하려 하였다. 그러나 사후 혹은 내세 운운의 구말은 나를 위로하지 못할 뿐더러 실망이 아니면 분개를 더할 뿐이었다. 떡을 청하는 자에게 돌을 던지니 무슨 만족이 있으며 고기를 구하는 자에게 배암을 주니 어찌 위안이 되랴. 나의 원하는 것은 사후의 성화가 아니라, 내세의 약속이 아니라, 이 육신 이대로가 살아생전에 일 년이라도 혹 일일이라도 완전의 영역에 도달하기가 소원이로다. 이 이상의 것은 내게 불필요하며 이 이상의 것에 나는 불만이었다. 기독교가 만일 이 요구에 응하지 못한다 하면 나는 더 오래 기독교에 머물러 있을 필요가 없는 것이었다. 그러나 공에게로 돌아가는 것은 심각한 절망을 다시 한번 반복할 것뿐임을 잘 알았다. 오호라 나의 구도생활은 여기에 이르러 진퇴유곡이었다.

노력에서 절망에, 번민에서 포기에 떨어지려 할 즈음에 나는 다시 한번 자아를 굽어보았다. 전에는 내가 의를 보고 행치 못함은 용기

없음이라는 구절을 볼 때에 과연 지금의 나는 용기가 적은 사람이
나 점차 수양단련하면 나중에는 큰 용기의 사람이 되리라 생각하
였었다.

용기란 무엇인고? 전에 가졌던 개념대토는 나도 선을 수련하면 보
불전쟁이 발발했을 때 프랑스의 함대를 일거에 인천만에서 격퇴하
고서 의기양양하였던 대원군의 용기만치는 발육할 소질을 가진 줄
자임(自任)하였었다. 그러나 모세와 이사야, 예레미야의 용기를 배
우고 스데반과 사도 바울의 용기를 두고 예수 그리스도의 용기를
우러러 볼 때에 이러한 종류의 용기라고는 천성(天性)의 나에게는
추호도 내재함이 없음을 발견하였다.

"한 사람이 두 주인을 섬기지 못할 것이라"(마 6:24) 함은 명백한 도
리나 그러나 그것을 실행함에는 보름스 회의에 선 루터의 결심을
요하며 이스라엘을 인솔하고 홍해를 건너던 모세의 의기가 필요하
건만 오호라, 나의 안에 어찌 이것을 발견할꼬!

그런고로 ⋯ 목숨을 위하여 무엇을 먹을가 무엇을 마실까 몸을 위
하여 무엇을 입을까 염려하지 말라 ⋯ 공중에 나는 새를 보라 들에
백합화(百合花)가 어떻게 자라는가 생각하여 보라 너희는 먼저 그
나라와 그 의(義)를 구하라.

구구절절이 지당한 도리다. 지당한 도리를 실천함에는 비상한 용
기를 요(要)한다. 이러한 용기의 그림자조차 내 안에 내재(內在)치
않음을 고백치 아니치 못하게 되었으니 통탄한들 족하랴. 그러나
나에게는 사실이다. 사람은 모르거니와. 나는 과연 두 주인, 세 주

인을 섬기는 생활자다. 내가 목숨을 위하야 초려공황(焦慮恐惶)함은 견마(犬馬)의 본능과 다를 바 없으며 나는 과연 공중에 나는 새보다도 못하고 들에 자라는 백합화보다도 부족한 자임을 보게 되었다. 내가 먼저 구하는 것은 그 의(義)도 아니오 그 나라도 아니고 오직 탐욕의 대괴(大塊)임을 보고 놀랐다. 내가 의(義)를 보고 행치 못함은 용기가 적어서가 아니고 의(義)에 응할 만한 용기가 전무한 소치인 것을 발견하였다. 전에는 내가 성선설(性善說)을 믿고 의지하며 천품(天稟)의 선한 부분을 발육함으로써 소약(少弱)에 입지(立志)하여 노대완성(老大完成)할 것을 기약하여 보았다. 그러나 자아를 좀 더 명확하게 알게 됨에 따라 선한 성품이라고는 하나도 내재(內在)함이 없고 또 선을 보고도 그것을 감행할 만한 용기를 완전히 결여한 가련한 죄악의 대괴(大塊)임 알게 되었다. 자기 수양으로써 완전의 성(城)에 달하여 보리라던 야심은 완전히 포기하게 되었다. "오호라 나는 괴로운 사람이로다. 이 사망의 몸에서 구원하야 줄 사람은 누군고" 하고 나는 급(急)을 호소하게 되었다. 전에는 내가 태평양의 서안(西岸)에 서서 어찌어찌하면 피안의 신천지까지 헤엄쳐 보이리라고 호언고거(豪言高居)하였었다. 그러나 지금은 내 몸이 성난 파도에 부대끼어 생명이 경각에 있음을 보고 놀라 구원을 청하게 되었다.

"내 속 곧 내 육신에 선한 것이 거하지 아니하는 줄을 아노니 원함은 내게 있으나 선을 행하는 것은 없노라"(롬 7:18)는 비통한 고백을 마지 못하고서 지극히 천하고 약한 죄인 중의 죄인 하나가 지성(至聖)

전능하신 왕 중의 왕 앞에 항복한 것, 자아의 수련 발전이 아니고 자아를 부정하고 자아를 포기 자살할 지경에 이른 것이 나의 입신의 동기였다. 도덕적인 수양에서 권태(倦怠)하고 파산당한 상태의 수습에서 지쳐 버린 자가 "건강한 자에게는 의원이 쓸데없고 병든 자에게라야 쓰나니 내가 의인을 부르러 온 것이 아니요 죄인을 부르러 왔노라"(막 2:17)고 선언하신 이에게 달음박질하여 간 것이 내가 예수께로 따라간 걸음이었다.

나는 복음을 부끄러워하지 않는다(1940년 10월, 141호, 원문은 일본어—지은이)

사도 바울은 그 옛날 로마 사람들에게 서한을 보냄에 있어서 먼저 "나는 복음을 부끄러워하지 않는다"(롬 1:16 전반)라고 쓰기 시작했다. 이 말씀만큼 신자에게 힘을 주는 것이 없는 동시에 이 말씀만큼 우리를 당황하게 하는 것도 없다. 적어도 나에게는 그렇게 생각되었다. 복음이 부끄러웠던 경험이 무럭무럭 생각나기 때문이다. 나의 불신을 책하는 사람들은 잠시 가슴에 손을 얹고 생각해 보시라. 왜 복음이 부끄러운가? 부끄러운 이유가 산더미처럼 많다. 우리는 눈에 보이지 않는 여호와 하나님께 말하고 또 구하는 것인데 눈에 보이는 것만을 확실하다고 생각하는 세상 사람들로부터는 식전의 감사조차 부끄러움을 초래하는 것이었다. 스스로 덕을 닦음으로써 인격 완성에로 용약(勇躍) 인생의 여정을 출발한 젊은이가 오직 그리스도의 십자가의 그늘에 구원을 희원(希願)하는 자가 되어 모든 도덕적 무장을 해제당하여 절대 항복의 쓴 경험을 맛본 자가 되었으니 의지인(意志人)으로서, 도덕인으로서의 부끄러움이 사무쳤다.

십자가의 피에 자기의 죄가 속해지는 것, 한 번 죽어서 부활하는 것, 마지막 날에 그리스도가 다시 오시는 것 등, 이것이 모두 현재 과학 교육을 받은 자로서 부끄러워할 충분한 이유를 가진 신조들이다. 복음은 실로 부끄러워해야 할 것이다. 그러나 이런 모든 부끄런 이유를 다 알면서도 복음을 믿고 후퇴하지 않을 뿐 아니라 이것을 위해서는 언제나 생명을 바치려는 대기 태세이니 이상한 일이다. 이는 복음이 이론도 아니고 학문도 아니고 수식(修飾)도 아니고 생명 자체이고 능력 자체이기 때문이다.

"이 복음은 유대인을 시작으로 하여 그리스인에게도 모든 믿는 자에게 구원을 주는 하나님의 힘이기 때문"(롬 1:16)이다.

이 힘을 체험한 자에게는 '나는 복음을 부끄러워하지 않는다'는 바울의 말이 결코 용기 없는 사람의 말이 아님을 알 수 있다. 이 한 마디 안에 기독교로 하여금 일약 세계 인류의 종교가 되게 한 희대의 영걸 다소 사람 바울의 위대한 기백이 스며 있는 것이다. 그의 전 인격 전 생애가 이 한 마디에 걸려 있다.

나의 사전 안에는 '불가능'이란 말이 없다고 대언 장담한 영웅은 드디어 불가능 안에 갇혀 우수 중에 사라졌다. 그러나 일견 수줍은 청년인 듯, 겁 많은 젊은이인 듯, 무학(無學)을 부끄러워하는 자인 듯

'나는 복음을 부끄러워하지 않는다'고 겨우 말한 사나이는 드디어 '누가 우리를 대적하리요'라고 도전하고 '그러나 이 모든 일에서 우리를 사랑하시는 이에 의하여 이기고 남음이 있느니라'(롬 8:31)라고 개가를 울린 것이다. 원하옵기는 우리에게도 바울의 이 한 마디가 그에게서와 마찬가지로 부풀어 올라 터질 정도의 힘찬 내용을 갖게 되기를.

2. 유교와 기독교

김교신은 유교적 수신으로 자신의 인격을 완성하여 군자가 되고자 하였다. 그러나 기독교를 접한 그는 기독교의 도덕률이 유교의 도덕률보다 한층 높고 깊다는 것을 알았다. 그는 기독교의 도덕률로 자신의 인격을 완성하고자 수신에 수신을 거듭하였다. 그러나 어떠한 도덕적 행위도 자기완성이라는 자기중심성을 추구하는 한, 덕이 되지 못한다는 것을 깨닫는다. 나의 인격, 나의 완성, 나의 경건 등등 윤리적 완성을 위해 모든 것은 버려도 '나의'라는 소유격의 주장은 버리지 못함이 바로 '죄'임을 깨달은 것이다. 어떻게 해도 버릴 수 없는 '나'라는 자기중심성에 사로잡힌 자신이야말로 '죄악의 우두머리'임을 깨달은 그는 깊은 죄의식에 사로잡힌다. 그리고 결국 구원은 인간 안에서 가능한 것이 아니라 인간 밖에서 오는 것임을 깨닫고, 신 앞에서 '도덕적 무장을 해제하고 절대 항복' 하고 만다.

이러한 김교신의 회심은 자기 수양에 의한 도덕적 완성이라는 유교적 인간관의 거절이었다. 그는 자아를 완성하려는 모든 '공리적 이용'의 거부에서 회심이 출발한다고 보았다. 왜냐하면 회심이란 자신을 대속한 구세주 그리스도에게 주체를 양도한 것에 다름 아니기 때문이었다. 그의 옛 자아와 그리스도에 의해 새로이 태어난 새 자아 사이에는 깊은 단절이 있었다. 그는 깊은 속죄 신앙을 경험한 것이다.

그렇다면 김교신은 유교를 완전히 폐기한 것일까. 이 점에 대해서는 2부의 '조선산 기독교'에서 상세히 재론할 예정이나, 결론적으로 말하면 유교를 "형으로는 폐하나 내용으로는 완성한다"는 '대결적 접목형'의 논리 구조를 가졌다.

한국 개신교 초기 역사에서 유교로부터 기독교로의 개종은 드문 일이 아니었다. 기독교와 유교의 대결 양상에는 몇 가지 유형이 있는데, 이하에서는 김교신과 다른 양상을 보였던 최병헌의 대결적 연속형을 고찰해 보기로 한다. 이를 통해 김교신의 개종이 갖는 성격이 더욱 분명해질 것이다.

3. 최병헌의 개종에서 본 기독교와 유교의 대결 양상 연구—《성산명경》과 《만종일련》을 중심으로[1]

1) 들어가며

19세기는 동아시아 문명의 중요한 전환기였다. 이 시기는 군사력을 앞세운 구미 제국들이 개항과 통상을 요구함으로써 동아시아가 이른바 자본주의적 세계 질서로 편입되어 간 시기였다. 이전까지는 각 문명 권역으로 나누어져 있던 세계가 이제 자본주의적 세계로 하나가 되었다. 이렇게 하나의 세계가 성립됨과 더불어 '세계사'라는 역사적 세계 또한 성립되었다. 이 세계사란 유럽에서 발흥한 세계사에 전 세계가 강제 편입됨으로써 성립되는 역사적 세계를 의미했다. 따라서 동아시아에서 세계사란 서구적 세계

---

1   양현혜, "최병헌의 개종에서 본 기독교와 유교와의 대결 양상 연구—《성산명경聖山明鏡》과《만종일련萬宗一臠》을 중심으로", 〈신학과 사회〉 38-2(2024) 논문 전재.

사 인식의 보편주의에 편입된다는 의미였다. 서구적 보편주의 편입은 순순히 수용하는 자에게는 굴종이었고 거절하는 자에게는 패자의 불이익이 부과되는 이중의 속박이었다. 따라서 '근대'란 단순한 시대 구분을 넘어 서구적 근대 문명을 모방·경쟁하는 과정, 즉 서구 문명을 기준으로 한 동일화의 과정과 다름이 없었다.[2]

개신교의 한국 전래 역시 이러한 서구적 '보편주의'의 압도적인 힘 아래 진행되었다. 따라서 기신교를 수용한 조선인들의 정신적 고뇌는 컸다. 기독교의 본질은 무엇인가, 서구 문명을 어떻게 이해할 것인가, 기독교와 서구 문명의 관계를 어떻게 이해할 것인가, 서구적 보편주의에 의해 열패자라는 낙인이 찍힌 스스로의 역사적 연원과 의미를 어떻게 방어하고 재해석할 것인가 하는 중요한 과제가 내재해 있었기 때문이다. 이러한 의미에서 한국 개신교사에서 전통적 정신 구조와 기독교의 관련성을 탐구하는 것은 중요한 문제라고 할 수 있다. 이는 기독교 보급이라는 관점에서 보면 복음이 한국인의 정신적 토양, 즉 그 의식과 생활의 중심부에 어떻게 뿌리내리는지를 탐구하는 과제이다. 또한 사상사적 관점에서 보면, 한국의 전통 사상이 이질적인 서구 문명 및 기독교와의 만남이라는 외발적 충격을 통해 어떠한 변화를 거치게 되었는가, 이러한 만남을 통해 주체가 어떻게 새롭게 재구성되었는가를 규명하는 문제이기도 하다.

---

2   양현혜,《근대 한일관계사 속의 기독교》, 이화여자대학고출판부, 2009, 5-6쪽.

이러한 문제를 논할 때 최병헌은 매우 적절한 분석 대상이다.[3] 초창기 한국 감리교를 대표하는 지도자이자 신학자인 그는 1901년 한국 최초의 신학 논문인 "죄도리"(罪道理)를 〈신학월보〉에 제재한 이래《성산명경聖山明鏡》(1911)과《만종일련萬宗一臠》(1922) 등의 저작을 통해 다종교 상황, 특히 유교가 지배적이었으나 몰락해가는 시대적 상황에서 기독교 신앙의 정당성과 기독교 수용의 시대적 당위성을 변증하고자 했다.

최병헌 연구는 1977년 '정동교회 70주년 기념 강연회'에서 유동식 교수가 "최병헌 목사의 사상과 감리교회의 신학"을 발표한 이래 활성화되었다.[4] 기존의 연구를 살펴보면 유동식, 변선환 등은 그를 포괄적 성취론자로, 송길섭, 심일섭, 이정배, 성백걸 등은 개신교 토착화 선구자로 평가했다. 최근에는 문명론적 시각에서 그를 연구한 이행훈의 연구, 불교에 대한 그의 변증론을 연구한 차봉준의 연구, 유교 전문가로서 그의 유교 이해 및 기존 신학자들

---

3   최병헌은 1858년 충북 제천의 가난한 선비 집안에서 출생했다. 그는 1880년 중국 상해에서 친구가 가져온《영환지략瀛環志略》을 읽고 서양 문물의 발달상을 알게 되었으나, 당시의 여느 선비들처럼 과거에 응시했다. 결과적으로 낙방한 그는 감리교 선교사 아펜젤러와 존스(George H. Jones)를 통해 기독교를 접하고 1893년 세례를 받았다. 1889년 배재학당에서 한문을 가르쳤고 그해부터 1900년 성서번역위원회의 번역위원으로서 한글 신약성서 완역에 공헌했다. 또한 1900년 존스와 함께 한국 최초의 신학 잡지인 〈신학월보神學月報〉의 주필을 맡기도 했다. 1902년 목사 안수를 받아 한국 감리교회 역사상 세 번째 목사가 되어 아펜젤러의 후임으로 12년간 정동제일교회를 담임했으며, 1914년부터 감리사로 일하다가 1922년 은퇴했다. 은퇴 후에는 감리교 협성신학교 교수로 근무하다 1927년 소천했다[김진호, "고 탁사 최병헌 선생 약전", 〈신학 세계〉 12/2(1927), 99쪽; 노블 부인,《승리의 생활》, 조선야소교회, 1927, 14-17쪽].

4   최우익,《최병헌선생약전》, 정동삼문출판사, 1998, 1쪽.

의 연구 성과에 대한 비판을 시도한 선병삼의 연구, 토착화 신학자라는 평가에 반론을 제기하며 그의 신학은 비교종교론적 변증 신학이 아니라 비교종교론적 케리그마 신학이라고 평가하는 심광섭의 연구 등으로 연구의 외연과 깊이가 확장되고 있다.[5]

이 글에서는 그의 대표 저작인 《성산명경》과 《만종일련》을 중심으로, 그의 개종에서 전통 사상인 유교와 기독교가 어떠한 대결 양상을 보였는지를 추적하고자 한다. 즉 그의 내면에서 유교가 기독교에 의해 어떻게 극복되었는지, 또한 역으로 그가 이해한 기독교는 어떠한 것이었는지를 분석하고자 한다. 이를 통해 그의 기독교 사상과 유교 사상과의 연속성과 비연속성이 무엇인지를 고찰하고 기독교와의 만남을 통해 그의 주체가 새롭게 재구성되었는지 여부를 고찰해 보고자 한다.

5　최명환, "근대계몽기 《성산명경》을 통해 본 최병헌 목사의 역할", 〈지역문화연구〉, 2012; 이정배, "마태오 릿치와 탁사 최병헌의 보유론(補儒論)적 기독교 이해의 차이와 한계", 〈신학사상〉 122(2003); 신광철, "탁사 최병헌의 한국신학 연구: 만종일련사상을 중심으로", 〈한국종교연구〉, 2004; 심광섭, '탁사 최병헌의 유교적 기독교 신학", 〈세계의신학〉, 2003; 이행훈, "문명론의 접합으로 본 최병현의 종교 담론", 〈한국철학논집〉, 2015; 이행훈, "최병헌의 '종교' 개념 수용과 유교 인식:《만종일련》을 중심으로", 〈한국철학논집〉, 2015; 이행훈, "최병헌의 기독교 수용과 전통 지식 재해석", 〈동방문화와 사상〉 4(2018); 차봉준, "濯斯 崔炳憲의 '萬宗一欒' 思想과 基督敎 辨證―《聖山明鏡》에 나타난 對儒敎 論爭을 中心으로", 〈어문연구〉, 2011; 차봉준, "최병헌의 불교 인식과 기독교 변증―《성산명경》의 불교 논쟁을 중심으로", 〈문학과 종교〉 17-2(2012); 선병삼, "탁사 최병헌의 유교 변증 이론 고찰―《성산명경》과 《만종일련》을 중심으로", 〈율곡학연구〉, 2023.

2) 우주생성론과 신론

최병헌의 최초 저작인 《성산명경》은 원래 〈신학월보〉에 1907년 총 4회에 걸쳐 연재한 "성산유람긔"를 증보하여 정동황화서재(貞洞皇華書齋)에서 단행본으로 출판한 것이다. 책 말미에 그는 자신의 저술 동기를 표명했다. "유교의 존심양성(存心養性)하는 윤상지리(倫常之理)와 석가의 명심견성(面心見性)하는 공공(空空)한 법과 선가(仙家)의 수심연성(修心鍊性)하는 현현(玄玄)한 술법을 심형(心衡)으로 저울질"하다 기독교인이 된 후 유교와 불교, 도교도들에게 기독교를 전도할 방법을 고민했고, 네 종교를 대표하는 4인이 토론하는 꿈을 해설하는 형식으로 책을 저술하게 되었다는 것이다.[6] 《성산명경》은 그가 유교를 중심으로 한 전통 종교에서 어떻게 기독교로 개종하지 않을 수 없었는지 사상적 전회(轉回) 과정을 표백한 자기 고백적 성격을 띰과 동시에 목회 현장에서 기독교의 종교적 우월성을 논증할 필요성에 응한 기독교 변증 성격의 두 요소를 담은 책이었다.[7]

---

6   최병헌,《성산명경》, 키아츠, 2024, 125쪽.

7   《만종일련》은 세계 종교를 망라하여 각각의 세계관과 교리 체계를 개괄하는 비교종교학적 방식으로 기독교의 우수성을 논증하고자 한 책이다. 본문은 총 7장으로 구성되었고, 1장은 유교, 2장은 불교, 3장은 선교(仙敎), 4장은 회교, 5장은 브라만교[婆敎], 6장은 기타 각 교 도리로, 태극교, 대종교, 천도교, 태을교, 경천교, 청림교, 제우교 등 한국 신흥종교를 대거 망라했고 7장은 기독교 중에서, 천주교, 희랍교(그리스정교회), 종고교(동방정교회), 예수교를 다루었다.

이 책에서 가장 큰 비중을 차지하는 것은 유교의 '진도'와 기독교의 '신천옹'(信天翁)의 토론이다. 기독교에 개종하기 전 과거에 응시한 유학자였던 최병헌 자신의 내면에서 유교적 세계관과의 대결이 얼마나 큰 사상적 과제였는지를 엿볼 수 있다.

유교와의 토론은 먼저 우주생성론과 관련되어 전개된다. 진도는 만물의 생성과 변화를 주역의 태극, 음양, 오행을 들어 설명한다.

> 주역에 이르되 대재(大哉)라 건원(乾元)이여 만물을 비롯하며, 지재(至哉)라 곤원(坤元)이여 만물을 생한다 하였으니, 건도(乾道)는 양이 되고 곤도(坤道)는 음이 되어 음양의 이기(理氣)로 만물을 생생한 것이라. 주부자(朱夫子) 말씀하길, 나의 몸은 천지의 기운이요 나의 성품은 천지의 이치라 하고, 또 말하길 하늘은 아버지요 땅은 어머니시니 사람이 그 가운데 생(生)하여 다 천지의 자식이 된다 하시고, 주렴계(朱濂溪) 말하길, 무극(無極)이 태극(太極)이 되어 조화의 추기(樞機)를 이룬다 하였으니, 태극의 이치로 양의(兩儀)와 사상(四象)이 생하고 오행(五行)의 기운으로 만물이 생긴다.[8]

진도는 주역에서 천(天, 건원)과 지(地, 곤원), 곧 음양으로 만물을 낳는다는 원리를 가져오고, 주렴계의《태극도설》에서 '무극, 태극, 양의, 오행'의 도식을 가져와 유교의 우주생성론을 말한 것이

---

8   최병헌,《성산명경》, 41-42쪽.

다.[9] 이에 대해 기독교의 신천옹은 다음과 같은 반론을 제기한다.

> 음양오행은 천지일월(天地日月)과 금목수화토(金木水火土)를 가르쳐 말씀함이오니 … 만일 천지일월과 주야(晝夜), 한서(寒暑)와 남녀자웅(男女雌雄)이 없다 하면, 음양이기(陰陽理氣)라 하는 것을 어느 곳에 붙여 말하리오. 그런즉 물건이 생긴 후에 있는 음양이 능히 물건을 낼 수 없는 것이요, 또한 금목수화토 오행이라는 것은 한 물질이니 사람의 날로 쓰고 먹고 마시는 물건이라. … 이제 금목수화토를 한곳에 두고 보면 … 반드시 사람의 손을 의지하여 왕래(往來)도 하고 그릇도 이루나니 이러한 물질이 어떻게 만물을 내게 하리요. 이로 좇아 궁구할지라도 음행이 능히 사람을 내지 못함이 분명한지라.[10]

> 주회암(朱晦庵)의 격치서(格致書)에 가로되 태극은 실상 이치뿐이라. … 이치란 것은 정의(情義)도 없고 계교(計巧)함도 없고 조작함도 없다 하였으니, 태극의 이치가 만일 정의와 조작함이 없을진대 지혜와 신령(神靈)도 없을 것이니 어떻게 허령지각(虛靈知覺)이 있는 사람과 만물을 생(生)하며 또한 건곤과 음양오행으로 만물이 생긴다 하시니 건곤음양은 당초에 어디서 생겼다 하시나이까.[11]

---

9   선병삼, "탁사 최병헌의 유교 변증 이론 고찰—《성산명경》과 《만종일련》을 중심으로", 285쪽.

10   최병헌, 앞의 책, 44쪽.

요컨대 유교의 우주생성론에 대해 최병헌은 두 가지 점에서 비판하고 있다. 첫째는 태극, 음양, 오행이라는 유교의 우주 생성 도식이다. 곧 음양이란 사물이 존재한 후 등장하는 개념이고 오행이란 물질을 지칭하는 개념임으로 음양과 오행이 만물을 지었다는 유교의 우주생성론은 성립하지 않는다는 것이다.[12] 둘째로, 무정의(無情義), 무계교(無計巧), 무조작(無操作)하여 무지무능한 비인격적인 태극이 사물을 활용하는 허령감각과 도덕 판단과 실천이 가능한 인간을 만들 수 없다는 것이다. 이러한 비판에 근거해 최병헌은 "반드시 전능하신 주재(主宰)가 만물을 만들었다"라고 주장했다. 즉 유교의 우주생성론에서 이탈하여 기독교의 창조론을 수용한 것이다.

그렇다면 유교에는 천지를 창조하는 인격신의 관념이 없는 것일까. 원시유교 때부터 하늘은 상제(上帝)와 천(天)으로 이해되어 왔다. 하늘은 영명한 주재의 하늘로서 그 본디 이름은 상제요, 또한 시공의 제한성을 넘어서는 보편성을 지니며, 우주의 운행 법칙이요 진실성을 내포한다는 의미에서 태극(太極), 이(理), 도(道), 천도(天道)로서 이해되어 왔다. 따라서 유교 전통에서는 하늘을 주재로서 보는 주재천관(主宰天觀)과 이법으로 보는 이법천관(理法天觀)이 공통으로 존재한다.[13] 이렇게 주재천관이 있음에도 불구하고

<hr>

11   앞의 책, 41-43쪽.

12   선병삼, 앞의 논문, 287쪽.

13   심광섭, "탁사 최병헌의 유교적 기독교 신학", 91쪽.

유교의 하늘이 '무지무능'하여 천지를 창조할 수 없다고 비판하는 신천옹에 대해 진도는 다시 반론을 전개한다.

그는 "시전(詩傳)에 가로되 '하늘이 여러 백성을 내신다' 하고 중용(中庸)에 가로되 '하늘이 명하신 것을 이르되 성품이라' 하고 공자 가라사대 '하늘이 무슨 말씀을 하시리요, 사시(四時)가 행하며 만물이 생육한다' 하셨으니 하늘이 만물을 내신 것이야 뉘 모른다 하리오"라고 반론한다.[14] 즉 유교 전통에도 주재천관이 있어 하늘이 천지를 창조했다고 볼 수 있고, 그 점에서 유교와 기독교는 동일하지 않느냐고 진도가 반박한 것이다.

이에 대해 최병헌은 천(天)과 상제는 다른 것이라 하고, 유교 전통에서 양자를 구별한 사람으로서 정명도(程明道)를 든다. 그는 "정명도 말씀하되 그 형체로서 하늘이라 하고 그 주재로서 상제라" 했음으로, 양자는 명확히 다른 것이라고 한다. 그럼에도 양자를 혼용하여 사용하는 유교의 언어 사용은 불완전하고 잘못된 것이라 비판했다.[15]

토론의 중심은 이제 본격적으로 신론으로 옮겨 간다. 신천옹

14　최병헌, 앞의 책, 47-48쪽.

15　앞의 책, 45-47쪽. 그러나 유교 전공자인 선병삼은 자신의 반박을 논증하기 위해 최병헌이 정명도의 예를 든 것을 비판한다. 최병헌이 인용한 구절은 정명도의 말이 아니라 그의 동생 정이(程頤)의 말이며, 정명도가 형체와 주재를 구별했다는 최병헌의 정명도 이해 역시 그의 《근사록近思錄》을 오독했다는 것이다. 정명도는 유교의 천 개념에서 주재적 상제 측면을 탈각시키고 형이상학적 이법 개념으로서 천의 개념을 정립해 간 사람이라는 것이다. 본 논문의 주제는 최병헌이 자신 안에서 유교를 어떻게 기독교로 극복해 가는가 하는 것이므로 이 문제는 논외로 하겠다.

은 하늘과 상제가 분명히 다름을 저차 역설한다.

> 천지는 집과 같고 상제께서는 집의 주인과 같으시니, 집이란 것은
> 또한 주인의 지은 바 되어 아무 지각도 없는 물건이요, 집 안에 모
> 든 일은 다 그 집 주인이 처결하는 것이거늘, 이제 하늘이 만물을
> 낸다 함은 하느님의 집이 낸다 함과 같으니 어찌 그릇된 것이 아니
> 리요.[16]

최병헌은 유교적 천(天) 개념에 공존하는 '이법적 천'과 '주
재적 천'을 분리하여 '주재적 천'만을 선택하고 그 외의 요소를 피
조물로서 보고자 했다. 그가 기독교의 창조주를 원시유교의 인격
적 상제 혹은 주재자 개념과 연속하여 변증하고자 했기 때문이다.
이는 마테오 리치(M. Ricci) 이래 보유론적 기독교 이해에 공통적으
로 보여지는 신 이해였다. 마테오 리치는 흠숭되는 '천'과 흠숭될
수 없는 자연물로서의 창창지천(蒼蒼之天) 내지 천지를 확실히 구분
하였다. 그는 송대의 이학(理學)에서 주장하는 태극에 반대하고 원
시유교의 시경(詩經)과 서경(書經)에 등장하는 상제 개념과 천주교
의 하느님과의 유사성을 논증하고자 했었다. 적응주의적 선교 관
점에 입각해 유교에 기독교를 접근시킨 결과였다.[17]

16   최병헌, 앞의 책, 46-47쪽.
17   심광섭, 앞의 논문, 94쪽.

기독교의 창조주를 유교의 상제 혹은 주재천 개념의 연속선에서 받아들인 최병헌은《성산명경》으로부터 11년 후 저술한《만종일련》에서는 기독교의 신과 유교의 상제를 동일선상에 둔다. 그는 "유교[儒家]의 현인과 성인[賢聖] 중에서 상제를 경외하며 숭배하지 않은 이가 없다. 또한 유교에서 경외하는 상제는 도교[道家]에서 숭배하는 옥황상제나 현천상제나 원시천존이 아니요, 천지를 관리하시는 조화의 주제(主帝)를 칭함이다. 따라서 예수교회[耶穌教會]의 '홀로 한 분이시고 둘이 아니시며'[獨一無二], 전지전능하신 여호와[耶穌華] 하나님[上主]과 동일하시다. … 우(虞) 나라 순(舜) 임금과 은(殷) 나라 탕(湯) 임금과 주(周) 나라의 문왕(文王)과 무왕(武王)은 상주(上主)를 경외함이 유대[猶太]의 다윗[大衛] 왕과 솔로몬[所羅門]과 대체로 같고"라고 하여 유교의 상제 관념을 기독교의 하나님과 동일선상에 두었다.[18]

그러나 동시에 최병헌은 유교의 신관에는 기독교의 하나님의 속성과 비교해 보았을 때 결여된 점이 있음도 분명하다고 보았다. 즉 유교의 신관은 "사람과 신의 관계와 제사를 숭상하고 경외함에 불과하고, 상주(上主)의 친애하신 은혜 베푸심과 응답하여 허락하심의 확고한 약속이 없으며", "다만 상주를 존경한 것은 존엄(尊嚴)으로서일 뿐이지 친애(親愛)로서는 아니라"라고 보았다.[19]

---

18   최병헌,《만종일련》, 삼필문화사, 2022, 67쪽.
19   앞의 책, 67, 129쪽.

또한 그는 "공자는 '하늘에 죄를 얻으면 빌 곳이 없다' 하고, 또 말하기를 하늘의 도는 선한 자에게는 복을 내리고, 욕심이 넘치는 자에게는 재앙을 내린다. 선한 일을 하는 사람은 하늘이 그에게 복으로써 갚아 주고, 선하지 않은 일을 하는 사람은 하늘이 그에게 재앙으로써 갚는다"라고 한 점에서도 권선징악을 벗어나지 못했다고 지적했다. 즉 유교가 인격신으로서 상제 관념을 갖고 있음은 분명하나, 그 신 관념에는 권선징악을 넘어서는 사랑과 자비가 결여되어 있다는 것이다.[20] 결론적으로 그는 유교는 '순전(純全)하고 무결(無缺)한 종교'라 하기에는 결함이 있어 기독교의 신의 자비와 사랑의 속성이 보완될 필요가 있다고 보았다.[21]

최병헌은 원시유교의 주재천 관념의 연속선상에서 기독교의 하나님을 받아들였으며, 유교에는 없는 기독교의 하나님의 자비와 사랑이라는 속성에 이끌렸음을 볼 수 있다. 이것은 보유론적 관점에서 기독교를 받아들인 결과라고도 볼 수 있다.

---

20 앞의 책, 67-68, 130쪽.

21 앞의 책, 131쪽. 더 나아가 그는 "유교에서 상제를 공경하고 두려워한다 하나 자비하신 성부로 신앙할 줄 모르니 신이 있다는 관념이 있다고 말하기 어렵도다"라고도 했다(《성산명경》, 130쪽).

3) 인간관과 윤리관 및 내세관

그렇다면 그는 인간은 어떠한 존재로서 이해했을까. 인간에 대해 진도는 "공자 가라사대 성품은 서로 가까우나 익히는 것이 서로 멀다 하시고, 맹자 가라사대 성품의 선한 것이 물이 아래로 가는 것 같아서 사람은 선하지 않은 이가 없고, 물이 내려가지 않음이 없다 하셨으니 사람의 근본이 선한 것이요, 악한 일을 행하는 것은 물욕(物慾)이 교폐(矯弊)함이라 하노라"라고 논한다.[22]

진도는 인간 본성의 선함을 주장하며 악행은 본성이 물심에 의해 탁해졌기 때문이라는 유교의 성선설적 인성론을 논한 것이다. 맹자의 성선설이 유학사에서 확고한 위상을 점한 것은 송대 신유학의 발흥과 중첩된다.[23] 송대 주자학에서 성(性)이 근본이념으로 추구되면서 본연지성(本然之性)은 순선무악(純善無惡)이요, 기질지성(氣質至性)에서 혹선혹악(或善或惡)이 있으나 악은 기질의 잡박(雜駁)에서 오는 것이므로, 성(性)의 본질은 선이라는 입장이 정론이 되었다.[24] 성인지학(聖人之學)을 표방한 주자학에서 성선설을 구성(求聖) 공부의 실천적 근거로 삼았던 것이다.

이에 대해 신천옹은 요순과 같은 성인은 자식 교육을 제대로 했을 터인데 왜 불초한 자식들이 나왔는가, 이는 성선설이 틀린 증

---

22   최병헌, 《성산명경》, 48쪽.

23   선병삼, 앞의 논문, 290쪽.

24   심광섭, 앞의 논문, 101쪽.

거가 아니겠냐고 반론한다. 이에 대해 진도는 재반론한다. 태극은 모든 존재에 동일하게 내재해 있으나 품부(稟賦)받은 기에 따라 존재가 달라진다. 성인은 청수(淸粹)한 기를 품부받고 범인은 탁박(濁駁)한 기를 품부받기 때문이라는, 이른바 '이동이기'(理同異氣) 논리를 제시했다.[25] 진도는 기질에 따라 성인과 범인을 구분하고 동시에 물욕과 기품(氣稟)에 가려도 선한 천성은 없어지지 않는다고 변론함으로써 유교의 성선설을 재차 주장한 것이다.

이에 대해 신천옹은 하늘로부터 기질을 달리 부여받고 태어난다면 사람이 공부할 필요도 없을 것이며, 공부가 필요 없다면 문명의 발달도 기대할 수 없다. 또한 신이 인간을 불평등하게 만들었다는 것도 어불성설이라며 진도의 성선설을 재차 공격했다.[26] 여기에서 진도는 답변이 궁해진다. 그는 마침내 신천옹에게 "하우불이(下愚不移)도 성인 될 수 있겠는가"라고 성선설을 회의하는 질문을 한다. 그렇다면 그는 신천옹에게 논파당한 것일까. 그러나 진도의 질문에 대해 신천옹은 예상 외의 대답을 한다. 성현이 될지 완악한 자가 될지는 '천명'(天命)을 따르는가 여부에 달려 있다는 것이다.

25   朱熹,《朱子語類》卷4, "是以先生於大學或問因謂 以其理而言之, 則萬物一原, 固無人物貴賤之殊.以其氣而言之, 則得其正且通者爲人, 得其偏且塞者爲物, 是以或貴或賤而有所不能齊者, 蓋以此也."

26   최병헌, 앞의 책, 48, 51-52쪽.

도학을 공부할 때 천명을 좇아 양심으로 행하는 자는 성현이 될 것이요, 공부할 때 천성을 버리고 정욕을 좇는 자는 완악한 소인이 되나니, 사람마다 자유하는 권(權)이 있어 청불청(聽不聽)과 행불행(行不行)에 있는지라. 작지불이(作之不已)면 내성군자(乃省君子)이 하였으니 지금 우리라도 천명을 순수(順受)하여 도학을 힘쓸진대 군자가 되리라.[27]

진도의 성선설을 논박하던 신천옹이 아이러니하게도 성선설을 확신하는 대답을 하고 있는 것이었다. 최병헌은 진도라는 인물에 가탁하여 유교의 성선설을 회의해 보기도 하지만 궁극적으로 성선설을 확신하는 입장에 선 것이었다. 그의 성선설적 인간 이해는 《만종일련》에서도 고수된다.

최병헌은 "순자가 말하기를, 사람의 성품이 본래 악(惡)한데 그 선(善)은 거짓된 것이라고 했다. 이는 형이하(形而下)의 성질만 연구하여 논하고 천명(天命)원리의 본래 면목(面目)을 포기한 것"이라며,[28] "지극히 자비하신 하나님[上主]께서 태초에 인류를 창조하실 때 자기의 형상과 닮게 하셨는데, 어찌 인성(人性)을 악하게 조성(造成)하셨겠는가. 순자[荀氏]는 다만 육체의 욕망과 혈기의 법(法)으로써 사람의 본성(本性)을 악하다 했는데, 이는 격화파양(隔靴爬

癘)의 탄식을 면할 수 없다"라고 했다.[29]

순자의 성악설은 인간의 본연을 보지 못하고 형이하학적인 측면만을 본 피상적 결론이라고 비판한 것이다. 또한 하나님이 자신의 형상대로 인간을 창조했으므로 인간의 본성은 선하다는 주장이다. 물론 최병헌이 아담의 타락을 모르는 것은 아니었다.

원조(元祖) 아당(亞堂, 아담의 음역)이 상주(上主)의 명령을 불수(不守)하고 범죄한 후로 부패한 심성이 후예에게 유하(遺下)함은 가석(可惜)한 사(事)이니라, 수연(雖然)이나 인(人)의 본성이 악하다 함은 결론(缺論)이라 하리로다.[30]

최병헌은 아담의 범죄함과 이후 인류의 타락을 포괄하는 유교적 성선설의 입장에 서서 인간을 이해하고 있었다. 기독교의 인간론은 하나님이 인간을 자신의 형상(Imago Dei)대로 창조하였으나, 아담의 타락 이후 자유의지도 타락하였다는 '원죄론'이다. 인간은 죄를 지을 수도 있고 안 지을 수도 있는 자유의지를 가진 존재로서 창조되었으나, 아담의 타락 이후 자유의지도 타락하여 죄를 지을 자유만을 가진다는 것이다.[31] 따라서 인간 내에 이미 선한 본성이 내재해 있다는 그의 주장은 기독교의 인간관이라기보다는

---

29   앞의 책, 78, 82쪽.

30   앞의 책, 82쪽.

31   양명수, 《아우구스티누스 읽기》, 세창미디어, 2023, 202쪽.

유교적 인간 이해라고 볼 수 있다. 이러한 유교적 인간 이해는 그의 윤리관에서도 이어지고 있다.

그는 천지간에는 천륜(天倫), 인륜(人倫), 물륜(物倫)이라는 삼대륜이 있다고 보았다. 즉 생혼(生魂)만 있는 식물과 생혼과 각혼(覺魂)이 있으되 허령지각이 없는 동물의 윤리 혹은 이치가 물륜(物倫)이고, 생혼과 각혼 그리고 영혼이 있는 사람의 윤리가 인륜이라고 한다.[32] 즉 '천리와 지리도 알고 상고(上古)와 오늘에 행할 직분 그리고 죽어서 어디로 가는지를 아는' 것이 인륜이라는 것이다.

구체적으로 "사람의 사람 됨이 존귀한 것은 위로 하나님을 존경하고 구세주를 신봉하여 천륜(天倫)의 이치를 순종하며, 아래로 초목금수와 곤충어민(昆蟲漁鼈)을 제어하고 다스려 물륜의 이치를 궁구하고 이 세상에서 부모에게 효경하며 임금에게 충성하고 타인 사랑하기를 내 몸과 같이 하여 오륜삼강의 도리를 극진히 행하고, 수신제가(修身齊家)와 치국평천하(治國平天下)의 사업을 다하며 내생(來生)의 영혼까지 구원하여 천당 복지에서 무궁한 영화를 받는 것이 사람의 당연한 직분", 곧 인륜이었다.[33]

인륜이란 하나님과 구세주를 신봉하고 '오륜삼강의 실천을 통한 수신제가치국평천하의 사업'을 이루는 것이라고 그는 보았

---

[32]   이러한 최병헌의 '삼대륜'은 마테오 리치가 《천주실의天主實意》에서 소개한 아리스토텔레스 이래 스콜라 신학에서 말하는 '혼삼품설'(魂三品設)의 영혼론에서 온 것이라 할 수 있다(심광섭, 앞의 논문).

[33]   최병헌, 《성산명경》, 78-79쪽.

다. 즉 "상제를 공경하고 인민을 아낀 점에 이른다면 어느 누가 마땅한 윤리라고 하지 않겠는가"라는 주장에서 압축되듯이, 하나님을 사랑하고 이웃을 사랑하라는 기독교 윤리를 '오륜삼강의 실천을 통한 수신제가치국평천하의 사업을 완수'하라는 유교의 윤리와 동일시했다. 그런데 유교의 윤리와 기독교의 윤리가 동일하고, 인간이 노력함으로써 스스로 윤리를 실천할 수 있고, 그 결과 수신제가치국평천하를 이룰 수 있다면 그리스도라는 중보자는 왜 필요한 것일까. 최병헌의 그리스도론을 살펴보자.

> 성자께서는 이 세상에 강생하사 무한한 고초를 받으시고 십자가에 못 박혀 죽으사 흘리신 피로 만국 만민의 죄를 대속하신 미새아(彌賽亞, '메시아'의 음역)이시오. 성신께서는 이 세상에 오사 악한 사람의 마음을 감화하여 선하게 하시며 어두운 자의 마음을 밝게 하시고 어리석은 자의 성정을 지혜롭게 하시는 보혜사(保惠師)이시라. 성자 예수께서 십자가에 죽으사 장사한 지 제3일 다시 일어나사 40일 동안을 제자에게 전도하신 후에 승천하사.[34]

최병헌은 그리스도를 '만민의 죄를 대속하신 메시아'라고 부른다. 그러나 성선설에 의하면 죄는 엄혹한 수행을 통해 인간 스스로의 힘으로 극복될 수 있는 것이므로, 굳이 그리스도에 의해 죄

---

34   앞의 책, 82쪽.

를 대속받을 필요가 없다. 본연지성(本然之性)을 이루고자 수행에 수행을 거듭한 결과, 그 또한 자아 완성을 이루고자 하는 자아 확대이자 자아 팽창임을 발견하고, '죄'란 다름 아닌 이러한 '자기중심성'임을 깨달은 자만이 기독교가 말하는 '죄인' 됨을 인정할 수 있다. 자신의 힘으로는 구원받을 자격인 도덕적 완전을 이룰 수 없다는 자기 파탄의 인정인 것이다.

기독교의 속죄 신앙의 핵심은 도덕적 완전에 이르려는 인간의 노력의 모든 파탄을 인정한 후, '자기 밖에서 오는 낯선 의로움'으로서 그리스도의 '의'(義)를 수용하는 것이다.[35] 자신의 의를 인간의 죄와 맞교환하여 인간을 의롭다고 인정해 주는 '그리스도의 대속'을 수용하게 되는 것이다. 그리스도를 '주'로 인정함으로써 '나'라는 주체를 그리스도에게 양도하는 주체의 포기가 이루어진다. 여기에서 자연이 품수한 '본성'을 갈고닦으면 성인이 된다는 인간 이해가 거절되고, '옛 사람이 죽고 새 사람이 그리스도와 함께 탄생'하는 것이다. 그런데 최병헌의 구원론에는 옛 자아와 그리스도에 의해 새롭게 탄생한 새로운 자아 사이의 '단절'이 보이지 않는다.

그는 다른 곳에서 그리스도에 대해 "예수 가라사대 '나는 길이요, 생명이요, 참이치라, 나를 말미암지 아니하고는 하늘에 계신 아버지께 갈 수 없다' 하셨으니, 반드시 예수를 믿어야 천부 앞에

---

35   양명수,《아무도 나에게 명령할 수 없다》, 이화여자대학교출판부, 2018, 34쪽.

올라갈지라. 사람이 높은 층루에 올라가려 하면 반드시 중간에 사다리 있어야 되는 것같이 천국에 들어가려면 중보 되신 예수를 인하여 되는 것이라"라고 한다. 그리스도를 더 높은 곳으로 올라가는 데 유용한 '사다리'로 표현한 것도, 옛 자아와 새 자아 사이의 연속성에 근거한 그리스도 이해라고 볼 수 있다.[36]

한편 성령은 '악한 사람의 마음을 감화하여 선하게 하시며 어두운 자의 마음을 밝게 하시고 어리석은 자의 성정을 지혜롭게 하는' 의미의 '보혜사'(保惠師)로 이해되었다. 옛 자아와 새 자아가 단절 없이 연속하는 그의 구원론에서는 성령도 '천리멸인욕'(天理滅人慾)의 수행의 완수를 가능케 하는 선한 힘으로 여겨졌다고 보아야 할 것이다. 자신의 도덕적 노력과 실행력을 극한에까지 확장시켜 주는 선한 조력(助力)으로 그리스도와 성령이 이해되고 있는 것이다. 그에게 그리스도를 믿기 전의 자아와 그리스도를 구주로 받아들임으로써 탄생하는 새 자아는 단절 없이 연속되고 있으며, 그리스도와 성령은 옛 자아를 확대하여 도덕적 완성에 이르게 해 주는 선한 '도움'이었다.

이렇게 하여 그는 기독교 윤리가 그리스도와 성령이라는 선한 힘의 조력을 통해 자기완성을 가능하게 한다는 점에서 유교보

---

[36] 최병헌, 앞의 책, 82쪽. "회남자(淮南子)는 '천지의 주재를 숭배함이 없고 성령의 함육(涵育)하심을 받지 않으며, 자신의 마음과 혼으로 성역(聖域)에 오를 수 있다고 주장한 점이 결점이다'에서 나오는 성령 이해도, 그의 성선설적 인간 이해의 맥락 속에서 인간의 도덕적 자기완성을 돕는 선한 힘을 의미한다고 보아야 할 것이다." 최병헌, 《만종일련》, 81, 102쪽 등 참조.

다 우월하다고 이해했다. 그 결과 그의 기독교 이해에서 자아를 넘어서는 초월자로서의 신의 존재는 제거될 수밖에 없었다. 물론 그가 기독교의 신의 초월성에 대한 진술을 하지 않은 것은 아니다.

> 하나님께서는 온전히 능하시고 지극히 거룩하시며, 무소부지(無所不知)하시며, 독일무이(獨一無二)하시고 무시무종(無始無終)하시사 천상천하에 못 하실 일이 없으시며, 사람의 생전 사후와 만물의 흥망성쇠를 다 주관하시나니 성덕(聖德)과 공의(公義)와 인애(仁愛)와 자비(智悲)와 진리(眞理)가 계시고 전능 중에 성기(聖氣)와 무시종(無始終)과 유일(惟日)과 편재(遍在)와 불역(不易)이 계신지라. 그 위 말씀할진대 셋이 있으니 성부와 성자와 성신이요, 그 체를 말씀할진대 하나이시니 독일무이하신 하나님이시라.[37]

이러한 신성에 대한 진술은 성선설적 인간 이해에 기초한 그의 신앙의 구조에서는 설 자리가 없다. 교리적 관념의 진술에 불과할 뿐으로, 그에게 인간적 영역을 초월한 절대 타자로서의 신의 신비는 제거된다. 그리고 기독교는 합리주의적인 윤리로 치환된다. 그는 기독교의 원리를 "자신을 손해 보고 남을 이롭게 함과 자신을 낮추고 남을 높이는 것"이라고 요약할 수 있었다. 그리고 이러한 맥락에서 "대략 대도(大道)는 방국(邦國)에 국한되지 않고 진리

37 　최병헌,《성산명경》, 81-82쪽.

　신앙의 변증법: 김교신과 한국 개신교

는 중외에 통용 가능한 것"이라고 보고, "서양의 하늘이 곧 동양의
하늘"이라고 말할 수 있었다.[38] 이러한 단절 없는 연속적 자기 확
대의 구조는 그의 내세 이해에서도 나타난다. 그의 내세관은 다음
의 진술을 통해 살펴볼 수 있다.

> (그리스도가) 이 세상 말일(末日)에 무수한 천사를 거느리고 재림하
> 사 만국 만민의 선악을 심판하시되, 악한 자는 지옥 불멸지화(不滅
> 之火)에 던지시고 선한 자는 천당 낙원으로 보내사 무궁한 쾌락을
> 받게 하실지라.[39]

> 이 세상에서 유자유손(有子有孫)하여 부브화락(夫婦和樂)하며 효경
> 부모(孝敬父母)하고 충군애국(忠君愛國)하여 세상 재미를 다 행하는
> 중에 능히 영혼을 구원하여 천당에 가고 한번 천국에 들어간 후에
> 영영히 떨지지 않을진대.[40]

기독교의 내세를 권선징악에 의거하여 선한 자가 사후 영원

---

[38] "大道不限 於邦國眞理 可通於中外 西洋之天 卽 東洋之天以天下視同 一衆四海 何稱兄
弟至於敬上帝愛人民孰不日當然倫理", 최병헌, "奇書"〈황성신문〉, 1903. 12. 22.; "대
개 大道는 방국에 국한되지 않고 진리는 중외에 통용 가능한 것이다. 서양의 하늘이 곧
동양의 하늘이고, 천하(세계)로 보면 모두가 一家이며, 사해가 형제라 할 수 있다. 상제
를 공경하고 인민을 아낀 점에 이른다면 어느 누가 마땅한 윤리라고 하지 않겠는가." 崔
炳憲, "奇書",〈황성신문〉, 1903. 12. 22.

[39] 최병헌, 앞의 책, 82쪽.

[40] 앞의 책, 83쪽.

한 지복(至福)을 누리는 장소로 이해했음을 알 수 있다. 현세와 내세가 유교적 윤리 수행 여부에 따른 상벌의 원리에 의해 연속되고 있었다. 그렇다면 부활에 관해 그는 어떻게 이해했을까.

일신(一身)의 주장하는 영혼이 사람이요, 사지백체(四肢百體)는 영혼의 하인이 분명한지라. 하나님 앞에 갈 때 더러운 육신을 데리고 갈 수 없으며 또한 육체는 영혼의 집이라 집이 무너져 없어질 때에 그 집주인이 반드시 다른 데로 갈 것이요, 집과 땅이 같이 망하지 아니하리니 그런 고로 육신은 죽은 후에 땅속으로 들어갈 것이요, 영혼은 형상이 없는 중에 있는 참사람인고로 영영히 죽지 아니하는 것이라.[41]

영육이원론적 인간 이해에 근거해 부활을 플라톤적인 '영혼불멸'로 이해하고 있음을 알 수 있다. 주지하다시피 기독교는 영혼뿐만 아니라 육체 역시 하나님이 창조한 것으로 보며, 인간을 영과 육으로 분리하는 영육이원론적 사고를 알지 못한다. 따라서 사후의 부활은 불멸하는 영혼이 몸이 죽고 난 후에도 여전히 지속된다는 의미가 아니다. 몸과 더불어 영혼까지, 즉 인간 존재의 모든 것이 완전히 소멸한 후에 창조주의 권능으로 다시 살아나는 것을 의미한다. 이러한 점에서 최병헌의 영육이원론적 인간 이해 및 영혼

41　앞의 책, 116쪽.

　신앙의 변증법: 김교신과 한국 개신교

불멸로서의 부활 이해는 기독교에서는 생소한 것이다. 그가 이해한 부활은 인간적인 모든 것이 완전히 끝나는 단절 없이, 인간 내에 이미 내재한 어떠한 불멸적인 요소의 연장이었다.[42] 그의 인간론에서 본 것과 같이 내세론에서도 형식은 전통 사상과 대결이었으나 결론적으로는 유교의 연속성 속에서 그것을 더 확장시키는 구조였다.

한편 기독교의 윤리적 유용성은 타 종교가 기독교로 개종해야 할 당위성의 근거로도 사용된다. 그는 기독교 윤리의 결과, "어떤 나라 어떤 사람 어떤 계층 어떤 인종을 헤아리지 않고 모두 다 형제자매로 보며, 원수까지 사랑하여 자기를 희생하고 타인을 도와주되, 강한 자가 약한 자를 도와 보호하고, 평안한 자가 재앙을 만난 자를 구휼(救恤)하며, 어리석은 자를 가르쳐 인도하고 병자를 치유하여, 근심하는 자와 함께 근심하고 즐거워하는 자와 함께 즐거워하니" 공자나 부처도 기독교의 진리를 보았다면 기독교에 반드시 입신했을 것이라고 단언했다.[43] 그러나 역사적으로 보았을 때, 기독교가 폭력과 증오를 부추기는 열매를 맺었을 때도 많았고, 타 종교가 선한 열매를 맺은 적도 적지 않았다.

---

[42]   부활에 대해서는 톰 라이트, 박문재 역,《하나님의 아들의 부활》, 크리스천다이제스트, 2005 참조.

[43]   최병헌,《만종일련》, 382-385쪽.

4) 성과 속의 관계

마지막으로 성과 속의 관계에 대한 최병헌의 이해를 살펴보자. 종교의 영원한 화두의 하나는 성스러운 것과 속된 것의 상호 관계를 어떻게 정립하고 파악하는가의 문제이다. '성'(聖)은 초월자, 영원 세계, 절대 진리, 본질계, 종교 등을 상징한다. '속'(俗)은 유한자, 시공간계, 상대 진리 세계, 현상계, 정치의 세계 등을 상징한다.

최병헌이 성과 속의 관계를 어떻게 보았는가는 〈대한 매일 신보〉 1906년 10월 5일에서 9일 사이에 연재된 그의 유명한 "宗教如政治關係"라는 강연을 통해 살펴볼 수 있다. 먼저 그는 종교와 정체의 근원에 대해 다음과 같이 말한다.

> 도(道)의 큰 근원은 천에서부터 나오는 것이니, 천(天)이 불변하는 것처럼 도 역시 불변하니, 도는 즉 상제라. 종교 진리는 지성지고(至聖至高)하여 만물의 조종(祖宗)이요, 천지의 주재(主宰)라. … 정체(政體)란 국가 주권을 집행하는 정치 조직을 말함이다.[44]

그는 종교적 진리가 만물의 시작과 끝이요, 정체는 국가의

---

44 "道之大原出于天이라 天不變道亦不變ㅎㄴ니 道即上帝라 宗教眞理ᄂ 至聖至高ㅎ야 爲萬物之祖宗이오 天地之主宰라." 〈대한 매일 신보〉, 1906. 10. 5.

조직이라고 보았다. 그리고 정체에는 군주정, 입헌군주정 그리고 민주정이 있는데, 헌법으로도 통제할 수 없는 권력을 한 사람이 장악한 군주정은 미개 혹은 반개(半開)한 문명의 정체이고, 입헌군주정과 민주정은 문명국인 서양이 하는 정체라고 보았다. 여기에서 그가 정치체제를 사회진화론적으로 이해하고 군주정에서 탈피해 입헌군주정이나 민주정으로 가야 한다는 진화의 필연성을 이미 전제하고 있음을 알 수 있다. 이어서 그는 종교와 정체의 역할을 다음과 같이 논한다.

권선징악과 인애신의(仁愛信義)의 근본이 도인데, 이것이 강령(綱領)을 행하게 하여 우리 동포로 하여금 모두 성역으로 돌아가게 하는 것이 종지(宗旨)로, 만일 이 성스러운 이치를 전파하지 않는다면 스스로를 수행하기 어렵고 풍속을 이루기가 어렵다. 신앙심 있는 자가 자신과 같이 사람을 사랑하는 마음으로 자기로부터 타인에게 미치게 하는 것이다. 유학(儒學)의 경우, 학교를 설립하여 성리를 논하며 이로 인해 수신제가평천하를 궁극의 목표로 한다. 기독교의 경우, 고난을 피하지 않고 산으로 바다로 땅과 하늘에 복음을 전파하여 더러운 옷을 입은 미천한 사람과 섬의 오랑캐와 식인종도 동일한 사람으로 여기고 이 진리를 가르쳐 함께 성역(聖域)에 이르게 하는 것이 교리의 결과이다. 만일 정령(政令)이 발용(發用)하려는 일정한 법률이 없으면 국가 주권을 독립시키기 어려움으로 정부를 만들고 대소 관료를 두고 직두를 장악하며 범위를 각각 지키고 명령을 내리고 명령을 시행하며 국체를 따르도록 하여 정령을 잘 행하도록 하니 위로는 군주를 보필하고 구제창생(救濟蒼生)하여 모두가 문명화에 들어서게 하는 것이 정체의 발용이다.[45]

최병헌은 유교든 기독교든 종교의 역할은 사람들에게 권선징악과 인애신의를 가르침으로써 성스러운 경지에 이르게 하는 것이며, 정체의 역할은 국가의 법률을 두고 이를 잘 시행하여 문명화에 이르게 하는 것이라고 보았다. 그렇다면 이 양자의 관계는 어떠해야 하는가.

정체와 교리가 서로 앞뒤를 이루나니 비유하자면 수레와 수레바퀴 같고 입술과 이처럼 서로 의지한다. 혹자는 교회와 정치가 규율과 질서가 다르고 직무가 각각 달라 애초에 무관하다고 한다. 그러나 이는 좁은 견해의 어리석은 생각이다. 종교와 정치의 관계가 깊어 가히 다 말하기 어려울 정도이다. 그 대강을 논하면, 종교의 종지

[45] "道란거슨 根本勸善懲惡과 仁愛信義로 爲綱領ㅎ야 使海內同胞로 同歸聖域이 爲宗旨 故若不傳播聖理면 是는 獨修其身이오 化民成俗키 難ㅎ지라 是以로 有信仰心者ㅣ 以愛人如己之心으로 推己及人ㅎㄴ니 以儒道觀之컨딘 設庠序學校ㅎ야 講論性理ㅎ며 以修齊治平으로 爲終ㅎ고以救世敎論之컨딘 不避苦難에 梯山航海ㅎ며 天涯地◆에 廣播福音ㅎ야 雖卉服島夷食人之類라도 視以同胞ㅎ고 敎以眞理ㅎ야 使之共躋聖域ㅎㄴ◆此是敎典之結果요 至若政令之發用ㅎ야는 一定ㅎ 法律이 無ㅎ고 國家主權을 獨立키 難ㅎ 故로 政府를 設ㅎ며 大小官寮를 置ㅎ야 職務를 各掌ㅎ며 範圍를 各守ㅎ야 發號施令ㅎ며 各隨國體ㅎ야 行其政令ㅎㄴ니 上佐君主ㅎ고 下濟蒼生ㅎ야 同歸於文明化圉則此是政體之發用也니라."〈대한 매일 신보〉, 1906. 10. 5.

(宗旨)와 정치의 사상이 상합(相合)하고 서로 다른 것이 없으니 유상성(有相成)하고 서로 어긋난 것이 없어서 마음에 쌓인 것이 밖으로 드러나는 것이니 이것이 하늘이 정한 자연의 이치라.[46]

최병헌은 종교가 내면적인 것이라면 정체는 그 외적인 나타남으로, 내면의 종교가 자연스레 외연(外延)하는 것이 정치라고 보았다. 따라서 종교와 정치는 수레와 수레바퀴 혹은 이와 입술의 관계와 같이 상호 불가분의 표리 관계라는 것이다. 그는 종교와 정체가 각각 역할이 다름으로 서로 무관하다는 생각은 좁고 어리석은 견해라고 비판했다. 그의 이러한 '정교상합론'(政教相合論)의 구조에서 종교는 분명히 근원적인 것이었다. 그러나 초월적 궁극성을 가지고 정치라는 '속'의 세계를 상대화시킨다는 의미의 근원은 아니었다. 종교는 내재적으로 정치의 기저를 이룬다는 의미에서 근원적인 것이었다.

최병헌은 자신의 종교상합론을 논증하기 위해 몇 가지 예를 든다. 외국 유학을 하고 돌아온 사람들이 너무 거만하여 타인을 존

46　"政體與教理가 相爲表裏니 譬如車輪之相輔와 唇齒之相依라 或曰教會與政治가 規例不同ㅎ고 職務各異ㅎ야 初無關係라ㅎ나니 此는 管窺蠡酌之愚論이라 教與政이 關係最重ㅎ야 難可盡說이로딕 擧其綱而論之컨딕 道之宗旨와 政之思想이 有相合無相分ㅎ며 有相成無相悖ㅎ야 積於心者發於事ㅎ나니 此乃天定自然之理라 無論某國ㅎ고 欲求維新文明인딘 先將教道變起ㅎ야 得其道之眞則人心이 自歸一定ㅎ고 外治之事도 亦隨就緒矣리니 教道가 實爲國家命脈◆라 教與政이 相爲表裏ㅎ야 其國教道如何則其國政治도 亦必如何ㅎ나니 教與政이 實爲終始ㅎ야 道衰則政亦隨而壞矣니라." 〈대한 매일 신보〉, 1906. 10. 7.

중하지 못하는 것은 서양의 정치 공학과 기예만을 배웠을 뿐 신을 공경하며 자기 수양을 하는 기독교를 배우지 않았기 때문이다. 또한 신을 두려워하지 않는 자는 세상의 모든 법률에 통달했다 해도 그것을 악용하여 뇌물수수까지 함으로 법령이 제대로 시행될 수 없다. 최병헌은 "종교가 실로 국가의 핵심이라. 종교와 정체가 상호 표리 관계가 되어야 한다. 그 나라의 교도에 그 나라의 정치가 달려 있으니, 교와 도는 실로 시작과 끝이라. 도가 쇠하게 되면 정치도 그에 따라 무너지고 만다"며 종교와 정체의 표리 관계를 다시 강조했다.

그렇다면 정교의 이러한 표리 관계에 비추어 볼 때 당대 세계의 정황은 어떠한가. 최병헌은 "종교의 도가 쇠하면 정치가 어려워지는 법이니, 구미 열강은 오늘날 정치와 종교의 문명이 흥하여 치화(治化)가 발달하여 굳이 더 사족을 덧붙일 필요가 없고, 동아시아 여러 나라에 대해 말하자면, 가히 종교가 쇠하고 정치가 어지럽다 말할 수 있을 것이다"라고 했다.[47] 서양은 종교가 성하여 문명이 발달함으로 입헌군주정이나 민주정을 실시하고 있으나 동양은 종교가 쇠함으로 정치도 쇠했다고 본 것이다. 동양의 이러한 정세는 무엇보다도 조선에서 확연하다고 본 그는 "가르침의 도가 실로 나라를 세우는 근본이요 진화의 근원이라. 우리나라 대한이

---

47   "敎道衰則政治亂이니 歐美列强則現今政敎文明ᄒ고 治化發達ᄒ야 不須贅說이고 至若 東亞諸國ᄒ야ᄂ 可謂道衰政亂이라."〈대한 매일 신보〉, 1906. 10. 6.

    신앙의 변증법: 김교신과 한국 개신교

유학의 도가 쓰러졌으나 떨쳐 일어나지도 못하고 기독교리는 서학이라 하여 배우려 하지 않고 단지 서양의 무기와 기술만을 취하고 전화를 설치하고 어학을 배우려 하나 이는 근본에 힘쓰지 않고 지엽적인 것만을 취하려 하니 그것으로써 어찌 문명을 성취할 수 있겠는가"라고 탄식해 마지 않았다.

따라서 "어느 나라를 막론하고 문명을 유신하고자 한다면 먼저 교도(敎道)를 변화시켜 참된 도리를 얻게 되면 사람의 마음이 자연히 일정하게 되고 밖에서 다스려야 될 일들도 그에 따라 실마리를 얻게 될 것이다"라고 그는 호소했다. 지엽적인 것이 아니라 서양 문명의 근본인 기독교를 수용함이 서구적 근대 문명 성취의 필수 조건이라는 것이다.[48]

결론적으로 최병헌은 "종교와 정치의 관계가 지극히 친밀하여 마치 수레와 수레바퀴 혹은 입술과 이가 서로 돕는 형국이다. 서로 병행하고 찰나에도 서로 떨어질 수 없는 관계이다. 그러니 원컨대 군자께서는 참된 진리의 가르침으로 자기 자신을 수행하는 근본을 삼고 정체로 나라를 다스리는 방법으로 하면 천만 번 다행이고 또 다행이겠다"라고 호소하며 강연을 마쳤다.[49]

[48] "敎道가 實爲立國之本이오 進化之原이라 惟我大韓이 儒道가 寢靡홈을 奮興치도아니
ᄒ고耶蘇敎理ᄂ 目以西學而不取ᄒ고 任取西人之兵긔與機械ᄒ야 設電話與語學ᄒ니
此ᄂ 不務其本而取其末이라 豈可成就文明哉아". 〈대한 매일 신보〉, 1906. 10. 9.

[49] "政敎之關이 至親至密ᄒ야 有輔車脣齒之勢ᄒ고 並行不ᄑ리ᄒ며 造次須臾之間에도 不可
相離者也니 伏願僉君子以道敎로 爲修身之本ᄒ고 ◆政體로 爲治國之用을 千萬幸甚◆
甚". 〈대한 매일 신보〉, 1906. 10. 9.

요컨대 정교가 불가분의 관계로, 내면의 종교가 밖으로 드러남이 곧 정체이니 문명화를 이루고자 한다면 서양 문명의 근원이자 정치체제 진화의 근원인 기독교 수용은 필연적임을 역설한 것이다. 여기에서 그가 기독교를 서양 문명과 정체의 근원으로 보고, 기독교와 서양 문명을 무매개적으로 등치시킴을 볼 수 있다. 그리고 문명 진화의 필연성을 근거로 기독교 수용의 당위성을 논증하고자 함을 볼 수 있다.

이것은 《성산명경》에서 진도의 기독교 개종의 논리에서도 확인된다. 진도는 세계관 비교 측면에서 "윤상지리(倫常之理)를 발명함이 예전 사람인 지나(支那) 고(古) 동양 성현이 믿지 못할 말이 많거니와 치국평천하의 도리와 정치 학술에는 우리 유교만 못할까 하노라" 하며 끝까지 기독교를 거절했다. 그러나 기독교인인 빅토리아 영국 여왕, 워싱턴, 비스마르크 등의 업적을 예로 들자, 비로소 "서국(西國)의 문명함이 실로 예수교 덕화(德化)의 미친 바"라고 인정하고 개종을 결단했다.[50] 최병헌 자신이 가탁된 인물이기도 한 진도는 무엇보다도 문명화의 유용성이란 측면에서 기독교가 유교보다 우월하다고 인정한 것이었다.[51] 최병헌에게 있어서 세계는 문명사적 진화의 관점에서 연속해 발전하는 과정으로 이

50　최병헌,《성산명경》, 125쪽.

51　그는 서양 문명의 실상을 문헌으로만 접하다가 1898년 일본 방문으로 직접 목격한 뒤 정치 개혁과 실용 학문의 필요성을 절감했다. 그는 일본이 문명적으로 진보했다고 보고 그 원인을 정치의 개명으로 보았다. 최병헌, "일본을 열람한 일", 〈대한 그리스도 회보〉 2-21, 1898년 5월 25일부터 1898년 7월 27일까지 총 10회 연재되었다.

해되었고, 그 중심에 기독교가 있었던 것이다.

즉 개인이 종교를 통해 궁극적으로 도달해야 하는 인애신의의 성스러운 목적지와 정치적으로 도달해야 하는 서구 근대적 문명화라는 궁극적 목적지가 동일한 지평의 표리 관계로 연속되고 있었다. 그러나 양자는 동일한 지평이 아닐 뿐만 아니라, 정치공학적으로 볼 때 입헌군주정이나 민주정의 근원은 기독교라기보다 계몽주의라고 할 수 있다. 무기와 전화로 상징되는 기술의 발전도 계몽주의에 근거한 실증주의에 근거한다 하겠다.

일반적으로 기독교에서 성과 속의 관계는 다음과 같은 몇 가지 패러다임으로 대별된다. 첫 번째는 성이 속을 완전히 배제하거나 그 위에 군림하는 것이다. 이 경우 속의 세계가 완전히 그 실재성을 부정당하고 가치론적으로 폄하되며, 세상의 자율성과 문화, 노동, 이성 등의 활동이 위축된다. 삶이 신정정치화되면 신화적 세계만이 남게 되는 것이다.

두 번째는 첫 번째와 정반대의 모델이다. 속이 성 위에 군림하거나 아예 성의 실재성은 미신적인 것, 계몽 이전의 유아기적 환상, 사회병리적 잔재물로 치부되고 부정된다. 종교는 인류의 유아기적 잔재물로 취급되고 이성의 법정에서 통과되는 현세적, 물질적, 감각적인 것만이 실재로 인정받는다. 그 결과 삶의 편리성, 실용성, 능률성이 증가해 편리해지나 삶의 의미는 상실되고 공허해진다.

세 번째 유형은 성속 상호 불간섭주의이다. 종교적인 성스러운 세계는 사제들이 주관하며 인간의 영적 차원, 내면의 종교적 세계만을 관할하기로 한다. 구체적 현실의 정치, 경제, 문화 등은 이 세상을 지배하는 정치가, 실업인, 과학자 등이 현실적 논리로 책임지기로 한다. 이렇게 가급적 상호 불간섭주의를 지키기로 한 결과, 하나로 통일된 현실적 생명 실재가 인위적이고도 가상적으로 이분화된다.

네 번째 모델은 성속의 실재나 차원은 서로 혼동되지 않도록 '구별'되어야 하되 결코 '분리'되어서는 안 된다고 보는 입장이다. 성이 속의 형태 속으로 속의 양태를 띠며 침투해 성의 깊이와 넓이와 높이로 변혁시켜 가는 것이다. 이를 변증법적 변혁 모델이라 한다.[52]

그러나 최병헌의 성과 속의 관계 모델은 이 네 가지 패러다임 중 그 어느 것에도 속하지 않음을 알 수 있다. 그 이유는 그가 이해한 종교와 정치 혹은 성과 속의 틀거리가 '궁극적인 것'과 '궁극 이전의 것'이라는 초월적이고 절대적인 세계와 상대적인 세계의 관계가 아니라, 궁극적인 것이 만물의 저변에 내재해 연속하는 유교적 세계관의 틀거리였기 때문이다. 이러한 점에서 최병헌의 개종은 서구적 '보편주의'의 압박 속에서 유교적 세계관의 기본적인 틀을 유지한 기독교 수용이라고 할 수 있을 것이다.

---

[52] 김경재, 《김재준 평전》, 삼인출판사, 2014, 277-282쪽; 리처드 니버, 홍병용 역, 《그리스도와 문화》, IVP, 2007, 208쪽 참조.

5) 결론과 전망

최병헌의 개종에서 나타난 유교와 기독교의 대결 양상을 지금까지 분석했다. 그는 유교적 상제(上帝) 이해의 연속선상에서 기독교의 하나님을 수용했다. 그리고 유교에는 없는 자비와 사랑이라는 신의 속성을 더함으로써 유교의 상제를 보완하고 완성한 참된 신으로서 기독교의 하나님을 수용했다. 또한 유교의 우주생성론에서 완전히 이탈하여 기독교의 창조론을 수용했다. 그러나 인간론과 윤리관, 내세론, 나아가 성과 속 혹은 종교와 정치의 관계에 있어서는 큰 틀에서 유교적 세계관의 연속선상에 있었다고 할 수 있다. 이러한 연속성에도 불구하고 기독교로 개종한 것은 서구적 보편주의에 압도당하는 상황에서 요청되는 '문명화'의 절박한 필요성이었다고 볼 수 있다.

이러한 최병헌의 기독교 신앙 구조를 이해하는 데에 베버(M. Weber)가 내놓은 유교와 프로테스탄티즘에 대한 이념형적(理念型的) 설명이 유용하다. 베버에 의하면, 유교의 최고개념인 천(天) 내지 도(道)는 일종의 우주론적인 종합개념으로서 초신적(超神的), 비인격적이자 항상 자기 동일적인 개념이며, 시간적으로는 영구 불멸의 존재임과 동시에 영원의 질서가 시간의 제약 없이 통용되는 개념이다. 천은 우주의 영원한 질서이며 동시에 우주의 운행(運行) 자체이다. 더구나 그 질서는 우주적인 질서단이 아니라 동시에 우주적인 질서의 조화로부터 귀결되는 사회질서도 의미한다. 천은 이

사회질서의 항상불변성(恒常不變性)과 방해됨이 없는 타당성의 불침번(不侵番)으로서, 또 이성적인 규범의 지배에 의해 보증된 평온의 수호자로서 존재한다. 따라서 유교에는 우주의 질서와 사회의 질서가 동일성의 원칙 위에서 연속되며 이 동일성의 원칙은 인간의 질서, 즉 인류의 영역으로까지 연속되고 있다. 따라서 유교에서 천이란 우주의 질서 규범이자 동시에 사회의 질서 규범이며 더욱이 인간의 윤리 규범이기도 하다.[53] 이러한 유교의 특징을 마루야마[丸山眞男]는 '연속적인 사유'라고 한다. 최고개념이 초월하면서 동시에 만물에 내재한 형식으로 천리(天理)와 사회질서, 인성(人性)이 직선적·무매개적으로 연속하고 있다는 것이다.[54]

한편 베버는 이와 같은 유교의 체계를 현세의 자족적인 자기완성을 전통에 의해 보증하는 낙관적 현세 긍정의 일원주의적 세계상이라고 했다. 그는 종교적으로 현세를 무가치한 것으로 인식하지 않는 점이나 현세를 거부하지 않는 점에서도 현세와의 긴장관계가 최소한으로 축소된 것이라고 하면서, 유교의 대극(對極)에 있는 세계상으로 프로테스탄티즘을 위치시켰다.[55]

53 M. Weber, *Gesammelte Aufsatze Zur Religionssozioligie*, I Bde., revidierte Auflage besorgt von J. C. B. Mohr, (Tübingen), 木全德雄 譯,《儒敎と道敎》, 東京: 創文社, 1987, 36-38. 양현혜,《윤치호와 김교신》, 한울출판사, 2009, 38쪽에서 재인용.

54 丸山眞男,《日本近代思想史硏究》, 東京: 東京大學出版會, 1989, 28.

55 Wolfgang Schluchter, *Rationalismus der Weltbeherrschung Studien zu Max Weber*, Suhrkamp taschenbuch wissenschaft 322 (Erste Auflage, Suhrkamp Verlag, Frankfurt am Main, 1980); 米澤和彦·嘉目克彦 譯,《世界支配の合理主義: マックス·ウエーバー硏究》, 東京: 未來社, 1984, 15-96.

반면 기독교의 신은 세계와 인간을 무에서 창조하고 피조물에게 그 의무를 다하도록 요구하는 초현세적인 인격적 신이다. 이러한 신과 피조물이 연속되는 것은 있을 수 없다. 피조물에 대한 절대적 초월성과 부정성이야말로 신의 특징이다. 따라서 기독교는 신과 피조물 사이에 절대적인 단절을 두는 신 중심적인 이원주의의 세계상이다.[56] 이원주의의 세계상에서 신과 피조물은 비관적이고 극한적인 긴장 관계에 있게 된다. 즉 자연과 신성, 윤리적 요청과 인간적 불완전, 죄의식과 구원의 요구, 현세의 행위와 내세의 응보, 종교적 의무와 정치적·사회적 현실과의 사이에는 심각한 단절과 긴장이 야기된다. 이러한 단절과 긴장은 일원주의적 세계상인 유교에는 결여되어 있다.

이와 같이 베버는 유교와 프로테스탄티즘을 그 이념형에서 전자를 일원주의적 세계상으로, 후자를 이원주의적 세계상으로 특징짓는다. 그런데 이념형이란 원래 이론적으로 설정된 순수개념으로 그것이 현실의 현상을 유형적으로 위치 짓는 기준이 되는 유형 개념이라는 점을 고려할 때 유교에도 이원주의적인 측면이 있다는 것을 간과해서는 안 된다.[57] 유교의 윤리적 낙관주의는 동시에 준엄한 리고리즘(rigorism, 엄격주의)을 포함한 것이기 때문이다.

56　M. Weber, *Gesammelte Aufsatze Zur Religionssoziologie*, III Bde., 1920-1921, (Tübingen); 大塚久雄·生松敬三 譯, 《マックス·ウエーバー宗教社會學論選》, 東京: みすず書房, 1983, 183.

57　高島善哉, 《マルクスとウエーバー》, 東京: 紀伊國屋書店, 1982, 307-309.

즉 실현해야 할 규범이 자연(본성, 本性)이라고 되어 있으면서도 보통 인간의 감성적 경험 내지 정동(情動)은 필연적으로 선과 악이 서로 뒤섞인 기질의 제약을 받고 있다. 왜냐하면 역으로 '천리'(天理)는 구체적·실천적으로는 모든 자연적 기초를 잃은 절대적 당위로서 인간의 욕망에 대립되기 때문이다. 유교는 실천적 차원에서 천리와 인욕의 이원적 대립을 천리멸인욕(天理滅人欲)의 극기적 엄격주의로 지양하려고 했다.[58]

일반적으로 유교에서 기독교로 입신하는 경우 이 극기적인 엄격주의의 관철로 수신을 완성하고자 하는 열망이 종종 다리 역할을 하는데, 이것은 최병헌의 경우에도 해당된다. 그는 유교의 리고리즘으로 상징되는 윤리적 엄격주의의 완성이라는 형태로 기독교의 구원관을 수용했다. 그러나 여기에는 옛 자아와 새 자아의 관계가 단절이 아닌 연속적 자기 확대의 형태로 두드러진다. 이러한 연속적 자아 확대는 윤리관, 내세관 그리고 정치와 종교로 대변되는 성과 속의 관계에 있어서도 확인된다. 이러한 의미에서 그는 여전히 유교적 세계의 주민이었다.

최병헌의 개종은 그보다 6년 앞선 1887년에 세례를 받아 조선 최초의 남감리교 세례 교인이 된 윤치호의 입신과 적지 않은 유사점이 있다. 윤치호 역시 유교에는 없는 무소부재한 신의 감시가 윤리를 실천하지 않을 수 없게 강제한다고 보고, 기독교의 윤리적

<hr>

58   丸山眞男,《日本近代思想史研究》, 27-28.

우월성을 인정하고 입신했다.

그러나 최병헌과의 차이점도 분명하다. 윤치호는 미국 유학을 통해 서양 문명의 우월성을 직접 독도한 후, 기독교 윤리로서 십계명과 사랑의 이중 계명 이외에 육체적 쾌락의 금지, 노동 존중, 생활의 간소화, 절약, 유효한 시간 사용, 근면, 계획적 생활 등 유능한 산업사회 생활인의 덕목까지 포함시켰다. 그리고 이러한 윤리를 강제하는 기독교를 서양적 근대 문명화를 위한 필수불가결한 원동력으로 이해했다. 역으로, 문명화에 실패한 '반(反)문명' 덩어리인 유교를 철저하게 파괴하고 해체시키는 것 역시 필수불가결하다고 생각했다.[59] 이 점에서 윤치호는 "대략 대도(大道)는 방국(邦國)에 국한되지 않고 진리는 중외에 통용 가능한 것"임으로 "서양의 하늘이 곧 동양의 하늘"이라고 말한 최병헌과는 입장을 달리했다. 최병헌은 유교를 해체시키지 않고 그 연속선상에서 기독교를 수용하고자 했기 때문이다.

한편 기독교의 신을 서구 근대 문명의 수호신으로 이해하고 하나님 나라와 미국 문명을 동일시함으로써 철저한 유교적 일원주의 세계관 틀을 견지했다는 점에서 윤치호는 최병헌과 유사하다.[60] 윤치호는 주관적으로는 유교의 완전한 파괴와 해체를 주장했으나 객관적 구조에서는 유교적 세계관과 기독교적 서구 문

---

[59]   양현혜, 《윤치호와 김교신》, 37-41쪽.

[60]   앞의 책, 48-55쪽.

명이 혼재된 일원주의적 세계관을 가졌다. 이러한 윤치호의 세계관을 '해체적 혼재형'이라고 한다면 최병헌은 '대결적 연속형'이라 할 수 있다. 윤치호의 경우 기독교는 그의 민족적 정체성을 해체시키는 매개로 작용했다. 이에 반해 최병헌의 경우 기독교는 그의 민족적 정체성을 해체시키지 않고 수용되었다는 점에서 차이점이 있다.

그렇다면 최병헌에게 기독교는 새로운 주체 형성의 매개로 작용했는가. 이에 대한 기존 연구의 답은 긍정적이지만은 않다. 심광섭은 "탁사의 사상에서 긍휼과 자비를 통한 하나님의 평화, 곧 하나님 나라 사상은 내세적 '천당'론에 삼킴을 당하고, 유교의 치국평천하의 도리는 기독교 문명론을 통한 현세적 강국론으로 대치"되고 있다고 본다. 그리고 고종의 강제 퇴위에 항의해 일어난 의병을 회유하는 그의 선유사(宣諭使) 활동을 제국주의에 대한 지적 항복의 표출로도 볼 수 있다고 한다.[61]

사회진화론적 문명론의 논리 구조에서 일본이나 서구는 저항의 대상이 아니라 모방 대상이 된다. 타자의 모방과 내면화는 주체 상실을 야기하기 쉽다. 이러한 사상의 구조에서 서구적 보편주의에 의해 열패자라고 낙인찍힌 자신의 역사적 의미와 연원은 방어되거나 재구성되기 어렵다. 문명사적 필연성에 추동되어 유교

---

61   심광섭, 앞의 논문, 108쪽. 최병헌이 타자의 내면화를 넘어 주체의 재구성에 성공했는가 여부에 대해서는 이행훈도 부정적이다. 이행훈, "문명론의 접합으로 본 최병헌의 종교 담론", 121쪽.

적 일원주의의 틀거리 안에서 수용된 기독교는 오히려 열패자라는 낙인을 감내하게 하고, 서구에 대한 모방을 추동하는 강력한 추진력으로 작용할 가능성이 농후하다.[62] 서구의 보편주의 압력 속에서 유교적 '도'와 서양 문명의 '도'가 더 이상 동일하지 않음이 분명해지면서 유교의 도를 포기하고 폐기하는 것은 시간문제였기 때문이다. 기독교와의 만남을 통한 주체의 새로운 재구성은 '궁극적인' 존재로서 신의 초월성을 통해 서구 근대 산업 문명 그 자체를 '궁극 이전'의 역사적 과정의 한 형태로서 철저히 상대화시켜 볼 수 있는 눈을 얻기까지 기다려야 했다.

---

[62] 옥성득은 1910년 경술국치 이후 최병헌의 설교는 천년왕국적 재림고대론, 성령 충만한 심령부흥론 등이 주종을 이루었다고 한다[옥성득, "한일 합방 전후 최병헌 목사의 시대 의식—계축년(1913) 설교를 중심으로", 〈한국 기독교와 역사〉 13(2000), 52-69쪽]. 조선이 완전 식민지가 되고 나자 그의 '정교상합론'은 더 이상 작동되지 않았던 것이다.

3장

은혜와 복종

1. 김교신의 자유와 종 됨의 변증법

루터는 그의 유명한 논문인 "기독교인의 자유"에서 기독교인은 "모든 것에 대한 자유로운 주인으로서 누구에게도 종속되지 않는다", 그러나 동시에 또한 기독교인은 "모두에게 봉사하는 종으로서 모든 사람에게 종속된다"라는 두 명제를 선언했다. 은혜에 의해 선사된 자유와 이웃에 대한 책임으로 인한 자발적 사랑이라는 이원론적 역설, 즉 자유와 복종의 변증법적 관계는 기독교 신학의 핵심적 사안 가운데 하나이다. 이에 대해 김교신은 많은 글을 남겼다. 여기에서는 "인격의 반상(返上)", "책무를 분담하리라", "최후의 사랑을", "정진 또 정진", "고백의 효과"라는 글을 읽어 보려고 한다.

인격의 반상 (1933년 2월, 49호)

누가 말한 것인지 인격의 존엄, 개성의 존중이란 말 등은 근대에 특히 요란하게 들리는 바이었다. 그러므로 노예는 해방되고 직업은 존비(尊卑)의 구별이 없이 되었다. 그런데 이상한 것은 과연 오늘날 가치 있는 인격자를, 인격의 진가를 찾아보기 어려운 일이다. 보라, 제네바에 모이어 세계의 운명을 좌우하려고 논의하고 있는 만국의 대표 인물들을. 그중 어느 나라 대표자가 다른 나라 외상이나 전권(全權)을 충심으로 경모하는 자 있을 것인가. 결단코 없을 것이다. 저들은 서로서로 부정직한 자들인 것을 잘 알기 때문이다. 정직치 못한 위인에게 경의가 무슨 소용일까.

다시 안으로 살펴보라. 귀족이나 부호나 또는 변호사, 의사 등등 할 것 없이 소위 세상에 행세한다는 위인으로서 그 노비에게서 진심으로 존경을 받는 인격자가 어디 있으며 윤리, 도덕의 근원을 주장하는 가정과 학교에서 자질(子姪)의 전적 신뢰를 받는 부형이 있으며 학생의 충정으로 바치는 경모를 이끄는 사장(師長)이 있는가. 군사부일체의 방정식을 조석으로 연역(演繹)할지라도 영광이 벌써 떠난 것이 마른 하천의 형세로 되어졌으니 떨어진 존경을 어찌 다시 거두랴.

특히 조선에서 그러하다. 2천만 중에서 인격 본래의 상당한 경모를 받는 이가 누구인지 알지 못한다. 주인이 비복(婢僕)들을 천대한 것처럼 비복들이 주인의 눈가림만 하게 되고 사장(師長)이 후진을 무시한 것처럼 학생들의 안중에 다시 사장이 없이 되었다. 조물주 여호와를 무시한 사회와 국가와 세계에서 인격의 존귀성이 비산(飛散)하였으니 또한 기이한 일도 아니다. 그러므로 없는 중에서 형해(形骸)를 고집하려고 말고 우리는 차라리 인격을 그리스도의 발앞에 반상(返上)하자. 인격의 존엄에 각성하여 본 결과, 인격은 인격 그 물건에게 존귀한 것이 내재한 것이 아님이 분명하여졌다. 인격이 존엄한 까닭은 하나님의 형상대로 창조된 때문이므로 하나님이 높임을 받는 곳에서라야만 사람의 인격도 고귀한 빛을 나타낸다. 고로 현대와 같이 하나님을 모르는 세상에서는 인격의 진가(眞價)가 있을 수 없으니 이 무용한 근대적 술어 '인격'을 제단에 바치고 모든 인류는 스스로 자기를 높이는 일을 단념할 것이다. 그리하면 "스스로 높이는 자는 낮아질 것이요, 스스로 겸손한 자는 높임을 얻으리라"고 말씀하신 이의 권능에 의하여 인격이 다시 고귀하여질 것이다.

형제여, 인격자로 자처하기 전에 그리스도의 것(소유물)이 되라. 그리하면 주와 함께 높아지리라. 나에게 고귀한 인격이 없음을 책하지 말라. 나는 그리스도의 것이다. 종이다. 물건이다.

책무를 분담하리라 (1937년 4월, 99호)

"이웃 사랑하기를 네 몸과 같이 하라"는 교훈은 용이히 실천하게 되지 않음에 반하여 "네 오른손이 범죄하거든 오른손을 찍어 던지고 바른 눈이 범죄하거든 바른 눈을 빼어 버리라"는 명령은 어느 정도까지는 실행할 수도 있고 실행하려는 열도도 높음을 우리가 경험한다. 소극적으로 가기가 쉬운 까닭인가 한다.

과거 우리의 신앙 생활은 대부분이 단절하는 생활이었다. 그리스도와 그의 의를 몰이해한다고 보이는 골육의 친(親)을 단절하였고, 청교도적 도덕을 구별 못하는 제자를 파문하였고, 사회의 평판이 불미하게 되어 성조(〈성서조선〉―지은이) 지에 누를 미치게 하는 친구를 절교하였고, 그밖에라도 얼마든지 똑똑 잘라 버리려고 하는 결심이 있었다. 마치 도마뱀이 꼬리를 잃음으로써 본체의 생명을 완보(完保)하듯이 우리는 이렇게 수족과 눈코를 단절함으로써 비교적 순결한 생명을 보전할 줄로 알았었다.

과연 우리의 주위에는 소수일망정 품행방정하고, 신의가 돈독하고 기품이 고결한 자―누가 보든지 대표적 조선인이요 모범적 크리스천이라고 할 만한 몇 사람이 남았다. 이런 현상을 보는 이들은 과연 신앙적이라느니, 신뢰할 만한 사람들이라느니 하는 찬사도 보내며, 미해결 중의 문제 인물을 마저 단절해 버리라는 격려도 주었다. 우리는 점점 더 용기를 다하여 이 방향으로 매진할 뻔하였다.

이때에 일대 모순이 눈에 띄었다. 예수의 식탁에는 세리와 창기와 악인과 빈자들뿐이라고 시비를 들으셨는데 우리의 식탁에는 언제 누가 보든지 이런 친구를 가졌다는 것이 자랑거리 될 만한 쟁쟁한 인사들만 남았다. 무의식 중에 스스로 의인이라고 자처하는 무리들이요, 악의로 보는 이외의 사람들에게는 또한 그럴 만하다고 허

신앙의 변증법: 김교신과 한국 개신교

용될 위인들이다. 무우불여기자(無友不如己者)라는 분식(粉飾) 중에서 어느덧 우리는 교우의 귀족주의자요, 부르주아지요, 독선주의자로 되어 버렸다. 심히 두려운 일이다.

금후로 우리는 교우의 표준을 변경하리라. 사람들이 의외라고 생각할 만한 우도(友道)를 개척하고자 한다. 친척과 교우 중에 신의를 상실한 형제여, 우리는 그대를 한번 다시 만나 볼 필요를 느끼는 자인 줄 알라. 인생의 삼엄한 대해에서 파선하고 눈물을 뿌리는 친구여, 그대의 우의를 간절히 사모하는 자 있음을 잊지 말라. 우리의 친구로 행세하는 것이 조금이라도 그대의 신분에 유리하다고 생각하는(그럴 리가 만무하겠지만) 온갖 종류의 협잡꾼들도 주저 말고 오라. 우리는 그대에게 속고 그대에게 이용되리라.

명예감을 느낄 만한 우인을 구하여 우리의 대외 신용을 강화하며, 체면을 미화하려던 일을 단념하고 오늘부터 우리는 치욕감을 누르기 어려울 만한 자를 택하여 그대의 책므와 치욕을 분담하고자 기원한다. 병자와 죄인을 부르러 오신 주 예수와 함께 온갖 천한 자, 낮은 자, 추한 자 사귀기를 갈구하노라.

최후의 사랑을(1937년 11월, 106호)

과학의 발달이 일취월장하였다고 감탄하 마지않으나 그 진보된 과학의 혜택을 가장 먼저, 가장 크게 입는 것은 전술과 무기에 관한 일이라고 한다. 그리하여 과학이 진보하면 할수록 무기와 전술도 따라서 달라진다고 한다. 부러운 일이다.

크리스천이 세상에서 살아가는 것도 일종의 전투일뿐더러 진정한 의미로서는 크고 근본적인 결정적인 싸움이다. 그러면 크리스천의 싸움에 쓰는 무기와 전술은 오늘날까지 얼마나 진보 변혁되었는가. 우리가 알기로는 2천 년이 하루와 같아서 조금도 진보라고 할 만한 것을 인정할 수 없는 듯하다. 그러나 이는 슬픈 일이 아니요, 실로 감사할 일이다. 크리스천이 싸울 싸움의 최강 최신의 무기와 전술은 후세 사람이 발명해 내야 될 것이 아니라, 2천 년 전에 벌써 주 그리스도가 준비하여 주었던 까닭이다. 다만 이 무구와 전술은 활용하는 이가 전무하거나 또는 심히 소수이었던 고로 이제 우리들이 최신 발명한 것으로 실연할 기회를 가졌다.

크리스천의 무기, 전술이란 것은 "진리로써 허리띠를 띠고 의(義)의 호심경을 붙이고 화평한 복음의 예비한 것으로 신을 신고 그 가운데 믿음의 방패를 가지고 능히 악한 자의 모든 화전(火箭)을 소멸하고 구원의 투구와 성령의 검(劍)을 취할지어다…"(에베소 6:14 이하)라는 것이나, 이를 다시 요약하면 사랑으로써 사랑하는 것, 이웃 사랑하기를 내 몸과 같이 하는 것이 최강의 무기요, 최신의 전술이란 말씀이다.

사랑이란 무엇이냐. 기독교의 사랑이란 무엇이냐. "인사하는 이에게 답례하며 나를 사랑하는 자를 사랑한들 그것이 무슨 나을 것이 있느냐"고 하였다. 기독교의 사랑은 그런 따위 사랑이 아니다. 가장 미워하는 사람 혹은 가장 저주하고 싶은 나라와 민족, 그것을 열애

 　　　　신앙의 변증법: 김교신과 한국 개신교

하라는 것이 기독교의 사랑 즉 아가페이다. 우리가 진심으로 사랑할 수 없는 개인 혹은 국가가 남아 있을 동안까지 우리는 무기 없는 병사이다. 가짜 예수쟁이다. 해성(海星, 불가사리)이라는 동물은 구강이 협소하여 능히 삼킬 수 없는 식물을 만나면 자기 몸뚱이의 직경보다 더 큰 조개라도 위낭(胃囊)을 어망(漁網)처럼 둘러씌워 놓고 소화한다거니와, 우리가 우리 사랑의 주머니 속에 넣을 수 없는 악독한 인간과 통분한 백성을 당하거든 우리 사랑의 주머니를 뒤집어 씌워 놓고라도 녹여 내도록 분발하여야 할 난세에 처하였다. 사랑치 못할 바 없을 때까지.

사랑의 열도를 어디까지 높일까. 최후의 사랑, 결별의 사랑(요한 13장 이하)까지 높이라. 이 사랑으로써 사랑하는 순간에 우리는 주와 함께 벌써 세상을 이긴 자이다. 내일이나 내년을 기약하지 말고 오늘 밤에 겟세마네로 갈 각오로써 최후의 사랑을 경주하자. 그리하여 어느 한 사람의 차질(蹉跌)도 나의 책임으로, 어느 한 나라의 구원 못 받음도 나의 책임으로, 동무여, 분기하라. 이때는 사랑의 무기와 전술로써 극도까지 열애하여야 할 때이다.

정진 또 정진(1939년 5월, 124호)

기독교는 타력종(他力宗)이다. 신자의 자력으로 되는 것이 아니라 예수 그리스도의 공로를 힘입어서 구원을 얻는다는 것이다. 유대교인들이 율법을 역행(力行)하고서도 얻지 못하던 것을 예수의 십자가만 믿음으로써 얻을 수 있다는 것을 가르친다. 그런고로 예수교를 일명 '복음'이라고 일컫는다. 이교(異教)에서 숭상하는 난업고행(難業苦行)과 덕(德)을 쌓는 것이 없이라도, 회개하고 예수의 이름을 믿기만 하면 된다는 것이다. 인간의 무거운 짐을 지고 가는 자들에게 이보다 더한 기쁜 소식은 없을 것이다.

그러나 '복음'은 결코 무위의 생활과 방종의 생애를 긍정하는 것은 아니다. 구약 시대의 선인(先人)들과 불교와 유교의 선철(先哲)들이 애타고 힘써도 용이히 도달할 수 없던 자리까지 비교적 쉽게 달할 수 있다는 것이요, 그와 같은 노력이 아주 불필요하다는 것은 아니다.

고로 예수께서 말씀하시기를 "내가 율법이나 선지자를 폐하러 온 줄로 생각하지 말라 폐하러 온 것이 아니요 완전하게 하려 함이로다 … 내가 너희에게 이르노니 너희 의가 서기관과 바리새인보다 더 낫지 못하면 결코 천국에 들어가지 못하리라"(마태 5:17-20)고 하셨다. 복음이니 신앙이니 운운하면서, 불도의 규모도 좇지 못하며 유가의 역행도 본받지 못하고 한갓 방종안일의 생애를 일삼음으로써 복음의 진수를 다 파지(把持)한 듯이 자변자위(自辨自慰)하는 무리가 적지 않은 것은 실로 한심한 일이라 아니할 수 없다. 특히 젊은 이들 중에까지 이 병이 만연된 것은 통탄할 일이다.

신앙생활에 충실한 어떤 이는 말하였다. "예수를 믿으려면 매일 새벽 한잠씩을 잃어버려야 되느니라"고. 또 누구는 말하되 "북한산을 헐어서 한강에 채우라면 차라리 쉬우려니와 예수를 믿는 일은 세상

　신앙의 변증법: 김교신과 한국 개신교

못할 일이라"고. 새벽잠은 달콤하다. 그 달콤한 한잠을 손해 보면 서라도 청신(淸晨)의 가장 맑고 고요한 시간을 기도에 써야만 된다는 것이다. 기도는 필요한 것을 기구하는 일뿐이 아니다. 그보다도 성령의 소금으로써 생생한 자아를 절여 죽이는 역사(力事)이다. 소금으로써 김장을 절이듯이 몽마(夢魔) 중에 다시 깨어난 자아를 새벽 첫 시간에 또 한 번 매장하는 일이다. 예수를 믿는 일의 최대사(最大事)는 이 자아를 죽이는 일인 고로 실로 북한산을 옮기기보다 더 어려운 일이다.

성구 암송의 일이 또한 중차대하다. 신앙생활의 풍성 여부는 하나님의 말씀의 풍성함에 비례하는 법인데, 말씀은 몽매 중에라도 암기하게 되는 것이 제일 첩경이다. 고로 일일 일구, 혹은 수일에 일절씩이라도 성구를 암송하도록 노력을 다 해볼 것이다.

그밖에 신앙 정진의 방법이 한두 가지뿐이 아닐 터이나, 형제여 자매여, 원컨대 하루라도 정진 없는 죽은 날을 두지 마사이다.

고백의 효과 (1940년 5월, 136호)

죄과를 범한 자가 혹은 홀로 하나님 앞에 꿇어 엎디어, 혹은 신앙의 동지와 함께 모여서 자기의 죄과를 고백하는 일은 확실히 진실한 일이요, 아름다운 일이다. 이로 인하여 몸부림치고 죄에서는 멀리 떠나기를 결심하며 선을 향하여 단정코 돌진하려는 대용맹심(大勇猛心)이 일어나는 것도 사실이다. 또 신앙의 경로로 보더라도 먼저 그 죄를 고백하여 청산함이 없이는 성령이 임할 수 없으며, 성령이 임하지 않고는 참뜻으로서 예수를 주 그리스도로 신종(信從)할 수 없다.

그러나 '고백'에는 여러 가지 폐해가 따르는 것도 부정할 수 없는 사실이다. 천주교도가 신부 앞에서 고백함으로써 사회적 폐해까지 일으켰던 것은 지금 이에 대해 말할 것도 없거니와, 신교(新敎) 중에 공중(公衆) 회석에서 고백하는 일을 주된 행사로 하는 데에도 적지 않은 폐해와 과오가 섞여 있다.

고백이라는 것은 일종의 진실에서 나오는 일이기 때문에 고백을 주된 행사로 하는 교단에는 그 시초가 매우 뜨거운 것이 특징인 동시에 냉각하는 속도도 그 비례로 빠르고 냉각된 후의 쓴맛이란 형용할 수 없는 것이다.

고백을 존숭하는 이들은 그 '적나라'한 맛을 귀하다 중하다고 한다. 그러나 '적나라'의 미덕을 찬양하기로든지 실천하기로든지 어떤 종교 단체라도 '술꾼'(음주당)에게는 미치지 못할 것이다. '술꾼'들이 예수쟁이를 꺼리는 제1조건은 자기들처럼 적나라하지 못하고 외식(外飾)하는 자들이라는 점이다. 취중에 모든 추태를 서로서로 적나라하게 연출하는 자들인 고로 술 먹는 자라야 참다운 친구도 될 수 있고 참다운 인간 노릇도 할 수 있다고 주장한다. 이에 대하여 청년들의 수양을 지도하기로 유명했던 니토베 이나조〔新渡戶稻造〕박사는 언명하였다——우인간(友人間)에든지 부부간에든지 추태를 적나라하게 고백하는 일은 결코 우의(友誼) 증진의 도가 아니라고. 귀 있어 들을 자는 들을 것이요, 고집부리는 자는 스스로 끝까지 실험해 볼 것이다.

또 고백은 종교 신도들만의 능사인 줄로 아는 것은 잘못이다. 우리의 본 것으로만 하여도 불신 또는 배교의 문인들의 자기 고백이라는 것은 그 적나라한 심각도로 보든지, 표현 기술로 보든지, 그 담대한 정도로 보든지 그는 확실히 종교 신도들을 지나친다. 그러나 자고급금(自古及今)에 담대히 적나라하게 육(肉)된 자아를 고백한 소설가가 구원받았다는 소식은 우리가 듣지 못했다. 성령을 인하여 고백하고, 적나라하게 고백한 위에 성령의 축복을 받은 것이라야 쓸데 있는 고백이 되는 것이다. 그렇지 못한 적나라한 고백이란 것은 대개는 마귀 하나를 쫓아낸 후에 일곱 마귀가 도로 들어와 거하는 것과 방불한 결과밖에 나타날 수 없을 것이다.

고백이란 심령상 행사에 있어서 일종의 외과 수술이나 또는 극약 치료에 비할 만한 일이다. 이것을 적당한 시기에 적당하게 시행하는 것은 유효하나, 절개 수술한 자리를 날마다 다시 절개하듯이, 극약(劇藥)을 상용하듯이 한다면 그 결과는 추측하기 어렵지 않을 것이다. 그러므로 심각 통절해야 할 고백이 활석(滑石)처럼 표면을 미끄러지고 마는 것은 이가 벌써 일종의 예술화한 까닭이다.

고백이란 반성의 결과로 나타나는 일인데, 반성이 물론 없을 수 없는 일이다. 마는 반성은 윤리 도덕의 세계에서는 가장 중대한 기본적 역할을 하는 것이었으나 신앙생활에 있어서는 반성이란 일은 입문이요, 초보요, 몽학선생(蒙學先生)에 지나지 못하는 것이다. 반성은 결국 자아를 들여다보는 일인데 '오일삼성오신'(吾日三省吾身)이라고 하면 매우 거룩한 듯하나 오척단신의 창자까지 뚫어지게 들여다본대야 거기서 신통한 것이 나올 수는 없다.

일찍 진지한 청년이 반성의 고민에서 못 견디어 그 괴로움을 호소한 때에 독신한 모 대학의 총장의 대답은 이러했다고 한다. "군의 신앙 태도는 마치 어린아이가 분재를 심어 놓고서 얼마씩이나 자랐느냐고 매일 그 분재의 뿌리를 빼어 보는 일과 꼭 같다. 그렇게 해서는 분재가 자랄 수 없을 뿐만 아니라 살 수도 없나니, 이제부터는 자아의 창자만 들여다보지 말고 주 그리스도를 우러러보라"고.

다수가 모여서 반성과 고백을 주로 하는 행사가 있다면 그는 이 대학 총장의 말을 빌어 할진대 각자의 분재를 가지고 모여와서 뿌리 품평회를 하는 데 지나지 못할 것이다. 거기에 그만한 소득이 없을 것이 아니나 그것으로써 별로 신기하다고 할 것도 없는 일이다. 반성도 좋고 고백도 가(可)하다 하라. 그러나 우리 심령의 간절한 욕구는 뿌리내리고 줄기 서고 가지와 잎이 풍성한 우거진 낙락장송 같은 깊음이 있고 안정함이 있고 숭고함이 있는 신앙이 아닌가. 각자의 구하는 목표에 따라 아래로 볼 이는 아래로 보고 우러러볼 이는 우러러볼 것이다.

2. 자유와 복종의 변증법

김교신은 기독교가 오직 예수 그리스도의 대속을 받아들이는 것으로 값없이 인간이 구원된다는 소식을 전하는 것이기 때문에 '복음'이라 보았다. 구원이 어떠한 전제 조건 없이 그에 상응하는 값을 지불하지 않고 오직 은혜로 주어지기 때문이다. 그러나 복음이 모든 것이 시인된다는 '허락'이 아님 역시 분명하다고 보았다. 하나님의 질서에 초대된 사람으로서 삶이 변화되며 깊은 뿌리를 내려가는 신앙의 여정은 결코 손쉬운 길이 아니다. 왜냐하면 복음은 하나님과 이웃을 사랑하라는 사랑의 이중 계명에 대한 자발적인 복종과 동전의 양면을 이루고 있기 때문이었다.

그에게 구원받은 기독교인이란 자유를 선물받은 사람이면서 동시에 하나님의 형상으로 지음받은 자기 자신을 잃어버린 마지막 한 사람의 죄책과 치욕까지 분담해야 하는 최후의 열애를 경주할 책무를 진 사람이었다. 즉 김교신에게 기독교인의 '자유'와

'복종'은 상호 귀속하는 불가분의 변증법적 관계에 있었다. 따라서 복종 없는 자유는 신앙적 자기 기만이다. 또한 구원의 은혜를 무가치하게 하여 '값싼 은혜'로 만들어 버리는 신성모독이다.

김교신의 시대에 이미 나타난 값싼 은혜 축적의 결과가 오늘날 한국 개신교의 추락이다. 교회 수가 6만이 넘고 세계적인 메가처치들이 있고 미국 다음으로 선교사를 가장 많이 파송하는 나라이면서도, 신자의 신앙적 성숙과 인격적 변화가 없어 사회의 지탄을 받는 기형적인 교회가 된 것이다. 오늘날 한국 개신교의 이러한 추락의 가장 근원적인 이유는 값싼 은혜이다. 값싼 은혜라는 개념은 본회퍼의 유명한 신학적 개념이다. 그는 자유와 복종의 변증법적 관계를 값싼 은혜(die billige Gnade)와 고귀한 은혜(die teure Gnade)라는 개념을 통해 명쾌하게 설명했다. 본회퍼의 신학 사상 발전을 키워드를 통해 논한 베트게(Bethge E.)에 의하면, 값싼 은혜와 고귀한 은혜는《복종》의 시기를 특징짓는 개념이다. 덧붙여서 '궁극적인 것'과 '궁극 이전의 것'은《윤리》의 시기, '비종교적인 해석'과 '성인이 된 세계' 등은《옥중서간집》 시기를 대표한다고 말한다.[1] 각 저작기를 특징짓는 이러한 키워드는 언어의 마술사라고 칭송되는 본회퍼다운, 간결하면서도 참으로 매력적으로 정식화된 용어이다. 복잡한 사항이 단순하고 명쾌하게 표현되고 있는 것이다. 이

---

[1]   Eberhard Bethge, *Dietrich Bonhoeffer mit Selbstzeugnissen und Bilddokumenten*, 1976,《ディートリヒ・ボンヘッファー》, 宮田光雄 譯, 新教出版社, 1992 참조.

 신앙의 변증법: 김교신과 한국 개신교

결정적이고도 본질적인 사항에 대한 예리한 통찰이야말로 본회퍼의 '신학적 카리스마'를 형성한다.

1937년 저술된《복종》은 핑퀸발데 목사 연수소 시대의 강의안을 저본으로 해서 정리된 책이다. 여기에서 그는 나치 지배에 대한 직접적인 정치 투쟁을 가르치고 있지는 않다. 오히려 탄압받으면서 저항을 계속하는 교회와 그룹들에게 필요로 하는 영적 집중력과 저항력에 대해 가르치고 있었다. 이하에는 이렇게 탄생된 본회퍼의 '값싼 은혜'와 '고귀한 은혜'에 관한, 필자의 스승인 미야타 미츠오[宮田光雄] 선생의 논문을 번역해 둔다. 자유와 복종의 변증법적 관계를 분명히 하는 데 도움이 될 것이다.[2]

2   宮田光雄,《ボンヘツフア―反ナチ抵抗者の生涯と思想》, 岩波書店, 2019, 153-166.

3. 본회퍼의 '값싼 은혜'와 '고귀한 은혜'

1) 값싼 은혜, 고귀한 은혜

'값싼 은혜'는 교회가 결코 좌시해서는 안 되는 숙적이다. 기독교인들의 싸움은 오늘날 고귀한 은혜를 둘러싸고 확대되고 있다. 값싼 은혜라는 것은 내던져 팔아 치우는 상품 같은 은혜이다. 내던져 팔아 치우는 구원, 위로, 성례전을 말한다. 그것은 또한 교회의 결코 닳아 없어지지 않는 저장고 같은 것이다. 은혜가 손쉽게 미치지 않는 것이 없고 무제한으로 나뒹굴고 있다. 그것은 무엇보다도 대가를 지불할 필요가 없는, 비용이 필요하지 않은 은혜이다.

값싼 은혜는 교리로서, 원리로서, 체계로서의 은혜이다. 스스로 죄를 회개하지 않고 죄로부터 해방되고 싶다고 원하지도 않았는데, 이 세상은 은혜의 교리를 가진 교회 안에서 그들의 죄에 대한 값싼 은혜를 찾아내는 것이다.

값싼 은혜는 죄의 의인(義認)으로, 죄인의 의인이 아니다. 사실 은혜가 모든 것을 저절로 해결해 주는 것으로 모든 것은 전부 여전히 옛 모습 그대로일 수가 있다. 값싼 은혜는 우리들이 자기 자신의 손으로 구입한 은혜이다. 값싼 은혜는 주님을 따르지 않는 은혜로 십자가 없는 은혜이며, 살아 계신 주 예수 그리스도 없는 은혜이다.

이에 반해 '고귀한 은혜'란 복음서의 예수의 비유와 같이 밭에 감추어진 보물이다. 그것을 위해서 사람은 밖으로 나가 자신이 가진 것 전부를 기꺼이 다 팔아 버린다. 그것은 값비싼 진주로 그 값을 지불하기 위해 상인은 자신의 전 재산을 희생하는 것이다. 그뿐만 아니라 그것은 예수의 초대로, 그 초대를 들었을 때 제자들은 그물을 버리고 따라나선 것이다. 고귀한 은혜는 끊임없이 찾아나서지 않으면 안 되는 복음이다. 그것은 기도하며 추구해야 하는 선물이고 두드리지 않으면 안 되는 문이다.

그것은 복종으로의 초대이기 때문에 비싼 것이고, 예수 그리스도에 대한 복종으로 초대하기 때문에 은혜이다. 그것은 인간이 생명을 걸 가치가 있기 때문에 고귀한 것이고, 또 그렇게 함으로써 인간이 비로소 생명을 선물로서 받으므로 은혜이다.

이 두 키워드의 대칭성 안에서 명확히 나타나는 것은 신의 은혜에 대한 인간의 복종 유무이다. 신약성서가 전하는 예수 그리스도에 의한 구원의 메시지는 분명히 죄와 괴로움 안에 있는 인간에게 커다란 은혜이다. 그러나 그 은혜가 단순한 교리나 원리, 체

계에 그치는 한 살아 있는 능력이 될 수 없다. 왜냐하면 그러한 상
태에서 하나님의 은혜는 관념적인 지식에 그치고 삶의 새로운 변
혁을 일으킬 수 없기 때문이다. 신의 은혜라는 이름으로 인간 현
실이 그대로 시인되고, 값싼 자기 정당화를 가져오는 곳에 '값쌈'
이 있다.

이에 반해 은혜가 진실로 능력 있는 은혜가 되어 구원의 메
시지가 실존적으로 받아들여질 때, 그때까지의 삶의 방식에 전면
적 전환이 일어난다. 지배적이었던 이 세상 가치에서 해방되어 예
수에게 전 인격적 복종이 가능해질 때, 은혜는 참으로 '고귀한' 것
임이 실증될 것이다.

2) 중세 수도원과 종교개혁

본회퍼는 이 대비를 중세 교회 수도원 제도의 실례를 가지
고 설명한다.

교회가 확대되고 교회의 세속화가 진행됨에 따라 '고귀한 은혜'에
대한 인식은 점차 상실되어 갔다. 세계가 기독교화되는 한편, 은혜
는 기독교적 세계의 공동 재산이 되어 버렸다. 은혜는 값싸게 살 수
있는 것이 되고 있었다. 그러나 로마교회는 처음 인식의 잔해를 아
직도 가지고 있었다.

즉 수도원 제도이다. 그것은 은혜가 복종을 포함한다는 사실을 알려 주는 장소가 되었다. 이곳에서는 자신이 가진 모든 것을 그리스도를 위해 버리고 매일의 수련 속에서 예수의 엄격한 계율을 따르도록 노력했던 것이다. 본회퍼는 다음과 같이 평가했다.

이러한 수도원 생활은 기독교의 세속화에 반대하고 은혜를 값싼 것으로 만드는 것에 반대한 살아 있는 저항이 되었다. 그러나 교회는 이 저항을 견디어 내고 그것과의 사이에 결정적인 균열 상태를 만들어 내지 않음으로써 그 저항을 상대화하고 나아가 이 저항으로부터 자신의 세속화한 생활의 정당성까지 손에 넣었다. 왜냐하면 이제 수도원 생활은 교회 일반 대중에게는 의무 지울 수 없는 개개인의 특별한 공적이 되었기 때문이다.

그것은 한편에서 험난한 복종의 길을 걷는 소수자에게 '특별한 공적'을 인정해 줌으로써 율법주의적인 업적 달성의 자부심을 안기는 유혹이 되었다. 다른 한편 대다수 사람들에게 교회의 은혜를 '가장 편안한 길'로 선택하는 또 다른 가능성을 보증함으로써 교회 전체의 세속화를 시인하게 되었다. 수도원은 로마교회에 포괄되어 교회의 주변으로 배정된 것이다. 이를 상징하는 것이 1209년 당시 교황 이노켄티우스 3세에 의해 수도원으로 승인된 성 프란체스코의 모습이었다.

루터의 종교개혁은 '고귀한 은혜'에 대한 복음의 재발견과 다르지 않았다. 루터가 수도원에서 경건한 생활의 가능성 실현에 좌절함으로써 신의 은혜에 대해 숙고한 것은 우연이 아니었다. 그 때 루터는 신의 구원의 손이 예수 그리스도를 통해 내밀어짐을 발견했다. "아무리 훌륭한 생활을 보내도 우리들의 업적은 허무하다"는 고백으로 그는 신의 손을 잡았다.

> 여기에서 그에게 선물로서 주어진 것은 '고귀한 은혜'였다. 그 은혜가 그의 전 존재를 허물어트렸다. … 수도원에 처음 들어갔을 때 그는 모든 것을 버렸으나 그 자신, 즉 그의 경건한 자아만은 버릴 수 없었다. 그러나 이제는 그 자아도 그에게서 사라졌다. 그는 자신의 공적이 아니라 신의 은혜에 의해 그리스도를 따랐다.

종교개혁이 중세 수도원 제도를 부정했을 때 예수에게 복종하는 생활은 이 세상 한복판에서 행해지는 성격이 되었다. 예수에 대한 복종은 성직자 계급의 '특별한 업적'이 아니라 이 세상에 사는 모든 기독교인에게 요구되는 신의 필연적 계율이 되었다. 이것은 매일의 직업 생활 한복판에서 실행되어야 했다. 즉 '직업소명설'이다. 이것은 일상생활, 즉 '예배＝신에 대한 봉사'로 보는 자각으로부터 열성적이고 성실한 에토스를 만들어 내었다.

따라서 종교개혁의 복음 재발견은 결코 예수의 계율에 대한 복종의 면제가 아니며, 또한 구원의 은총은 이 세상 전체를 성별하거나 정당화하는 것도 아니었다. 본회퍼에 의하면, "루터가 수도원을 나와 이 세상으로 돌아온 그 여정은 초대 기독교 이래 이 세상을 향한 가장 강력한 공격을 의미했다". 본회퍼는 이 '충돌'을 '백병전'이라고 했다. 그러나 루터주의가 전개되면서 중대한 전환이 일어났다. 본회퍼는 이것을 다음과 같이 예리하게 지적한다.

> 그럼에도 불구하고 종교개혁의 역사에서 승리자가 된 것은 순수하고 '고귀한 은혜'에 관한 루터의 인식이 아니라 그 은혜를 가장 값싸게 구입할 장소를 민감하게 냄새 맡는 인간의 종교적 본능이었다. 그것은 아주 조금의, 거의 눈치채지 못할 정도의 강조점의 이행으로 충분했다. 그럼으로써 가장 위험하고 치명적인 일이 생겼다. … 루터가 은혜에 대해 말했을 때 먼저 그는 은혜로 그리스도에 대한 완전한 복종 안에 들어가게 된 자신의 생활을 늘 동시에 생각하고 있었다. … 은혜만이 모든 것을 이룬다고 루터는 말했다. 그리고 그의 제자들도 문자 그대로 그것을 끊임없이 반복했다. 달라진 것은 단 하나였다. 즉 루터가 언제나 자명하다고 동시에 생각했던 것, 즉 주님을 따른다는 것이 너무나 빨리 생략되어 버렸고, 그것을 동시에 생각하고 말하지 않게 되었다는 점이다. … 루터의 제자들의 설교는 루터의 설교 측면에서 보면 문제가 없었다. 그럼에도 그들의 설교는 종교개혁의 종언이었고 그 부정이었다.

거의 눈치챌 수 없을 정도의 '강조점 이행'은 어디에 있었던 것일까. 그것은 예수에게 복종하여 성립하는 기독교적 생활의

'결론'으로 은혜가 여겨지기보다 인간 측에서 미리 계산할 수 있는 원리적 '전제'로 여겨진 데 있었다.

그렇게 함으로써 나는 이 세상에서 내가 범한 죄의 의인을 미리 획득한 것이다. 나는 이 은혜로 인해 죄를 범할 수 있게 되고 이 세상은 원리적으로는 은혜에 의해 의롭다고 인정된다. 때문에 나는 지금까지처럼 자신의 시민적 세속적 존재를 그대로 유지한다. 모든 것이 옛날 그대로이다. 그리고 나는 신의 은혜가 자신을 덮고 있음으로 안심해도 된다. 이 세상 전체는 이 은혜 아래에서 '기독교적'이 된다. 그러나 기독교는 이 은혜 아래에서 일찍이 없었던 정도로 세속화되어 버렸다.

본회퍼는 이렇게 규정한다. "전제로서의 은혜는 '값싼 은혜'이고 결론으로서의 은혜는 '고귀한 은혜'이다." 그리고 그는 그 예를 괴테의《파우스트》가운데 한 장면에서 들고 있다.

지식 탐구에 날이 새고 저물었던 그 생활의 종국에 파우스트가 '나는 아무것도 알 수 없다는 것을 알았다'라고 할 때 그것이야말로 결론이다. 그러나 그것은, 이제 막 입학한 학생이 이 명제를 자신의 게으름을 정당화하려 사용하는 경우와 완전히 의미가 다르다. 이 명제는 결론으로 보면 진리이나 전제로 보면 자기기만이다.

   신앙의 변증법: 김교신과 한국 개신교

이러한 파우스트의 독백은 많은 교육자들이 경험하는 것이다. 자신의 깊은 실존적 '경험'에 근거하여 비로소 '정의'(定義)될 수 있는 사항을, 교육자는 경험이 없는 다음 세대에게 '결론'으로 가르쳐야 할 입장에 있기 때문이다. 본회퍼의 말을 빌리자면 "어떤 인식은 그 인식이 획득된 실존으로부터 분리될 수 없다".

3) 신앙의인론(信仰義認論)의 위기

특히 신앙적 진리에 관해서는 그러하다. 예를 들어 자신의 구원이 자신의 인간적 노력의 공적이 전혀 아니라 신의 일방적 은혜에 의존한다는 것을 통감한 예언자들이나 사도들은, 자신이 '어머니의 태에 있었을 때부터' 구원으로 예정되어 있었다고 고백한다(예를 들어 바울의 경우 갈라디아서 1:15 참조). 예정설을 만들어 낸 것은 이러한 '실존'적 경험이다.

그러나 일단 예정설이라는 '교리, 원리, 체계'가 만들어져 그것이 '객관적' 지식으로 작동하기 시작하면 사태는 완전히 달라진다. 신앙에서 분리된 일반적인 세계관 내지 숙명론 비슷한 것이 되어 버린다. 실존적 관련을 잃어버릴 때 루터의 신앙의인이 처했던 운명에 빠지지 않을 수 없는 것이다. 본회퍼는 다음과 같이 지적한다.

순수한 은혜에 대한 설교(즉 루터의 신앙의인론)은 참으로 유례없는 신격화를 경험했다. 은혜에 관한 순수한 교리가 신 그 자체가 되고 은혜 그 자체가 되었다. 도처에서 루터의 말이 입에 오르내렸으나 그 진리는 왜곡된 자기 기만으로 변했다. 오직 의인의 교리만 가지고 있으면 그 교회는 의롭다고 인정받은 교회가 된다. … 국민은 기독교도가 되었고 루터파가 되었다. 그러나 그것은 주님을 따르는 것을 쉽게 희생시킨 대가였다. '값싼 은혜'가 승리를 차지했다. … 오늘날 조직화된 교회의 붕괴는 너무나 쉽게 획득된 은혜에서 오는 필연적인 귀결일 뿐이다.

값싼 은혜에 안주해 현실 타협의 길로 빠져 들어간 루터주의적 국민 교회 전통을 본회퍼는 이렇게 엄하게 비판하고 있었다. 교회 투쟁의 세월 속에서 본회퍼는 독일 루터주의가 역사 형성력을 잃어버렸다는 사실을 알았던 것이다. 그것은 루터에게는 신학적으로 하나로 결합되어 있던 '의인'과 '복종', '신앙'과 '행위'가 분리되어 버렸기 때문이다.

1934년 5월 '바르멘 선언'으로 결집된 교회 투쟁은 나치 당국의 집요한 탄압 속에서 국가와 타협을 도모하는 다수파 루터주의 교회의 분파 행동으로 중대한 위기를 맞았다. 본회퍼가 속한 고백교회는 1936년 봄, 독일 복음주의 교회 안에서 실질적 소수파로 전락했다. 그 지도자 격 인물 중에는 정직, 체포, 투옥당한 사람들이 많았다. 1935년 카를 바르트도 독일에서 추방되고 니묄러

(Martin Niemöller)도 체포되었다.

사실 본회퍼가 교회가 맞이하는 '혁신의 시대'라고《복종》의 서두에서 말한 것은 이러한 고백교회의 위기 한복판에서 교회의 참된 정체성 확립을 촉구한다는 의미였다. 이때 교회에서 주고받는 '일상의 슬로건이나 투쟁의 슬로건'을 넘어 예수에 대한 복종과 '고귀한 은혜'의 발견이 질문되어야 했다. 본회퍼의 멋진 표현을 빌린다면 "믿는 자만이 복종할 수 있고 복종하는 자만이 믿는다".

본회퍼는 '신앙의인론'에 정치적 정숙주의(靜肅主意)로 빠질 위험성이 배태되어 있음을 알고 있었다. 그리하여 그는 루터주의적 신학에서 일반적으로 말해지는 것 이상으로 강하게 '복종'을 강조하지 않으면 안 되었다. 의심할 여지 없이 그의 책《복종》에서는 이 '복종'이 주요 테마였다. 그러나 신앙과 복종이 상즉(相卽)한다는 것, 즉 이 두 가지가 상호 실현을 조건 지우는 '실존적 순환'를 구성한다는 사실을 간과해서는 안 된다.

'고귀한 은혜'를 논한 마지막 절에서 본회퍼는 "복종에의 초대는 제자를 개인으로 만든다"라며 이것은 "인간을 이 세상에 대한 직접성으로부터 해방시킨다"라고 말했다. '개인'이라는 표현은 신 앞의 '단독자'로서 실존적 신앙을 상기시킨다. 신에 대한 절대적인 구속은 신 이외 이 세상 모든 구속에서의 해방으로 연결된다. 여기에 예수에 대한 절대적 복종에 입각한 '그리스도론적 집중'의 해방력, 즉 자유의 비밀이 있다.

이어지는 문장에서 본회퍼는 '민족과 역사', '피의 연결'이라는 직접성도 언급한다. 이것은 말할 것도 없이 당시 '피와 대지'에 근거한 민족 공동체적 슬로건을 내걸며 대중의 열광과 종교적 도취를 조직화하고 있었던 나치즘이 그 역사적 배경이다. 나치의 이데올로기에 호응하는 형태로 당시 특정한 '역사적 순간'에 직접적으로 신적 의지가 계시된다는 '나치 혁명'의 역사신학적 정당화도 있었다. 그 외에 국가나 민족을 '창조의 질서'(Paul Althhaus, 1888-1966)로서 근거 지우고 그러한 질서에 대한 절대적 종속을 '본래적인' 정치 윤리(Fredrich Gogarten, 1887-1967)라고 하는 '직접성'의 신학도 횡행하고 있었다. 본회퍼의《복종》에는 이러한 논의에 대한 비판도 들어 있었던 것이다.

히틀러 숭배로 민족을 주술적으로 속박시킨 나치즘의 유사종교적=정치 종교적인 유혹에 저항하는 것은 '값싼 은혜'에 안주하는 전통적 경건으로는 불가능했기 때문이다. 이러한 안이한 종교로부터 이탈하여 '고귀한 은혜'에 사는 진지한 신앙적 결단은 불가결했다.

이러한 연관성에서 보면, 본회퍼의 '단순한 복종' 호소는 나치의 언어에서 말하는 '무조건적 복종' 요구에 맞선 논쟁적 개념과 다르지 않다. 예수 그리스도에 대한 일의적 복종이 요구되는 곳에는 다른 무엇에 대한 충성 관계가 들어올 여지가 없다. 철저한 그리스도론적 신앙 고백에는 나치적 총통 숭배에 대한 단호한 비판이라는 권력 문제가 그 주제로 들어 있었던 것이다.

그의 책 제1장 마지막에서는 예수 그리스도에게 연결된 진실한 해방과 진실한 연대를 이렇게 결론 짓고 있다.

타자에 대한 직접적인 길은 모두 끊어졌지만 복종하는 자에게는 타자에 대한 새로운 단 하나의 진실한 길이 이제 중보자 예수 그리스도를 매개로 나타난다.

4장

신앙과 이성

1. 김교신의 이성과 신앙

신앙과 이성의 관계를 어떻게 볼 것인가. 이것은 기독교 사상사를 관통하는 질문 가운데 하나이다. 신학은 하나님을 만난 인간의 초월적 경험과 그것을 통해서 본 인간, 자연, 세계를 인간의 이성으로 언어화하는 학문이기 때문이다. 따라서 기독교 초기 역사부터 이 문제는 중요했다. 초기 기독교에서 이단이 판을 칠 때 활동하면서, 기독교가 무엇인지를 정립해 간 북아프리카 학파의 대부 테르툴리아누스(Tertullianus, 150?-240?)는 "아테네와 예루살렘 사이에 무슨 공통점이 있는가"라고 물으며, 교리를 머리로 이해함으로써 구원받는 것이 아니라 우리에게 전달된 하나님의 계시를 온전히 믿고 따르는 것이 신앙의 관건이라고 보았다. 그는 "불합리하기 때문에 나는 믿는다"(*Credo, quia absurdum est*)라며 신앙과 예수 그리스도의 지혜만으로 충분하다 여겨 철학을 배격했다. 그러나 철학을 배격하기 위해 그는 역설적으로 철학을 철저히 연구해야 했다. 사실 테르툴리아누스의 신학적 사유는 여러 철학적 원전에 의존한다. 그는 신학적 내용과 철학적 용어를 접목시킨 저작을 많이 남겼고 '삼위일체'를 정립하기도 했다. 삼위일체론에서 사용되는 '페르소나'(*persona*, 위격), '숩스탄시아'(*substansia*, 실체), '나투라'(*natura*, 본성) 등은 그에게서 시작된 것이다.[1] 그는 모든 철학을 신앙 안으로 수용하려는 시도를 파괴하라고 외쳤으나, 역설적으로 어느 면으로나 신학에서 철학이 철저하게 거부될 수 없음을 보여 준 사례이다.

그리하여 중세 신학자 안셀무스(Anselm of Canterbury, 1033-1109)는 "믿음을 전제하지 않는 것은 오만이며, 이성을 사용하지 않는 것은 태만이다"라며 신학은 "이해를 추구하는 신앙"(*Fides quaerens intellectum*)이라는 유명한 명제를 남겼다.

김교신 역시 신앙과 이성의 올바른 관계가 어떠해야 하는지에 깊이 천착하며 많은 글을 남겼다. 이하에서는 "성서 연구의 목적", "배울 수 있는 사람", "금후의 조선 기독교", "지식의 입구", "이성 존중"을 읽어 보자.

---

[1]   박승찬,《알수록 재미있는 그리스도교 이야기 1》, 가톨릭출판사, 2016, 52-59쪽.

성서 연구의 목적(1932년 2월, 37호)

1932년 1월 10일 다시 연구회를 개시하는 날

우리의 이 모임은 성서를 연구하는 모임이다. 세상의 소위 '예배 집회'도 아니요, 소위 전도 집회도 아니요, 물론 부흥회도 아니다. 인체의 열이 40도를 지나면 위험한 것처럼 신앙의 열도 그 도를 지나치면 대개는 위험한 일이 많다. 그러므로 우리는 인공적으로 부흥의 열을 가하지 않을 뿐만 아니라, 될 수 있는 대로 냉수를 치면서 냉정한 중에서 성서를 배우려는 것이다. 때로는 배운 바 어학적 지식의(부족한 대로) 전부를 털어 붙이고 전치사 일어(一語)를 논구(論究)하기도 하며, 때로는 아는 바 과학적 지식을(무식한 대로) 총동원하여 창세기 1장을 비판하기도 하면서 풍금도 없고, 찬양대도 없는 데서, 약 두 시간의 강의를 연속한다. 무미건조하기가 모래밥보다 더하다.

그러면 우리는 연구에 연구를 쌓아서 큰 식자(識者)가 되거나, 혹은 유현심원(幽玄深遠)한 오도(悟道)의 경(境)에 달하여 홀로 그 도심(道心)을 농락(弄樂)하려 함인가. 결코 아니다. 물론 성서를 다만 역사나 문학으로 배워도 무익한 일은 아니나, 그것은 차라리 달리 유리한 방편이 있을 것이다. 우리가 성서를 공부하는 것은 사람이 사람다운 생활하기 위하여, 또 그 생활하는 능력을 얻기 위하여서다. 이 목적 이외의 것으로써 성서를 공부한다면, 두 시간 연속 강의는 고사하고, 1년, 2년 혹은 10년, 수십 년을 계속 연구한대도 결국 다대한 소득이 없을 것이요, 이 목적을 확실히 세우고 날마다 살기 위하여 살 힘을 얻기 위하여 성서를 공부한다면, 비록 우리의 어학이 빈약한 것이요, 우리의 지식이 불완전한 것일지라도, 성서에서 얻을 것은 무한부진(不盡)할 것이요, 자타를 유익케 함이 많을 것이다.

우리 중에서 매 주일 함께 공부하던 한 형제는 신앙에 열심이라 하여 성서와 찬송가를 그 부형께 압수당하고 신앙의 포기를 강요당하였다 하니 이런 때에 성서를 펼치면, 성서는 단지 죽은 문자가 아니요, 산 능력으로 육박함을 깨달을 것이다. 세상이 기독교를 용납하는 것은 금주단연과 품행방정으로써 보다 더 안전하고 행복스러운 생활에 이르는 방편으로 보이는 때까지다. 그 이상을 초월할 때는 어제까지 허용하던 부형도 오늘에는 압박을 시작하며, 전 주일까지 찬동하던 교회에서도 오늘부터 핍박하게 된다. 그러나 금주단연과 품행방정한 정도의 것을 얻으려거든 구태여 기독교에 올 필요는 없는 것이요, 번민을 제하고 행복을 추구하려는 소원(所願)으로 성서를 연구하여서는 성서는 언제까지든지 암흑한 책으로 남아 있을 것이다.

마는 환난이 이마에 닿고 기아가 목전에 임하거나, 병상에서 피골이 상접하고 고우(故友)와 동족에게 티끌같이 되었을 때에 성서를 펼쳐 보면, 그 일편 일장과 일절 일구가 다 광명이요, 능력일 것이다. 고로 우리 조선에서 성서를 제일 잘 안 사람은 최근에 주석 책을 많이 읽은 목사들보다도 지금부터 30, 40년 전에 옥중에서 사

형선고를 기다릴 동안 단 성서 한 권만을 번독(翻讀)한 죄수들이었
다. …

우리의 손으로 철봉을 잡고 달리면 10분간을 견디기도 어려우나,
그가 손목을 잡아 주었으니 팔 힘이 없는 자도 달릴 수 있다. 우리의
회개와 결심으로 말미암음도 아니요, 굳센 의지의 작정에 의함도
아니요, 어떤 내적 가치의 발로로 된 일도 아니요, 한갓 하나님 편
에서 미리 아셨고, 정하셨고, 부르셨고, 의롭다 하셨고, 영화롭게
까지 하셨으니, 우리가 그리스도 예수 안에 있는 믿음은 열대지방
의 대편복(大蝙蝠, 박쥐)과 남미 지방의 타수(惰獸, 나무늘보)가 쉴 때
나 잠잘 때나 죽은 뒤에도 나뭇가지에 발톱을 걸기만 하면 그냥 매
달리어 있는 것과 어떠한 지식의 냉수를 뿌리든지 무거운 핍박이
오든지 참말 바울과 함께 "누가 능히 우리를 대적하리요 … 누가 능
히 죄를 정하리요 … 누가 능히 우리를 그리스도의 사랑에서 끊으
리요 환난이나, 곤고나, 핍박이나, 기근이나, 적신이나, 위험이나,
칼이랴"(롬 8:31 이하)고 장담할 수 있고, 비록 우리가 한숨과 눈물의
골짜기를 지날 경우를 피하지 못한다 할지라도, 종국에는 "이 모든
일에 우리를 사랑하시는 이로 말미암아 우리가 이김을 얻고도 더욱
남음이 있느니라"는 확신이 있는 까닭이다.

깊이 확신하기는 "사망이나 생명이나 천사나 권세 잡은 자나, 이제
일이나 장래 일이나, 능력이나 높음이나 깊음이나 창조함을 받은
다른 아무 물건이라도 우리 주 그리스도 예수 안에 있는 하나님의
사랑에서 우리를 능히 끊지 못하리라"는 반거(盤居)하였으므로 아

무런 사변이라도 두려움 없이 정면으로 당하면서 신앙생활에 전진할 수 있다. 승리는 벌써 확연하다. 요한도 이에 응하여, "대개 하나님께로 난 자마다 세상을 이기나니, 세상을 이기는 이김은 곧 우리의 믿음이라"(요한1서 5:4) 하였으며 그리스도께서도 친히 "세상에 있을 때에 너희가 환난을 받으나 안심하라, 내가 세상을 이기었노라"(요한 16:33)고 적게 믿는 무리들을 힘주시었다. 우리가 무미건조한 듯한 성서 연구를 또다시 시작하는 것은 이 승리 생활에 진취(進就)하는 걸음걸이다.

배울 수 있는 사람(1933년 12월, 59호)

'학이시습지불역열호'라는 구는 연소한 때에 들은 까닭인지는 모르나, 실상 기독교의 요한복음 3장 16절보다도 더욱 외우기 쉽고 마음에 합치함을 느끼는 수가 있다. 특히 기독교계의 영능(靈能)이 있다는 신자, 고등(高等) 정도란 것과 정통 신조란 것을 자랑하는 신자를 대할 때마다, 우리는 기독교에서 염증이 생기고 유교를 향하여 무한히 동경하는 마음이 일어남을 깨닫는다.

… 산저담(山猪膽)을 먹은 후에는 다른 약효가 못 난다 하거니와, 신앙적 경화병에 걸린 후에는 백약이 무효다. 저는 청소년 중에서 혹시 발견하는 유물론자와 같이 미숙한 만큼 그만큼 열렬하다. 저의 안중에는 장자(長者)도 없고, 학자(學者)도 없고, 오직 정(正)한 것은 자기뿐이요, 귀(貴)한 것은 자기의 주장이요, 강(强)한 것은 자기

의 기도인 줄로 확신한다. 그러므로 저가 타인의 신앙을 칭량(秤量)할 때는 코로써 웃는다. 저의 눈에는 골리앗이 이스라엘 군대를 향할 때와 같은(사무엘상 17장), 필승을 확신하는 괴광(怪光)이 빛난다. 저는 조선 안에서 가히 허(許)할 만한 기독 신자를 헤아릴 때에 한 손가락 혹은 두 손가락까지 굽힐 수 없음을 한탄하고 앉았다.

이 가공할 신앙병의 만연을 보고 우리는 깊이 반성할 것이다. 비록 천당의 상좌에 오르지 못할지라도 아직 배울 수 있는 인간으로 살고자 한다. 어느 부문의 학술이든지, 어느 교파의 주장에든지 감히 '무용'(無用)을 속단치 말고, 거기서 배우고 얻어서 살과 피를 만드는 자가 되고자 소원이다. 우리가 강습회를 여는 것도 지식을 자랑하고자 하는 것이 아니오, 서로 배우려는 것이다. 성조 지도 또한 오늘도 배우고 내일도 배우려는 자의 도정(道程)의 기록일 것뿐이다. … 원컨대 우리도 한없이 부드럽고 즌허한 마음을 가지고, 배우고 또 배울 수 있는 사람 되고자 한다.

금후의 조선 기독교(1936년 2월, 85호)

… 과거의 조선, 무식 암매한 시대에는 성신의 역사로 오는 길이 확실히 은혜의 길이었으나, 반세기를 경과한 오늘 이후로는 그 길이 반드시 유일의 길이 아닐 뿐인가, 우리는 성신의 역사라는 것을 고의로 경계하여야 할 시대에 처하였다. 1907년의 대부흥이 원산에서 시작하여 평양에 파급하였던 것처럼 근래의 사이비한 성신 역사

(役事)도 원산으로부터 평양에 만연하게 되었다. 성신은 귀하고 중하나 자칫하면 평일의 성도까지 무녀와 같은 '여선지'(女先知)의 무릎 아래 자복(自服)하여 버리니, 이는 성신이라는 미명(美名)의 열만 돋우고 이성의 상궤(常軌)를 억압한 데서 발생하는 일종의 유행성 열병이다. 이따위 열병환자는 홀로 서북 지방뿐이랴. 경성 시 중앙이나 기호, 영남 지방에도 없지 않다. 이제는 이러한 기독교적 무당의 무리를 정리하여야 하며, 성신 열병환자를 퇴치하여야 한다. 과거는 그대로 가하다. 오순절의 성신강림이 없었다면 초대 기독교의 원기를 못 보았을 것이요, 20세기 벽두의 대부흥이 없었다면 반도 영계의 오늘이 없었을 것이요, 사람이 성신으로 인하여 중생(重生)함이 없으면 예수를 주로 믿지 못한다. 그러나 우리는 다대한 위험을 무릅쓰고 외치노니 "금후 50년은 이성의 시대요, 연구의 시대라"고. 식염주사 같은 부흥회로써 열을 구하지 말고 냉수를 끼쳐서 열을 식히면서 학도적 양심을 배양하며, 학문적 근거 위에 신앙을 재건할 시대에 처하였다. 지나간 50년간의 조선 기독교도가 대체로 '성신 타입'이었다면 금후의 그것은 '학구 타입'이 되기를 우리는 기대한다. 그러나 전자가 은혜로 되었던 것처럼 후자도 은혜로 되어야 할 것은 물론이다. 학문과 신앙이 완전히 합금(合金)을 이룬 것이라야 금후에 닥쳐오는 순교의 세대에 능히 견디어 설 것이다.

지식의 입구(1941년 9월, 152호)

어떤 대학 예과 학생과의 대담 단편

지식이라고 하면 반드시 뇌수르 들어가는 줄로만 알고서 소위 '총명'하다는 사람은 무슨 지식에든지 통할 것인 줄 알고 자기가 이해 납득할 수 없는 것은 모조리 진리가 아니라고 속단하려 하나 그것은 너무 조계(早計)이다. 지식은 뇌수로써만 들어가는 것이 아니다. 수족으로도 들어가며, 피부로도 들어가며, 소화기로도 지식이 들어가거니와 특히 심장으로써 들어간다. 그리고 심장을 통과하는 지식이 인생에 가장 중요한 지식인 것 같다. … 고로 지식의 입구는 뇌수뿐만 아니라, 그보다도 더 심장이 그 입구요, 수족이 그 입구요, 고귀하고 용감한 생애가 그 입구요, 죽음에 당면한 때가 그 입구가 된다. 새로운 생리학이다. 귀 있는 자는 들을지어다.

이성 존중(1942년 1월, 156호)

주로 감정에 호소하는 종교는 그 전파가 넓고 속(速)하며, 주로 이성을 깨우려는 종교는 그 전파가 심히 좁고 더디다. 그러나 전자는 옅은 것이 그 특색이요, 후자는 깊은 것이 그 품격이다.

우리의 신앙은 본래 이성에 치우친다는 평을 들었으나 오늘날 교회 안팎에 무당류 같은 성신 내린 무리가 횡행하며 이성의 규범을 이탈한 신사 숙녀의 언설이 더글더글한 때를 당하여 우리는 단일단

(段一段) 이성 존중으로 치우치고자 한다.

기독신자가 되기 전에 우선 이성의 정상과 교양에 힘쓸 것이다. 이성이 왜곡된 데는 신앙도 구원도 없느니라.

2. 이성을 포괄한 신앙

김교신은 당시 한국 개신교의 대세가 감정 위주의 부흥회적 신앙이라고 보고 이를 경계했다. 열광주의적 체험을 중시하며 성서적 증언의 경계를 일탈할 때 기득교적 구당류가 되는 것은 그리 먼 일이 아니기 때문이다. 또한 인격적 변화를 수반하지 않는 감정적 도취는 신앙적 성숙이 아니라 종교적 중독이요 퇴행이기 때문이다. 그런데 한국 개신교의 감성적 열광주의는 그 나름의 역사적 배경이 있었다.

한 교회의 수준은 목회자의 수준을 넘어서지 못한다는 말이 있다. 한국 개신교의 목회자 양성 기준은 이후 역사에 중대한 영향을 남겼다. 최초의 기준이 세워진 것은 1896년 이눌서(William D. Reynolds)가 기초한 〈현지목회자 양성책〉이라고 할 수 있다. 이 문서에 의하면, '교역자의 지적 수준 은 "일반 평신도보다 약간 높게 하고 유학을 금지하고 오히려 신령한 훈련에 역점"을 두는 것이었다.

　잘 알려졌듯 당시 한국 교회 평신도 대다수는 여성과 하층 계급이었다. 이들보다 지적 수준을 약간 높게 하고 해외 유학을 금지하며 '신령'인지 '성령'인지가 분명히 이해되지 않은 당시의 상황에서 '신령한 훈련'에 역점을 두고 목회자를 양성하고자 했던 것이다. 그 결과 한국 개신교의 질적 수준은 현저히 저하되었고, 마침내 3·1운동이 일어난 1919년 이후에는 교회가 사회적 선구자, 계몽적 지도자라는 주도권을 상실하게 되었다. 이광수, 문일평 등은 기독교가 초기의 사회적 변혁력을 잃어버리고 몰이성적 미신 집단이 되었다고 비판하기 이르렀다. 개신교가 건전한 회의와 질문에 정직하게 직면하고 건강한 이성과 소통하고 대화하기보다는, 이성을 억압하고 맹목적인 믿음만을 강조하며 '신령한' 것에 집착한 결과였다.

　1930년대가 되면 감정적 분출과 신령한 체험을 갈구하는 부흥회적 신앙에서 더 나아가 열광적이며 신비적인 종파가 생겨 극단적인 경우에는 강신극(降神劇), 입신극(入神劇)이 연출되기도 했다. 김교신이 신앙과 이성의 조화를 유지함으로써 기독교의 건전성을 회복할 것을 주장하면서, "기독 신자가 되기 전에 우선 이성의 정상과 교양을 힘쓸 것이다. 이성이 왜곡된 데는 신앙도 구원도 없느니라"라고 비판한 것도 이 때문이었다.

　이러한 '이성 배제, 믿음만 강조'는 1934년 '아빙돈 주석 사건'에서 극명하게 드러났다. 한국 개신교는 선교 50주년 기념사업의 하나로 1930년에 미국에서 출판된 성서 주석 *The Abingdon Bible Commen-tary*를 감리교회 목사 유형기(柳瀅基)를 편집책임자로 하여, 당시 한국 교회의 유능한 신학자와 교계 지도자 53명을 동원하여 번역하기로 했다. 이 책은 미국과 유럽의 유수한 성서신학자들이 공동 집필한 것으로, "그 당시 세계적으로 통용되었던 성서 비평학을 사용하여 일반 독자들에게 성서 주석의 현대성을 밝혀 주어 미국 교계에서 크게 환영"받고 있던 책이었다.

그러나 이 책이 번역되어 나오자마자 근본주의 신앙의 토대 위에서 '성서무오설'을 제1신조로 삼고 있던 장로교회에서 부정적인 반응을 보이기 시작했다. 결국 1935년 장로회 제25차 총회에 이 주해서가 제소되었고 정치 문제로 비화되었다. 총회에서는 이 책을 '장로회의 도리(道理)에 불가함'을 말하고 관련자 처벌을 지방 노회에 맡겼다. 노회 중에서도 송창근, 한경직, 채필근, 김재준이 소속되어 있던 평양 노회가 처벌에 가장 적극적이었다. 평양의 원로급 지도자인 길선주는 이 책을 '이단서'로까지 정죄했던 것이다. 이 사건은 한국 교회가 처음으로 성서 해석의 원칙을 놓고 공개적으로 토론한 계기가 된 사건이었으나 결과적으로는 축자영감설을 근간으로 하는 근본주의적 성서관에 배치되는 모든 학문적 성서 연구 방법이 '자유주의 사상'으로 배척된 사건이었다.

오늘의 교회 상황도 크게 다르지 않다. 신앙은 물론 이성을 초월한다. 그러나 이성을 배제하지는 않는다. 신앙은 이성의 끝자락에서 비약하는 것이다. 따라서 신앙은 이성의 계몽을 거치지 않은 맹신이나 미신이 아니다. 그것은 아직 오지 않은 이성의 미래, 와야 할 이성의 미래이다. 신앙은 이성의 퇴행이 아니라 이성의 완성인 것이다. 지금 한국 교회는 이성을 배제한 신앙이 아니라 이성과 대화하고 소통하며 이것을 포괄하는 신비와 거룩을 추구해야 할 때이다.

한국 개신교에 이성의 계몽이 가장 시급한 곳은 '성서 읽기'이다. 왜냐하면 성서는 하나님이 자신을 엿보게 허락하신 창문이라고 할 수 있기 때문이다. 따라서 성서를 제대로 읽느냐 못 읽느냐의 문제는, 촛점이 정확히 맞춰져 기독교를 제대로 비춰 주는 안경이냐 혹은 찌그러지거나 깨어진 안경이냐 하는 문제와 같다고 할 수 있다.

성서는 고대 히브리어와 고대 그리스어로 쓰여진 책이다. 성서 전체가 한국어로 최초로 번역된 때는 1911년이었다. 한국어 성서에 처음부터 번역의 문제가 있다. 또한 성서가 말하고자 하는 '말의 뜻'을 제대로 이해하기 위해서는 해석이 필요하다. 성서는 글자를 읽을 줄 알면 자연스레 이해되는 책이 아니라, '말이 말하고자 하는 바'를 알기 위해 해석이 필요한 책인 것이다.

따라서 고대교회 때부터 성서를 어떻게 해석할 것인지를 두고 많은 신학적 논의가 있었다. 이 문제를 최초로 깊이 천착한 사람은 오리게네스(Origenes, 185-254)이다. 그는 "사실 모태에서부터 고자로 태어난 이들도 있고 사람들 손에 고자가 된 이들도 있으며, 하늘나라 때문에 스스로 고자가 된 이들도 있다 받아들일 수 있는 사람은 받아들여라"(마 19:12)라는 성서 구절을 문자 그대로 이해하여 스스로를 거세하고 말았다. 훗날 그는 이러한 자신의 행동을 대표적인 '주석의 오류'라고 뉘우치면서 성서의 의미는 자구(字句)적, 윤리적, 영적 삼중으로 해석해야 한다는 유명한 '성서의 삼중 의미'라는 주석 원리를 제시했다.[2]

한편 아우구스티누스(Augustinus, 354-430)는 오늘날에도 '해석학에 관한 가장 위대한 책'이라는 평을 받는《기독교 교양》에서 성서 해석을 체계적으로 논했다. 그는 인간의 언어에 감추어져 있는 하나님의 말씀을 드러내려면 성서 해석 작업이 필요하다고 보았다. 그는 이를 위해 먼저 성서 저자의 의도를 파악해야 한다고 말했다. 인간의 언어는 사태 자체를 그대로 전할 수 없고 오직 그 사태를 이해한 저자의 생각을 전하는 수단일 뿐이기 때문이다. 즉 성서의 말씀은 하나님의 빛을 경험하고 그 말씀을 알아들은 사람들의 영적인 생각을 전달한 매개체인 것이다.[3] 따라서 먼저 성서 저자의 의도를 올바로 이해하는 것이 성서 이해의 첫걸음이다.

다음으로 그는 성서가 기록된 역사적 배경 연구가 필요하다고 보았다. 시간적으로뿐만 아니라 공간적으로도 멀리 떨어져 있는 성서 저자와 그것을 읽는 독자인 나 사이의 시공간 간극을 메우

---

2   한국교부학연구회,《내가 사랑한 교부들》, 분도출판사, 2005, 127쪽. 성서 해석의 다양한 층위와 차원에 대한 최근의 저서로는 하비 콕스,《성서를 어떻게 읽을 것인가》, RHK, 2017 참조 가능.

3   양명수,《아우구스티누스 읽기》, 세창미디어, 2023, 135쪽.

려는 노력이 필요하다. 이를 통해 저자가 말하고자 하는 원래의 뜻이 무엇인지를 알게 되기 때문이다. 이 간극은 무엇으로 메울 수 있는가. 다름 아닌 성서에 관한 학문적 성과이다. 학문적 성과가 성서를 저절로 이해하게 하는 것은 아니지만, 적어도 저자와 독자인 나 사이의 간극을 메워 주는 도우미 역할을 하는 것이다.

마지막으로 아우구스티누스는 영원한 진리의 말씀인 성서 텍스트는 저자의 의도를 넘어서 독자를 해석의 주체로 초대한다고 보았다. 여기에서 독자는 저자의 의도에 매이지 않고 말씀이 불러일으킨 생각을 통해 영원한 진리를 자기 시대와 상황에 알맞은 내용으로 받아들일 수 있다. 즉 성서를 읽는 독자는 저자의 의도를 넘어 주체적으로 성서를 이해할 수 있다는 것이다. 그러나 그는 이러한 주체적 해석이 결코 자의적 해석이 되어서는 안 된다고 보았다. 성서의 주체적 해석은 어디까지나 다음과 같은 엄격한 제한의 범위 내에서 이루어져야 한다는 것이다.

우선 문자적 의미의 제한을 전혀 받지 않고 독자 마음대로 해석할 수는 없다. 또한 진리의 보편성을 해치지 않아야 한다는 한계 내에서 이루어져야 한다.[4] 그렇다면 진리의 보편성 기준은 무엇인가. 그는 "하나님 사랑과 이웃 사랑의 이중 사랑을 세우지 못한다면 그는 아직 성서를 이해하지 못한 것이다"라고 말한다.[5] 하

---

[4] 앞의 책, 137-141쪽.

[5] 아우구스티누스, 성염 역,《그리스도교 교양》, 분도출판사, 2011, 1-36, 40쪽.

나님의 사랑에 대한 믿음을 통해 하나님을 사랑하고 이웃을 사랑하게 된다면 그는 성서를 제대로 읽은 것이라는 말이다. 즉 성서 해석에서 가장 중요한 것은 하나님의 살아 있는 말씀을 알고, 하나님 사랑과 이웃 사랑을 실천하며, 그 말씀이 나의 삶 안에서 살아 있게 하는 것이다.

여기에서 아우구스티누스는 성서 해석 방법을 넘어 성서 해석의 목적까지 논하고 있다. 즉 성서를 읽고 그 의미를 탐구하는 것은 지식을 자랑하려는 것이 아니라 삶에서 사랑을 세우려는 것이라는 말이다. 성서를 읽으나 삶이 변하지 않는 성서 읽기라면 무가치하다는 것이다. 김교신 식으로 표현하자면 성서 읽기는 '심장을 통과'해야 하고 '수족'으로 나타나야 한다는 말이다.

오늘날 한국 개신교에 만연한 '축자영감설'적 문자주의자들은 성서 해석의 이러한 오랜 전통과 거리가 멀다. 이들은 성서의 자구(字句) 하나하나가 성령에 의해 쓰여졌고 따라서 무오류이기 때문에, 말씀을 해석하고 푸는 작업을 통해 성서가 말하고자 하는 '속뜻'을 알고자 하는 지성적 해석 활동이 필요 없다고 본다. 또한 그들은 한국어 성서가 번역본이라는 사실도 이해하고자 하지 않는다. 그 결과는 극단적으로 정치화된 개신교 일파에서 나타난 것처럼 성서의 오남용이다.

이하에서는 한국어 성서가 어떻게 탄생하게 되었는지에 대해 성서 성립과 번역의 긴 역사적 경로를 추적해 보고자 한다.

3. 성서 성립과 번역사

1) 구약성서와 번역 과정

성서는 역사의 흐름 속에서 서서히 형성되었다. 오경 혹은 토라라고 불리는 창세기, 출애굽기, 민수기, 레위기, 신명기 다섯 권은 약 450-500년에 걸쳐 형성되었다. 이런 식으로 약 900년 동안 구약이 저술되었다. BC 450년 에스라 시대 때 구약의 오경이 가장 중요한 책으로 정해졌고, BC 2세기가 되어서야 이사야서, 예레미야서 등이 정경으로 확정되었다.[6] 구약성서가 오늘의 모습으로 확정된 것은 AD 90년 유대교 랍비들의 얌니아 회의에서였다.

내용적으로 보면, 다섯 권의 토라가 기본적인 말씀이고, 그 뒤에 오는 예언서는 말씀이 역사 속에서 어떻게 활동하는가에 대

6　木田獻一,《古代イスラエルの五言者たち》, 清水書房, 1999, 15-20.

　신앙의 변증법: 김교신과 한국 개신교

한 기록이라고 할 수 있다. 마지막으로 성문서는, 신자들이 말씀에 대해 일상의 기도 속에서 묵상하며 응답하려는 내용에 대한 기록이라고 할 수 있다. 이러한 구약성서의 형성 과정에는 번역이 개입하고 있었다.

(1) 아람어 번역

첫 번째 번역은 아람어였다. BC 538년, 페르시아 왕 고레스(Cyrus II)는 이스라엘을 유배 생활에서 해방시켜 팔레스타인에 있는 그들의 고향으로 돌아갈 수 있게 해주었다. 아람어는 페르시아 제국의 공식 언어였다. 세월이 지나는 동안 엄청나게 넓은 땅에 걸쳐 나타난(에스더서는 '인도로부터 구스까지'라는 문구로 시작된다) 여러 지역 언어들, 히브리어도 포함되는 그 언어들은 정부 및 상인들의 공식 언어인 아람어에 의해 주변부로 밀려났다. 예수님 시대에 대부분 지역에서 히브리어는 일상 회화에서 더 이상 제구실을 하지 못했고 아람어가 그 자리를 대신했다. 아람어는 바로 예수님과 그의 초기 제자들이 주로 사용했던 언어였다.

히브리어에서 아람어로 넘어가는 과정의 시초는 에스라와 느헤미야 이야기에서 얼핏 볼 수 있다. BC 450년경, 에스라와 느헤미야는 바벨론에서 귀환하여 혼란에 처한 유대인들을 규합하기 위해 페르시아 제국에서 예루살렘으로 돌아왔다. 에스라는 그들의 영적 삶을 개혁했고, 느헤미야는 성벽을 재건함으로써 정치적으로 그들을 하나로 모았다. 에스라는 히브리어로 기록된 모세의 율법 사본을 가지고 왔다. 그런데 문제가 하나 있었다. 자신들의 과거와 단절된 이 사람들은 자신들의 언어와도 단절되었던 것이다. 분명 대다수 사람들이 히브리어를 이해하기는 했지만 더 이상 그들의 일상어는 아니었다. 그들의 선조들이 바벨론으로 유배된 BC 586년 이래 130년의 세월이 흐르는 동안 그들은 페르시아 제국의 만국 공통어인 아람어를 쓰면서 자랐기 때문이다.

다행히 모세의 뿌리와 단절되지 않았던 사제 계급 레위인들은 여전히 히브리어에 능숙했다. 그래서 에스라가 히브리어로 기록된 두루마리를 읽는 동안, 회중 사이에 전략적으로 배치된 열세 명의 레위인들이 "그 뜻을 해석하여 백성에게, 그 낭독하는 것을 다 깨닫게"(느 8:8) 했다. 이스라엘의 백성은 그로부터 400여 년간 아람어를 사용했고 이는 예수님이 예루살렘에서 십자가에 달리시는 시대까지 계속되었다.

현재까지 발견된 최고(最古)의 구약성서 히브리어 사본은 1947년 쿰란 동굴에서 발견된 BC 2세기경의 사해사본이다(에스더서 제외). 이 사본의 구약성서에서 아람어로 기록된 부분은 에스라서 몇 페이지(4:8-6:18 그리고 7:12-26), 다니엘서 절반을 약간 넘는 분량(2:4-7:22), 창세기에서 두 단어(31:47), 시편에서 한 단어(2:12) 그리고 예레미야에서 한 구절(10:11)이다.

신약성서를 보면 예수님과 그의 초기 제자들이 사용했던 언어 가운데 아람어의 흔적은 불과 21개 단어 혹은 문구뿐이다. 그

중 복음서와 바울의 저작에 10개 단어 혹은 문구가 나온다. '라가'(*raca*, 마 5:22), '사탄'(*Satanas*, 마 16:23), '달리다굼'(*Talitha koum*, 막 5:41), '에바다'(*ephpha-tha*, 막 7:34), '파스카'(*pascha*, 유월절, 막 14:1), '아바'(*abba*, 막 14:36; 롬 8:15), '엘리 엘리 라마 사박다니'(*eloi, eloi, lama sabachtha-ni*, 막 15:34), '메시아'(*Messias*, 요 1:41), '랍오니'(*rabboni*, 요 20:16), '마라나타'(*maranatha*, 고전 16:22). 그리고 아람어 지명도 세 곳이 나온다. 가바다, 골고다, 아겔다마(요 19:13, 17; 행 1:19). 마지막으로 아람어 인명이 8개 있다. 게바, 바돌로매, 바디매오, 바나바, 마르다, 도마, 다대오, 바라바. 이것이 전부다.

(2) 그리스어 번역

그로부터 200년 후, 알렉산더 대제(Alexander the Great, BC 336-323)가 페르시아 전역을 정복하고 제국의 모든 사람에게 그리스어를 사용하도록 했다. BC 332년, 이집트를 정복한 알렉산더는 새 도시를 세우고 자신의 이름을 따 '알렉산드리아'(Alexandria)라고 이름 지었다. 불과 두 세대 만에 그리스어를 사용하는 유대인들이 그 도시 거주민의 3분의 1을 차지하면서 예루살렘에 사는 유대인 숫자를 능가하게 되었다. 유대인 인구는 비단 알렉산드리아에서뿐 아니라 그리스 제국 전역에서 계속 배가되었다. 세월이 지날수록 유대인들은 기록된 원래의 성서 언어에서 멀어졌다. 이제 회당에서는 그리스어로 번역된 구약성서가 필요했다.

그리스어 번역 작업은 알렉산드리아 지역이 주도했다. 이와 관련된 역사적 사실을 전설로 정교하게 다듬은 《아리스테아스의 편지》(*The Letter of Aristeas*)에서 번역을 둘러싼 이야기를 들을 수 있다. 당시 이집트의 프톨레마이오스 2세(Ptolemy II)의 왕정 사서인 드미트리우스가 왕에게 알렉산드리아 도서관에 비치할 만한 유대인들의 소중한 책에 대해 보고했다. 그 책들은 특이한 언어여서 번역할 필요가 있다고 판단한 왕은 예루살렘에 있는 제사장에게 편지를 보내 번역가들을 요청했고, 제사장은 열두 지파에서 각각 여섯 장로를 선발했다. 72명의 장로들이 알렉산드리아에 도착했고, 왕은 그들에게 호화로운 만찬을 벌여 대접하면서 어려운 질문으로 그들을 시험했다. 결과적으로 그들은 시험을 통과했고 사흘 후 왕정 사서인 드미트리우스에 의해 알렉산드리아 앞바다의 (등대로 유명한) 파로스(Pharos) 섬으로 보내져 번역 작업을 하게 되었다. 72인의 장로들은 72일 후 작업을 완수했다. 번역본은 이 72인을 어림잡아 70인으로 쳐서 칠십인역(Septuagint, 로마자로는 LXX)으로 불린다. 히브리어 성서보다 그리스어 번역인 칠십인역이 중요한 이유는 구약 성서가 오늘날의 순서로 완결되었다는 점에 있다.[7]

최초의 성서는 양피지나 파피루스를 이어 붙여 두루마리 형태로 만든 것이었다. 두루마리 형태로 만든 구약 46권은 엄청난 분량이었기 때문에 창세기 두루마리, 출애굽기 두루마리 등 각 권

---

[7] 박승찬, 앞의 책, 154-157쪽.

 신앙의 변증법: 김교신과 한국 개신교

마다 두루마리를 별도로 만들었다. 이 방식은 각 권의 내용을 한눈에 볼 수 있다는 장점이 있었다. 그러나 성서에 어떤 책들이 속하며 어떤 순서로 배열되어야 이상적인지는 중요한 문제로 다루어지지 않았다. 그 후 알렉산드리아 도서관을 중심으로 오늘날 일반적으로 읽는 책과 비슷한 형태인 '코덱스'(codex) 제작 방법이 널리 퍼졌다. 이는 양피지나 파피루스로 만든 큰 종이를 접어 실로 꿰맨 것이었다. 하지만 이렇게 한 장 한 장 넘길 때마다 새로운 내용이 나오는 책이 되니 순서가 중요해졌다. 그리하여 성서의 순서가 가장 먼저 확정된 책이 칠십인역이었다.

결과적으로 이 그리스어 번역은 '공식 인증' 성서가 되었다. 바울은 새로 형성된 기독교 공동체에 편지를 쓰면서 성서를 인용할 때 거의 언제나 이 그리스어 번역본을 이용했다. 마가는 자신의 획기적인 복음서를 기획하면서 68회에 걸쳐 구약성서의 내용을 언급하는데, 그중에서 25개가 그리스어 번역본의 거의 정확한 인용이다. 바울과 실라가 베뢰아의 회당에서 몇몇 유대인들과 성경공부를 하면서 '날마다 성경을 상고'했을 때, 그들이 공부한 '성경'은 의심의 여지 없이 칠십인역이었다(행 17:10-12).

한편 AD 90년 로마에 의해 예루살렘이 멸망한 후, 요하난 벤 자카이(Yohanan ben Zakkai)를 중심으로 모인 유대인 랍비들은 기독교인들과 자신들을 구별하기 위해 기독교인들이 사용하던 칠십인역을 버리고, 얌니아라는 도시에 모여 자신들만의 히브리어 성서로 구약성서 정경을 확정했다. 그런데 칠십인역은 그보다 200-

300년 앞선 BC 2-3세기에 형성되었기 때문에 권수에서 차이가 났다. 그리스어 번역본은 있지만 히브리어 원본이 없는 성서가 있었던 것이다. 남아 있는 히브리어 성서는 39권이었지만 여기에 포함되지 않은 그리스어 책들도 성서로 존중받아 왔었다. 오늘날 성서학자들의 견해에 의하면 히브리어 원본이 소실된 것인지 처음부터 그리스어로 쓰인 것인지는 불확실하다고 한다. 가톨릭에서는 칠십인역을 기준으로 하고 이 책들을 정경으로 받아들여 그리스어 역본만 있는 책을 제2경전=외경(Apocrypha)이라고 부른다.[8] 반면 유대인들은 히브리어로 된 39권만을 얌니아 종교회의에서 정경으로 결정하였다. 히브리어로 쓰인 정경은 '팔레스티나 정경'으로, 그리스어로 쓰인 칠십인역은 '알렉산드리아 정경'으로 불렸다.[9]

이후 기독교는 전통을 존중하여 먼저 정경으로 채택된 '알렉산드리아 정경'을 그대로 유지했다. 그러나 1517년에 종교개혁을 시작한 마르틴 루터는 전통에 따라 추가된 것을 별로 좋아하지 않았으므로, '팔레스티나 정경'만을 인정했다.[10] 이렇게 해서 가톨

---

8   구약 외경에는 토빗서, 유딧서, 솔로몬의 지혜서, 집회서, 바룩서, 마카비 전·후서 등이 있다.

9   여기서 확정된 유대인 구약성서는 칠십인역에서 나뉜 사무엘기, 열왕기, 역대기를 각각 하나로 묶었고, 에스라서와 느헤미야서를 '에스라-느헤미야서'로 묶었다. 열두 권의 소예언서도 열두 책이라는 이름으로 하나로 묶었다. 따라서 유대교의 히브리어 구약성서는 24권이 된다(이성덕,《이야기 교회사》, 살림출판사, 2007, 21쪽).

10   루터는 번역 대본으로는 히브리어 정경을 따랐으나 분책이나 배열은 칠십인역을 따랐다.

력과 개신교의 정경에 차이가 생겼다. 가톨릭과 개신교 모두 27권의 신약성서를 인정하지만, 가톨릭의 구약은 그리스어로 된 성서 46권이고, 개신교의 구약은 히브리어로 된 성서 39권이다. 오늘날 로마 가톨릭과 개신교의 구약성서 수가 차이가 나는 이유이다.

2) 신약성서 형성

신약성서 최초의 문서는 AD 51년경에 저술된 바울의 데살로니가전서이다. 최초의 복음서는 AD 70년경의 마가복음서이다. 최후에 저술된 신약성서는 AD 130년경의 베드로후서로 데살로니가전서와 베드로후서 사이에는 적어도 약 80년의 간극이 있다.

신약성서 정경화를 촉진시킨 것은 아이러니하게도 이단 세력들이었다. 대표적인 영지주의 이단인 마르시온(Marcion) 등이 구약은 성서가 아니라고 주장하면서 누가복음과 바울서신 10개만을 정경으로 규정하자 신약성서 정경화 필요성이 대두된 것이다. 이에 367년에 교부 아타나시우스(Athanasius)가 그의 '부활서신'에서 27권을 정경으로 채택할 것을 제안하는 등 신약성서 정경화 움직임이 시작되었다. 이어 AD 397년 카르타고 주교회의에서 오늘날 형태의 27권 정경이 확정되었다.[11] 정경으로 채택된 기준은 ① 사

11   이양호, 《아우구스티누스의 생애와 사상》, 동연, 2024, 33쪽.

도이거나 사도와 관계 있는 자의 기록이라는 '사도성' 원칙 ② 성령의 영감으로 기록되어야 한다는 '영감성' 원칙 ③ 초대교회에서 보편적으로 받아들여진 것이어야 한다는 '보편성' 원칙이었다.[12] 신약성서 27권 가운데 가장 문제가 되었던 것은 요한계시록이었다. 기독교를 박해한 로마 황제를 강력하게 비판한 이 책을 기독교가 국교가 된 상태에서 정경에 채택해도 되느냐를 두고 의견이 분분했기 때문이었다. 그러나 결국 아타나시우스의 주장으로 요한계시록까지 포함해서 총 27권으로 확정된 것이다.[13, 14]

3) 라틴어 성서 불가타(AD 405년)

이렇게 정경이 확정되었지만 젊은 세대들이 그리스어를 잘 모른다는 문제가 있었다. 히브리어를 그리스어로 번역한 것처럼 그리스어를 라틴어로 번역할 필요성이 생겼다. 그런데 그리스어를 좀 안다는 선교사들이 읽으며 필요에 따라 급하게 라틴어로 번역하다 보니 사용된 용어가 매우 조악했고 지나치게 구어체가 되었다. 이렇게 만들어진 라틴어 번역 성서를 고대 라틴어 역본, '베

---

12   이성덕, 앞의 책, 25쪽.

13   위경(Pseudepigrapha=가짜 이름이 붙은 글)은 초기 유대교(BC 250-AD 200)와 초기 기독교 안에서 생겼으며, 하나님의 영감으로 쓰였다고 인정되지 못한 책이다. 신약성서의 위경으로는 AD 2-6세기에 나타난 베드로복음서, 도마복음서, 안드레행전, 라오디게아서, 바울묵시록 등이 있다. 대부분 영지주의의 강한 영향 아래 형성된 책이다.

투스 라티나'(*Vetus Latina*)라고 부른다. 우후죽순 마구 나온 다양한 번역들은 서로 일치되지 않았으며 오역도 많았다.

　제대로 된 번역이 필요했던 그때 혜성같이 등장한 인물이 있었다. 바로 히에로니무스(Eusebius Hieronymus, 제롬, Jerome)였다. 로마 제국의 속주였던 달마티아 스트리돈(지금의 크로아티아)의 귀족 집안에서 태어난 그는 수사학과 라틴어 그리고 고전문학을 전공했다. 히에로니무스는 뛰어난 능력을 인정받아 로마 제국 서쪽에 위치

14　사본학의 발달: 오늘날 신·구약 성서의 원본은 소실되었고 사본만이 전해져 온다. 히브리어 성서 전체를 담은 현전하는 최고 사본은 AD 900년경의 필사본이다. 1948년 쿰란 사본(=사해 사본)의 발굴은 획기적인 발굴이었다. 이 사본은 BC 3세기에서 AD 1세기에 걸쳐 기록된 것으로 추정되기 때문이다. 놀랍게도 이 사본은 칠십인역의 구약성서와 거의 대부분 일치한다. 신약의 경우도 원본이 소실되었으나 19세기부터 대량 발견되어 현재 5,500여 개의 사본이 존재한다. 그리스어 사본뿐만 아니라 2세기에 번역된 이집트의 콥틱어, 시리아어, 에티오피아어, 아르메니아어의 신약성서 사본도 다량 발견되었다. 신약성서의 그리스어 사본은 초기에는 대문자였으나 7-8세기에 소문자화가 정착되어 9세기 이후에는 소문자가 대문자를 대체했다.
이러한 사본의 대량 발견은 사본학의 발달과 더불어 본문 비평학(Text Criticism)의 발달을 가져왔다. 즉 사본을 서로 비교, 평가해서 원문에 가장 가까운 본문을 회복하는 작업을 말한다. 예를 들면 개역개정 성서에서 '사도행전 15장 34절 (없음)'을 들 수 있다. 엄청난 사본의 발견과 본문 비평학 발전으로 오늘날 우리가 보는 신약성서와 거의 같은 본문이 된 것은 19세기에 이르러 독일 학자 티센도르프(Konstantin Von Tischendorf, 1815-1874)에 의해서다. 이후 영국 학자인 웨스트코트(B. F. Westcott, 1825-1901)와 호트(F. J. A. Hort, 1828-1892)에 의하여 더욱 우수한 본문을 지닌 신약성서가 출판되었다. 이어서 네스틀레(Eberhad Nestle, 1851-1913)의 신약성서가 나옴으로써 새로운 '공인된 본문'의 시대가 열리게 되었다. 이 책은 1898년에 1판이 나온 이래 2025년까지 28판이 나왔다. 1950년대부터 알란트(Kurt Aland, 1915-1994)가 책임편집을 맡으면서 '네스틀레-알란트' 판으로 불린다. 이 책은 오늘날 가장 권위 있는 신약성서 본문으로 인정받고 있으며, 세계성서공회 연합회가 출판한 그리스어 신약성서도 '네스틀레-알란트' 신약성서 27판이다. 우리말 번역 성서도 바로 이 그리스어 신약성서를 번역한 것이다. 히브리어 구약성서 본문의 경우는 1967년에 나온 '슈투트가르트 히브리 성서'(Biblia Hebraica Stuttgartensia) 판이 가장 권위가 있다(이성덕, 앞의 책, 30-34쪽).

한 도시 트리어(Trier)의 관리로 있었다. 여기서 그는 니케아 공의회(Councils of Nicaea)에서 아리우스(Arius) 이단을 물리치는 데 중요한 역할을 했던 아타나시우스를 만난다. 아타나시우스는 장래가 촉망되던 히에로니무스를 가르쳤다. 머리가 좋고 언어에 뛰어나 그리스어 공부를 잘했던 히에로니무스는 이때부터 성경도 열심히 공부하게 되었다.

다마소 1세 교황(Damasus I)에게 교회 회의에 참석하라는 부름을 받은 안티오키아의 주교들은 히에로니무스를 대동하였다. 그 자리에서 히에로니무스는 어떤 어려운 신학적인 질문에도 용어에 대한 설명을 덧붙여 정확하게 대답하였다. 교황은 안티오키아의 주교에게 부탁하여 히에로니무스를 자신의 비서로 채용하였고, 히에로니무스에게 베투스 라티나 구약성서 내용을 수정할 것을 명령했다.

히에로니무스는 그의 전 생애에 걸쳐 성서 번역에 몰두하였다. 베들레헴의 예수 탄생 성당 옆에는 작은 동굴 같은 그의 경당이 하나 있다. 여기서 그는 386년부터 404년까지 총 18년 동안 스스로를 가두다시피 하며 성서를 번역하였다. 이렇게 완성한 책이 바로 불가타(*Vulgata*)이다. '불가타'는 널리 사람들에게 읽힐 수 있는 책이라는 의미로, 공식 라틴어 성서이다. 이 성서는 16세기 르네상스에 이르기까지 최고의 성서로 자리매김하며 사람들이 읽는 주된 경전으로 꼽혔다.[15]

4) 유럽 각국의 자국어 성서 번역 과정

존 위클리프(John Wycliffe)는 라틴어 성서를 영어로 번역하면서 종교개혁의 선구자 역할을 하였다. 그러나 위클리프의 번역본은 그리스어 역본이 아니라 라틴어 역본이었기에 원문에 충실한 새로운 번역이 필요했다. 한편 구텐베르크(Johannes Gutenberg) 인쇄술에서 발전된 서양의 인쇄술이 성서 번역과 대중화에 일조했다. 구텐베르크의 금속활자로 다양한 인쇄가 가능해지면서 '지식 시장'(Intellectual Market)이 형성되었기 때문이다. 여기서 가장 많이 읽힌 책은 성서였다. 구텐베르크는 1456년에 약 185권의 성서를 출간했는데 현재까지 '구텐베르크 성서'(Gutenberg Bible)라는 이름으로 40권가량이 남아 있다.

16세기에 종교개혁 정신이 중부 유럽을 휩쓸 무렵, 인문학자 에라스무스(Erasmus)는 그리스어 원문 회복을 시도하여 그리스어 신약성서를 출간(1516)하면서 불가타의 번역 오류를 지적했다.[16] 한편 마르틴 루터의 독일어 성서 번역(1534)은 종교개혁의 또 다른 지적 원동력이 되면서 독일어를 정립하는 역할도 병행했다.[17] 같은 시기, 영국에서는 윌리엄 틴들(William Tyndale)이 불가타와 루터의 독일어 성서를 참고해 최초의 영어 신약성서를 출간하였다

---

15 박승찬, 앞의 책, 163-165쪽.

16 롤런드 베인턴, 이종태 역, 《마르틴 루터》, 생명의말씀사, 2016, 171쪽.

(1525). 교회에 대한 반역으로 치부되어 틴들은 순교했으나 그의 친구들이 신·구약 성서 영어 번역을 완성했다(1535). 이후 1539년 영국 교회의 필요가 생겨 '대성서'(The Great Bible)가 편찬되었다. 대성서는 켄터베리 대주교 토머스 크랜머(Thomas Cranmer)가 주도했으며, 틴들과 그의 친구들이 번역한 성서를 주로 참고했다.[18]

한편 메리 여왕이 영국의 가톨릭 신앙화를 위해 개신교를 탄압하면서 많은 개신교도들이 스위스 제네바로 도피했는데, 그곳에서 활동하던 영국 개신교 학자들은 '제네바 성서'(Geneva Bible)를 출간했다(1560). 이때 영어 성서 최초로 장과 절 구분이 이루어졌다.[19]

메리 여왕의 뒤를 이은 엘리자베스 여왕은 자녀가 없었다. 이에 조카 제임스 1세가 1603년에 왕위에 오른 후, 당대 최고의 성서학자들과 언어학자 47명을 모아 웨스트민스터, 옥스퍼드 대학, 케임브리지 대학에 각각 2팀씩, 총 6팀을 구성하여 성서 번역 작업을 개시했다. 그 결과 1611년 '흠정역 성서'(The King James Bible)가 출간되었다. 세련된 번역과 17세기 표준 영어 사용으로 이 성서는 폭

---

17   루터는 구약의 외경을 구약과 신약 사이에 부록으로 삽입했다. 서문에서는 "외경은 경전과 동등하지는 않으나 읽으면 유익한 책"이라고 언급했다. 이후 개신교는 외경과 점점 거리를 두게 되었고 급기야 1647년 웨스트민스터 신학자 총회에서 외경은 영감으로 쓰여진 책으로 인정될 수 없다고 선언했다(이성덕, 앞의 책, 27쪽). 현재 외경을 사용하는 개신교회는 영국성공회가 유일하다. 1977년 우리나라의 가톨릭과 개신교가 공동 번역한 공동번역 성서에는 가톨릭 신자를 위해 외경이 들어가 있다.

18   김상근,《세계사의 흐름을 바꾼 기독교의 역사》, 평단, 2008, 175-182쪽.

19   오늘과 같은 장, 절로 구분해 성서를 인쇄본으로 출판한 가장 오래된 책은 스테파누스 (Stephanus 또는 Robert Estiene)의 그리스어 성서 제4판(1551)이다(이성덕, 앞의 책, 33쪽).

발적 인기를 끌었다. 그뿐만 아니라 흠정역 성서는 성서 번역 과정을 통해 전 세계 기독교에 영향을 미쳤다. 영국성서공회나 미국성서공회의 미전도 종족 성서 번역에도 흠정역 성서가 우선적으로 참고되었기 때문이다.

[성서 번역 및 출간 연표]

연도	이름	번역/출간자
B.C. 285	칠십인역(Septuagint, LXX)	
A.D. 405	불가타(*Vulgata*)	히에로니무스(제롬)
1300년대(추정)	신약성서 영어 번역	즌 위클리프
1456	구텐베르크 성서(Gutenberg Bible)	구텐베르크
1516	그리스어 원본을 복구한 그리스어 신약성서	에라스무스
1534	최초의 독일어 성서	마르틴 루터
1525	최초의 영어 신약성서	윌리엄 틴들
1535	최초의 영어 신·구약 성서	틴들의 친구들
1539	대성서(The Great Bible)	토머스 크랜머
1560	제네바 성서(Geneva Bible)	제네바로 도피한 영국 개신교 학자들
1568	주교 성서(The Bishop's Bible)	엘리자베스 1세
1611	흠정역 성서(The King James Bible)	제임스 2세

5) 고고학적 발굴에 의한 성서 이해[20]

이후 흠정역 성서는 사본학이 발달하면서 일련의 개정 작업을 거쳤다. 그러나 개정 작업들은 정확한 텍스트를 제공해 주기는 했지만, 성서의 언어와 우리가 일상생활에서 사용하는 언어 사이의 간극을 해소해 주지는 못했다. 그러던 중 1897년과 1923년에 성서 이해에 새로운 지평을 열어 준 고고학적 발견이 있었다. 이집트 옥시린쿠스(Oxyrhynchus) 마을과 시리아 고대 왕국인 우가리트 (Ugarit) 발굴이었다.

(1) 옥시린쿠스(Oxyrhynchus, 1897)[21]

카이로에서 남쪽으로 250킬로미터 정도 떨어진 나일 강변에 옥시린쿠스가 있다. 이 마을에는 자랑할 만한 성전도, 피라미드 무덤도 없고 볼 만한 것이라고는 하나도 없이 쓰레기장이 하나 있을 뿐이었다. 그런데 1897년 이 마을 쓰레기장에서 영국인 버나드 그렌펠(Benard Grenfell)과 아서 헌트(Arthur Hunt)가 버려진 종이쪽지 몇 개를 발굴했다. 파피루스 종이에는 헬라어가 적혀 있었다. 쪽지에 적힌 단어를 읽는 순간 그들은 엄청난 발견을 했다는 것을 알았다. 미국의 루터파 사전 편찬자인 윌리엄 아른트(William Arndt)와 윌프레드 깅그리치(Wilfred Gingrich)는 이 발굴에 대해 성서 연구의 '신기원을 연 사건'(Epoch-making)이라고 평가했다.[22] 왜 그럴까?

---

20   이 부분은 유진 피터슨, 양혜원 역, 《이 책을 먹으라》, IVP, 2006, 241-281쪽에 빚진 바가 크다.

21   《聖書考古學大事典》, 講談社, 1984, オキシリンクス項 참조.

22   Frederick William Danker, *A Greek-English Lexicon of the New Testament and Other Early Christian Literature*, third English ed., University of Chicago Press, 2001, 5.

예수님이 베들레헴에서 태어나신 시기에는 이미 헬라어가 고전어로 자리를 잡고 있었다. 인상적인 문학 저술군을 형성한 호메로스와 크세노폰, 플라톤과 아리스토텔레스, 위대한 서사시 등의 저술들이 차곡차곡 쌓여 최소한 1천 년의 역사가 되었다. 이 헬라어는 우아하고 유연해서 매우 섬세한 표현이 가능했다.

이 헬라어의 발전 역사를 추적해 보자. BC 500년경에는 아테네 방언, 즉 아티카 헬라어가 그 지역을 지배하는 헬라어로 부상하여 그리스 본토의 여러 방언을 흡수해 버렸다. 이 언어가 공통 방언, 특히 사업과 군사 원정에서 의사 소통의 공통 도구가 되어 버린 것이다. 또한 고전 시대(BC 500-323)의 문학 언어로서 대단한 지위를 획득한 것도 이 아티카 헬라어였다. 그러나 알렉산더의 군사적·문화적 정복기에 헬라어가 공통어로 정착되자 아티카 헬라어는 그 지위를 상당 부분 상실했다. 군사, 상업, 외교 등 국제 용도에 맞게 적응해 가면서 이 헬라어의 유래라고 할 아티카 고전문학에 보존된 헬라어와 그것이 대중적으로 정착한 언어 사이의 간극은 상당히 벌어졌다. 아테네의 아티카 방언은 이렇게 헬레니즘 시대 그리고 신약성서 시대의 '코이네'(koine) 헬라어 혹은 '일상'(common) 헬라어, 즉 우리가 일반적으로 일컫는 언어로 정착되었다. 반면에 철학자와 시인, 극작가 그리고 역사가들은 계속해서 고전 헬라어, 즉 '바른'(proper) 헬라어로 글을 썼다. 그들은 비문학적 용도에만 적합한 일상(코이네) 언어는 반드시 피해야 한다고 배웠다.

그 결과 예수님 시대 그리고 기독교회가 형성된 시대 이전의

300년 동안 헬라어는 두 등급으로 나뉜다. 과거 위대한 작가들이 대변하는 고전 헬라어와 모든 일상과 관련해 제국 전역에서 사용되던 일상 헬라어로 말이다. 만일 역사나 철학이나 시를 쓰고자 한다면 고전 헬라어를 사용해야 했다. 그러나 이웃과 대화하거나 시장에서 장을 볼 때는 코이네 헬라어, 즉 일상 언어를 사용했을 것이다. 만약 당시에 일상 대화를 글로 서술했다면 이 비문학적 글은 휴지통에 던져져 쓰레기장으로 가게 되어 있었다. 고전 헬라어로 기록된 것만이 살아남았다. 도서관과 정부 문서보관소 혹은 기념비와 공식 비문에 정착한 글, 즉 전문 작가들, '진짜' 작가들이 쓴 글만 살아남은 것이다.

한편 우리가 가진 신약성서를 구성하는 문서들이 수집되고 정경이 되었고, 로마 제국이 그 범위와 영향력을 확장해 가면서 이 텍스트는 라틴어로 번역되었다. 당연히 번역가들은 바울과 마가의 헬라어가 자신들이 학교에서 배운 고전 헬라어와는 상당히 다르다는 것을 눈치챘다. 신약성서의 헬라어는 교양 있는 사람들에게는 너무나 상스럽게 들려서 초기 교회는 그것을 어떤 식으로든 변호할 수밖에 없었다. 여러 세기에 걸쳐 번역이 이루어지면서, 고전 헬라어와 비교할 때 괴상해 보이는 신약성서 헬라어를 설명하기 위해 두 이론이 부상했다.

하나는, 신약성서의 헬라어가 히브리어 텍스트를 번역했음이 분명하다는 것이다. 이들이 '히브리주의자'(Hebraist)이다. 그들은 신약성서의 헬라어가 고전 헬라어답지 않은 이유는 그 이면에 있는 히브리어 원문 때문이라고 주장했다. 한편 '순결주의자'(purist)라고 불리는 다른 사람들은 신약성서의 헬라어는 하나님의 계시라는 목적에 맞게 성령께서 만들어 내신 특별한 언어일 것이라고 추측했다.

헬라어 신약성서에는 약 5천 단어가 사용된다. 그중 약 500개가 신약성서에만 나오는 단어로 여겨진다. 이는 당시까지 남아 있던 어떤 고전 헬라 문학에도 등장하지 않는 단어들이기 때문이다. 이 언어, 즉 '성서 헬라어'는 성서에만 나오는 것으로서 일상적 용도로 인해 조금도 더럽혀지지 않은 언어라고 그들은 주장했다. 독일의 신학자 리처드 로테(Richard Rothe)는 그것을 '성령 언어'로 부르기까지 했다.

그러던 중 1897년 4월, 버나드 그렌펠과 아서 헌트가 종이쪽지를 몇 개 발견한 것이다. 두 사람은 이 쪽지에서 고대 알렉산드리아의 진흙탕 길, 복잡한 시장, 시끌시끌한 운동장 생활이 어떠했을지 짜맞출 수 있었다. 또한 그들은 그 종이에 적힌 많은 단어들이 신약성서에만 고유한 것으로 여겨졌던 500여 개의 '성령 언어'에 속한다는 것을 알았다. 그들은 이 평범한 파피루스 조각들에 적힌 글들을 계속 해독하고 읽어 나가면서 그 500개 단어를 거의 모두 해독할 수 있었다.

그 단어들은 유언, 공식 보고서, 사업상 집을 떠나 있는 남편들이 아내에게 보낸 편지들, 군인이 된 아들이 부모에게 쓴 편지, 집을 떠나 있는 자녀들에게 아버지가 훈계하는 편지, 청원서, 계산서, 쇼핑 목록, 청구서와 영수증 등 결코 책으로 묶여 도서관 목록에 실리지 않을 글들에 사용된 것이었다. 자신의 역할만 다하면 그냥 버려지는 그런 글들이었다. 따라서 후대에 성서를 가지고 작업하는 학자들과 번역가들은 그러한 언어가 있는지조차 몰랐던 것이다. 이러한 격식 없는 '비문학적' 글들, 즉 '성령의 단어들'은 그때까지 옥시린쿠스 쓰레기장에 묻혀 이집트 모래 밑에 보존되어 있었던 것이다. 모두 일상의 거리에서 쓰는 표현들이었다.

신약성서가 학자, 역사가, 철학자, 신학자들의 교양 있고 세련된 언어가 아니라, 어부와 매춘부, 가정주부와 목수들의 일상 언어로 쓰였다는 사실은 놀라운 일이었다. 물론 신약성서가 모두 그런 것은 아니다. 히브리서나 베드로전서 등 진정한 문학 작품부터 평범한 사람들의 일상적 대화까지 신약성서 내에서도 문체 차이는 큰 편이다. 바울의 글은 대략 그 중간 정도에 있다고 할 수 있겠다. 그러나 신약성서를 기록한 이들은 자신이 문학적인 글을 쓰고 있다는 생각을 거의 하지 않았다. 우리가 충분히 예상할 수 있듯 성령께서는 완전히 대중적인 언어로 말씀하셨던 것이다. 하나님의 계시를 우리에게 증언하는 사람들이라면 당연히 우리에게 가장 편한 일상 언어를 사용하지 않겠는가. 대표적으로 두 예를 들어 보겠다.

① 에피우시온

주기도문에 나오는 형용사 가운데 하나는 흔히 '일용할'(epiousion, 마 6:11; 눅 11:3)로 번역되는데 이 단어는 고전 헬라어에 용례가 없는 대표적인 '성령 언어'였다. 마태복음과 누가복음을 읽는 대다수 독자들은 '에피우시온'(ἐπιούσιον)의 정확한 의미를 알지 못한다 하더라도 있는 그대로의 의미로 읽는다. 즉 '일용할 양식', '그날의 양식', '충분히 먹을 양식'으로 읽는다. 그러나 교부 오리게네스 이후 상당수 사람들, 대체로 성서학자들과 신학자들은 이 단어를 무엇인가 대단히 '영적인' 양식으로 읽고자 했다. 오리게네스 시대로부터 1,700년이 흐른 후 베른 대학의 교수였던 알베르트 데브루너(Albert Debrunner)는 자신의 서재에서 옥시린쿠스의 휴지 조각들을 살펴보다가 바로 그 단어, '에피우시온'을 고대 가계부에서 발견했다. 가계부에는 병아리콩과 짚 등이 장바구니 목록으로 기록되어 있었다.[23]

어쩌면 예수님이 갈릴리의 어느 언덕에서 제자들에게 일용할 양식을 위해 기도하라고 가르치시던 바로 그때, 이집트에서는 어느 어머니가 자신의 십 대 아들을 시장에 보내면서 구입 물품 목록을 적어 주었는지도 모른다. 빵은 반드시 신선한, 오늘 나온 빵으로 사야 한다고 강조하면서 말이다. "빵집에 가서 곰팡내 나는 하루 묵은 빵을 사지 말고, 반드시 신선한(epiousion) 빵인지 확인하거라!" 즉 '일용할'이라는 주기도문의 형용사는 고급 문학 언어가

---

23   Werner Foerster in *Theological Dictionary of the New Testament*, ed. G Kittel, Trans, G. W. Bromiley, Eerdmans, 1964, vol 2, 591.

아니라 평범한 일상생활에서 쓰이는 언어였던 것이다.

한스 디터 베츠(Hans Dieter Betz)는 산상수훈에 대해 쓴 권위 있는 주석에서, 예수님이 우리에게 구하며 기도하라고 명령하신 양식을 영화시키려는 모든 시도를 포괄적으로 검토하고 난 후, 거기에 동의할 수 없음을 밝힌다. 오리게네스와 그의 여러 제자들의 권위에도 불구하고 말이다. 그의 결론은 이렇다. "예수님이 단순히 '영적'인 양식이 아니라 실제 양식을 언급하신다는 데에는 아무런 의심의 여지가 없다."[24]

② 목자의 으뜸이신(벧전 5:4, 아르키포이멘)

예수님은 베드로전서 거의 말미에서 우리 영혼의 '목자의 으뜸이신'(벧전 5:4)으로 언급되신다. '목자의 으뜸이신'이라는 단어는 세속적 용법으로는 전혀 알려진 바가 없는 그 500개 '성령 언어' 중 하나이다. 마치 베드로가 예수님을 위해서 특별히 조합한 단어처럼 보인다. 요한복음에서 예수님이 스스로를 선한 목자(요 10:11)라고 언급하셨으니 베드로가 '선한'을 그보다 더 높은 차원인 '으뜸'으로 격상시켰다고 볼 수 있었다.

그러나 이 단어도 이집트 쓰레기장에서 발견되었다. 이번에는 종이쪽지가 아니라 미라의 목에 걸린 가느다란 나뭇가지에 적혀 있었는데 그것은 일종의 인식표로서 시신의 신원을 밝혀 준다.

---

24   Hans Dieter Betz, *The sermon on the Mount*, Fortress, 1955, 399.

그 표에는 문법 오류가 있었고, 그는 교육을 별로 받지 못한 누군가가 서둘러 기록했다는 증거였다. 그리고 그것이 쓰레기장에서 발견되었다는 것은 죽은 자의 가족과 친구들이 제대로 매장을 시켜 줄 만한 경제적 여유가 없었다는 증거였다. 망자는 피라미드 무덤의 주인처럼 부자가 아니라, 두세 명의 목자들을 감독하는 농부, 즉 '아르키포이멘'(ἀρχιποίμην)이었다. 오늘날이면 조감독, 혹은 잘해야 십장(什長) 정도로 부를 만한 사람이었다. 예수님을 평범한 무리들보다 높이는 것과는 반대로, 베드로는 예수님을 노동자 계급의 농부들 그리고 값싼 장례를 치르는 그러한 세계에 속한 사람으로 위치 지었던 것이다. 예수님이 '가난한 자 중의 가난한 자'들을 옹호하시고 멸시당하고 연약한 사람들과 자신을 동일시하셨다는 사실을 생각한다면, 베드로의 단어 선택은 탁월했던 것이다. 옥시린쿠스와 다른 이집트 현장에서 발굴된 것들은 우리가 가진 신약성서의 언어가 길거리의 일상 언어라는 사실을 입증하는 반박할 수 없는 증거였다.

(2) 우가리트(Ugarit, 1923)[25]

우가리트 발굴은 구약성서의 신앙이 형성된 문화를 이해할 때 커다란 도움이 되었다. 가나안 문화는 뛰어난 문화였다. 하나님

25　　《聖書考古學大事典》, ウガリト項 참조.

이 이스라엘을 이끌고 가신 약속의 땅은 '젖과 꿀이 흐르는 땅'으로 잘 알려진 곳이었다. 그러나 그곳은 또한 우가리트의 증거들이 보여 주는 것처럼 폭력과 섹스와 주술이 흐르는 땅이었다.

1923년, 시리아에서 밭을 갈던 농부가 무덤을 하나 발견했다. 알고 보니 그 무덤은 빙산의 일각에 불과했는데, 그 '빙산'은 3천 년 동안 시리아의 모래 밑에 묻혀 있던 고대 우가리트 왕국이었다. 프랑스 고고학팀은 구운 점토판 수천 점을 1-2년 사이에 거두어들였다. 거기에는 알 수 없는 설형문자 알파벳과 언어가 새겨져 있었다. 그 글자와 언어는 해독되었고, 성서 히브리어와 매우 흡사한 것으로 드러났다. 점토판들은 히브리인들이 이집트에서 오랜 노예 생활을 끝내고 가나안에 도착했을 때 맞닥뜨렸던 가나안 문화에 대해 자세히 설명해 주고 있었다.

당시 이스라엘은 형성 중인 민족이었다. 여러 근본적인 측면에서 그들은 가나안 문화와 정치에 '들어맞지' 않았다. 가나안은 도시 국가로 이루어졌고 각 도시 국가마다 왕이 있었다. 반면에 이스라엘은 지파들로 느슨하게 조직되었고, 각 지파는 자기 나름의 전통과 정체성을 가지고 있었다. 필요할 때면 사사가 등장해서 백성들이 처한 위기를 해결해 주었다. 느슨하게 조직되어 있었기에 그들은 아주 잘 지내지는 못했다. 그들은 하나님 백성으로서 형성되어 가는 태아 단계였다. 그런데 이제 가나안과 가나안 문화가 그들의 집이 되었고 앞으로 몇백 년 동안 그럴 참이었다.

지난 200년 동안 고고학적 발굴은 메소포타미아와 이집트의 언어와 종교 그리고 정치에 대해 밝혀내었고, 학자들은 성서의 이야기가 형성된 세계에 대해 상당히 많은 것을 알아냈다. 히브리인들의 기원이 어디인지 알게 되었고, 그들 주변의 문화에 대해서도 상당히 많이 알게 되었다. 그러나 그들이 하나님 백성으로 형성되어 가던 중 함께 부대끼며 살았던 가나안 사람들에 대해서는 별로 아는 바가 없었다. 우가리트는 바로 그러한 정보를 제공해 주었다. 이스라엘이 어떻게 가나안 문화 '속에 있되 거기에 속하지 않으면서' 살아남아 자신들의 정체성을 지킬 수 있었는지 더 잘 이해하게 된 것이다.

우가리트 발굴에서 성서 번역과 관련하여 특별히 관심을 끄는 부분은 두 가지다. 하나는 이스라엘이 가나안의 언어와 문화에 제압당하지 않으면서 그것을 공유했다는 것이다. 또 하나는 그들이 가나안과 비슷한 문학 형식을 사용하기는 했지만 그 내용이 근본적으로 달랐다는 것이다. 이스라엘은 신들에 대해 화려한 신화를 만들어 낸 가나안 사람들과 달리 자기 조상들의 가족 이야기를 성실하게 기록했다. 예를 들어 신을 일컫는 가나안의 일반적 용어인 '엘'(El)을 히브리인들도 자유롭게 사용했다. 히브리인들은 위대한 시인들이었다. 설형문자가 새겨진 점토판이 점차 번역되면서, 히브리인들이 가진 시적 기교는 상당 부분 자기 이웃인 가나안 사람들에게서 배운 것이라는 사실이 분명해졌다. 그러나 그들은 필요한 경우 그 문화를 거부할 줄도 알았다. 이러한 사실은 많은 신들을 찬양하는 문화 속에서도 이스라엘이 지독하게 한 하나님께만 충성했다는 점을 생각해 보면 분명해진다. 이 하나님은 구약성서 곳곳에 '질투하시는' 하나님으로 묘사되고 있다. "너를 위하여 새긴 우상을 만들지 말고"(출 20:4)라는 금지는 그 세계에서 정말 유일무이했다. 고대 중동 어느 곳에도 그러한 문화는 결코 없었다.

가나안 사람들은 신의 형상물을 찍어 내는 공장을 운영한다고 할 정도였지만, 이스라엘 도시의 그 어느 파편 더미에서도 아직까지 남성 신상이 발견된 곳은 없다. 반면에 작은 어머니 신상들은 모든 이스라엘 집의 발굴 현장에서 많이 발견된다. 중요한 것은, 여신들에게 흠뻑 빠져 있던 문화 속에서도 히브리인들에게는 '여신'을 일컫는 단어가 없었다는 것이다.

게다가 모든 주술적 행위에 분명하게 선이 그어져 있었다. 가나안에는 남신과 여신을 조종하여 선의를 베풀게 만들도록 고안된 기술, 즉 주술이 정말 많았다. 이스라엘은 주술적인 종교 기술을 완강하게 거부했다. 하나님이 우리를 섬기기 위해서 계신 것이 아니라 우리가 하나님을 섬기기 위해서 있기 때문이었다.

또한 가나안의 종교 신화는 모두 신들과 그들의 모험과 관련된다. 거기에 동참하기를 원하는 사람은 주술적 조작, 즉 비인격적이고 비관계적이며 탐욕적인 종교 기술을 이용했다. 가나안 이웃들이 멀리 북쪽 어딘가에 있는 자신들의 하늘 신과 천둥 신 그리고 풍요의 신과 여신들의 신화를 정성 들여 만들고 있을 때, 이스라엘 사람들은 지금 자신들이 사는 그 땅에서 살았던, 이름을 아는 선조들의 이야기, 즉 일상에서 임재하시며 인격적이셨던 하나님의 말씀을 듣고 그 하나님을 이해했던 선조들 이야기를 들려주고 있었다. 그들은 전설 속 신화의 세계가 아니라 구체적인 지역에서 조상 대대로 내려오는 역사를 가지고 하나님을 대하는 법을 배웠다. 그들의 이야기는 자기 부모와 조부모의 가족사 속에 뿌리를 내리고 있었다. 자연스럽게 그들도 거기에 포함된 존재였다.

신화는 상상의 세계를 지어내어 신들을 가시화하고, 그들을 무대에 세워서 활동하는 것을 보고, 그다음에는 주술적 의식과 주문을 이용해서 그들이 인간을 위해 일하도록 조종하려는 방법이다. 그것은 전부 다 공개된 것이며 거기에는 신비가 없다. 인격적 관계도 없다. 신들은 우리에게 아무런 관심이 없다. 우리가 취할 수 있는 유일한 길은 어떻게든 그들을 매수하거나 조종하는 것이다. 인간은 남신과 여신의 이름들을 알지도 모르나 신들은 인간의 이름을 모른다.

바알은 가나안 신화 중에서도 최고로 화려한 신이며 가장 많은 주목을 받는다. 바알의 행위가 보여 주는 대부분 특징은 피와 난동이다. 어떤 일화에서 바알은 자신과 경쟁하는 두 신인 바다의 신(얌, Yamm), 강의 신(나하르, Nahar)과 싸움을 벌인다. 물건을 만들어 내는 공예의 신(코타르, Kothar)이 바알을 돕기 위해서 그에게 추적자(야그루스, Yagrush)와 운전자(아야무트, Ayamu-)라는 두 마술 곤봉을 가져다준다. 그러나 추적자는 싸움에서 별 활약을 하지 못한다. 바다와 강이 많이 얻어 맞지만 완전히 쓰러지지는 않는 것이다. 그러자 바알은 두 번째 곤봉인 운전자를 쥐어든다. 그제야 주술이 작동하고 경쟁자들은 정복당한다. 바알이 막 그들을 해치우려는 순간 어머니 여신인 아세라(바알의 어머니 혹은 할머니)가 나서서 그를 제지한다. "도대체 무슨 짓이냐? 너에게는 신들을 죽일 권한이 없어! 그렇게도 생각이 없니?"

이 신들은 마치 쉬는 시간에 운동장에 나와서 마구 치고받는 학생들 같다. 그러다 보면 교장, 즉 엄격하고 억센 여성이 나와서 난동을 제지하고 학생들의 귀를 잡아끌어 교장실로 데리고 가는 것이다. 그와 쌍을 이루는 또 다른 신화는 바알의 아내인 아나트(Anath) 이야기를 다루고 있다. 여기에서는 아나트가 바알의 큰 경쟁자인 죽음의 신(모트, Mot)의 심복들에게 광적인 복수를 벌인다.

이와 같은 환경에서 같은 문화와 언어를 공유하면서도 히브리인들은 '이야기'를 말하고 있었다. 이야기는 신화와는 거리가 먼 내러티브 형식이다. 오직 인간만이 역사를 만드는데 히브리인들의 모든 역사는 지역에 근거한 가족사였다. 아브라함이 천사를 대접하는 이야기 등에서 볼 수 있듯, 이스라엘이 하나님에 대해서 이야기를 말하는 방식은 하나님이라는 존재에 대해서 글을 쓰는 것이 아니라, 시간과 공간에 위치한 실제 남녀들 사이에 임재하시는 하나님의 모습을 쓰는 것이었다. 평범한 일상생활 속에서 이러한 인격성, 구체성, 지역성을 가지고 하나님과 인간의 만남 가운데 역사를 이루어 가는 아브라함의 가족사, 다윗 이야기 등의 이야기들은 그 외에도 많이 있다. 이 이야기들은 우가리트 신화와 현격한 대조를 이룬다. 이러한 구약성서 이야기들의 인격성, 구체성, 지역

성은 그야말로 성령의 도움으로 이후 유럽 각국에서 일어나는 성서의 모국어 번역에서 견지되었다.

성서를 영어로 옮긴 초기 번역가들 중 가장 위대한 인물이었던 윌리엄 틴데일은 옥시린쿠스의 파피루스 종이 혹은 우가리트의 점토판이 발견되기 오래전에, '쟁기질을 하는 소년'도 성서를 읽을 수 있도록 번역해야 한다고 말했다. 그는 성서의 독특함은 특별한 '성령의 언어'로 기록되었기 때문이 아니라, 인격성, 구체성, 지역성을 띤 일상의 이야기를 일상의 구어체로 기록했기 때문이라고 했다. 무엇인가를 전할 내용도 중요하지만 그 내용을 전하는 형식도 그에 못지않게 중요하다. 성서는 내용과 그것을 전하는 문체가 일치했던 것이다.

틴데일과 동시대인인 마르틴 루터 역시 성서 텍스트를 번역할 때는 "반드시 나가서 가정에 있는 어머니, 거리에 있는 아이들, 시장에 있는 평범한 남자에게 물어야 한다. 그들이 말할 때 움직이는 입을 보고 그대로 번역하라. 그러면 그들은 당신을 이해하고, 당신이 그들에게 독일어로 말하고 있다는 것을 깨달을 것이다"라고 강력하게 주장했다. 성서를 독일어로 옮긴 루터의 힘은 도서관에서 한 작업만큼이나 길거리에서 배운 것들을 통해 나온 것이기도 했다. 루터는 모세의 율법에 나오는 희생 의식을 이해하기 위해 양의 내장을 연구하려고 동네 정육점 주인이 양을 도축하는 모습을 지켜보기도 했다.[26]

우가리트와 옥시린쿠스의 발견은 일상의 세계와 일상의 언어를 드러냄으로써 성서 독자들을 그들 자신의 일상으로 돌려보냈다. 그것은 성서를 인격적·관계적으로 읽지 못하게 방해하는 거대한 바리케이드를 제거하는 효과를 가져왔다. 그 바리케이드란 성서가 구별된 언어, 신성한 장소와 의식으로부터 나오는 종교적 언어로 쓰였다는 허구이다. 따라서 옥시린쿠스와 우가리트 발굴의 가장 큰 효과는 성서의 언어를 인격적이며 구체적인 일상을 떠난 세계의 것으로 '신령화'시키려는 유혹의 제거이다. 성서에서 말하는 구원은 창조 세계, 즉 일상을 배제하고 탈출하는 것이 아니라 그 안에 침투해 그것을 완성시키는 것임을 분명히 한 것이다.

6) 한국어 성서

1887년, 만주 지역에서 활동한 스코틀랜드 출신의 존 로스(John Ross)에 의해 최초의 한국어 신약성서 '예수 성교전서'가 출간되었다. 하지만 북부 지방 사투리가 너무 많아 서울과 남부 지방에서 이해되기 어렵다는 문제점이 있었다.[27] 또한 요한복음 8장의 간음한 여인 이야기도 없었다. 이후 1891년 로스는 국한문 병용으로 개정본을 출간했다. 이 판본에는 요한복음 8장의 간음한 여인 이

---

26   롤런드 베인턴, 앞의 책, 452쪽.

27   박형신, "로스역본 논쟁에 관한 연구", 〈장신논단〉 49-2(2017) 참조.

야기가 삽입되어 있었다.

간음한 여인 이야기는 요한복음과 상관없이 초대교회에서 낱장으로 널리 읽혔다. 즉 그리스어 신약성서 사본에는 이 본문이 없었다. 그럼에도 암브로시우스나 아우구스티누스도 이 본문을 잘 알고 있었으며 틀림없이 예수님의 말씀이라고 믿고 있었다. 아우구스티누스는 엄격한 성 윤리를 강조하던 초대 기독교 공동체에서 이 부분이 문제가 되어, 원래는 있었으나 그리스어 필사본에서 삭제되었을 것이라고 생각했다. 그러나 현대 성서학자들 가운데에는 이 본문의 문체가 요한보다는 누가의 문체와 비슷하여 요한복음에 처음부터 없었을 것이라고 보는 사람도 있다. 어쨌든 이 본문이 초대교회에서 예수님의 말씀으로 널리 읽혀지고 있었음은 분명했다. 낱장으로 돌아다니던 '간음한 여인' 이야기를 히에로니무스가 불가타를 만들 때 오늘날 위치에 이 본문을 삽입했다. 그리고 이 본문은 '트리엔트 공의회'(Council of Trient)에서 요한복음 본문으로 확정되어 오늘날까지 이르고 있다.

그렇다면 로스는 왜 이 본문을 삭제했다가 다시 삽입했을까? 그 이유는 두 가지였다. 그는 한국 천주교가 남녀 7세 이후부터는 함께 자리하지 않는다는 유교적 관습을 어기고 한자리에 모여 미사를 진행함으로써 음란사교(淫亂邪敎)라고 박해를 받은 사실을 알고 있었다. 따라서 유교적 성 윤리에 저촉되는 이 분문이 자칫 개신교 박해를 초래할까 우려하여 제외한 것이다. 또한 그 자신이 뛰어난 사본학자였기 때문에 초기 사본에는 이 부분이 누락되었다는 사본학의 연구 성과를 교회 설립을 앞둔 한국 개신교 성서 번역에 반영하고 싶었던 것이다. 그러나 이후 개역본에는 한국 개신교의 성서 역시 세계적인 성서 번역의 흐름에 발맞추어야 한다는 생각에서 재삽입한 것이다.

[1891년 이후 한국어 성서 번역본 출간 연표]

연도	한국어 번역본
1895	대한성서공회 선교사 중심의 성서번역 위원회 출범
	로스역 개정 포기. 스코틀랜드성서공회의 영향력이 단절되고 미국성서공회가 절대적 영향력 미침
1911	한국어 성서 최초의 전역 완성
1938	개역개정 한국어 성서 한자어가 많아지고 일본어 번역의 영향을 많이 받음[28]
1978	가톨릭과 개신교의 공동번역성서 출간
1992	천주교 200주년 기념 신약성서 출간: 예수님의 말씀이 모두 존대어로 바뀜

번역 문제는 여전히 남아 있다. 왜냐하면 첫째, 원문에 충실을 기해야 하기 때문이다. 특히 존비어(尊卑語)가 있는 한국어의 특징상 권위주의적이지 않은 원문의 번역을 어떻게 하느냐의 문제는 여전히 고민해야 할 부분이다. 둘째, 한국어 역시 시간에 따라 변화하고 있기 때문이다. 시대가 요청하는 가장 아름답고 가독성 있는 한국어 번역을 시도해야 할 필요성은 모든 시대의 과제이다.

---

28 민영진·전무용, "한국어 번역 성경에 나타난 중국어 성경과 일본어 성경의 영향", 〈성경원문연구〉 19(2006) 참조.

그렇다면 끊임없이 개역·개정되어 갈 성서를 어떻게 하면 올바르게 독해할 수 있을 것인가. 이를 위해 적어도 다음 두 가지는 반드시 염두에 두어야 할 것이다. 첫째, 66권을 별개의 책으로 볼 것이 아니라 총체적이고 상호 유기적인 관계 안에서 읽어야 한다. 즉 구약과 신약, 약속과 성취, 율법과 복음, 신앙과 복종, 소유와 희망 등 성서의 무한한 내적 관계들 속에서 읽어야 한다. 요한계시록을 보자. 요한계시록은 총 404구절로 되어 있다. 이 404구절 가운데 성서의 앞선 책 언급이 518번이나 있다. 에스겔, 다니엘, 스바냐, 스가랴, 이사야, 출애굽기뿐만 아니라 예수에 대해서도 전반적으로 언급되어 있다. 따라서 요한계시록은 그 앞에 나온 65권의 책을 읽지 않으면 도무지 이해가 불가능한 책이다. 이 책에 쓰인 이미지들과 숫자, 은유 등은 이미 앞의 성서에 나온 것으로 당시 사람들에게는 너무나 익숙한 암호였다. 성서 각 권을 분리된 책으로 읽어서는 올바른 이해가 불가능한 것이다.

둘째, 예수님과 유대교의 랍비들도 동의한 성경의 핵심 이야기, 가장 큰 계명은 바로 '하나님 사랑과 이웃 사랑'이다. 성경은 지식을 자랑하기 위한 것이 아니라 실천하기 위한 것이다. 가장 중요한 것은 하나님의 살아 있는 말씀을 알고, 하나님 사랑과 이웃 사랑을 실천하며, 그 말씀이 나의 삶 안에서 살아 있게 하는 것이다.

마지막으로 성서에 대한 본회퍼의 말을 인용하며 이 주제를 마무리하고자 한다.

우리의 길은 우리의 마음이나 경험이 아니라 하나님의 말씀이 결정한다. 따라서 성서와 스스로 씨름하는 법을 배우려 하지 않는 자는 기독교인이 아니다.[29]

---

29   본회퍼, 정지련·손규태 역,《신도의 공동생활》, 대한기독교서회, 2010, 60쪽.

나가는 말

이상에서 신앙, 회심, 자유와 복종, 신앙과 이성, 이렇게 4가지 주제를 검토했다.

김교신은 기독교가 삶의 필요를 충족시켜 주는 것을 목적으로 하는 '유용성'의 종교가 아니라고 보고, 이러한 기독교 이해에 항의했다. 그는 기독교를 '죽음을 이김'으로써 인간의 운명인 유한성을 극복하게 하는 '영원성'의 종교라고 보았다. 그에게 기독교의 하나님은 인간에게 죄와 죽음을 이긴 영원한 '생명'을 허락하여 '자유'하게 하는 해방의 신이었다. 해방된 자유를 가진 인간은 죽음의 공포로부터 해방된 존재로서 '하나님과 사람을 사랑'할 수 있는 자유를 가진 존재로 거듭났다. 기독교인에게 부여된 이 '자유'는 흔히 생각되는 바와 달리 자기가 하고 싶은 대로 하는 자유, 즉 '자기 결정권'이라는 의미의 자유가 아니었다. 기독교인에게 선물로 주어진 '자유'는 하나님을 사랑할 수 있고 자신을 있는 그대로 사랑할 수 있고 이웃 역시 있는 그대로 사랑할 수 있는 '능력'이었다. 자유는 하나님과 이웃과 자신을 사랑할 수 있는 능력에 다름 아니었다. 따라서 기독교인의 자유의 내용은 '하나님과 이웃에 대한 사랑'이었다. 루터가 말한 바대로 "그리스도인은 모든 것에 대한 자유로운 주인"이지만, 동시에 "모두에게 봉사하는 종"인 것이다. 본회퍼가 신앙과 복종은 상즉(相卽) 관계라 한도 같은 맥락이라 할 수 있다.

김교신에게 있어서 기독교 신앙은 죽음을 이긴 자유를 가지고 사랑의 봉사의 삶을 사는 것, 즉 영원성을 지향하는 종교였다. 그러나 기독교 신앙을 이와 다르게 생각하는 사람들도 적지 않았다. 대표적인 경우로 윤치호와 박인덕의 예를 볼 수 있다.

조선 남감리교의 최초의 세례 교인이자 조선 기독교계의 대부인 윤치호는 기독교를 문명화를 위한 윤리를 제공하는 종교로 보았다. 그리고 기독교의 신을 미국의 문명을 최정점으로 하는 서구 근대 산업 문명을 수호하는 신으로 이해했다. 윤치호는 기독교=산업 문명국=선=영원의 지복(至福), 비기독교=반(半)문명국=악=영원의 멸망이라는 도식 안에서, 기독교의 우월성은 부국강병의 근대 산업 문명의 창출이라는 결과로 증명된다고 보았다. 기독교와 서구 산업 문명을 무분별하게 동일시한 이러한 일원론적 세계상에서 이해된 기독교는 전형적인 '유효성'의 종교였다. 그에게 기독교는 문명화의 당위와 자신의 심리적 안정이라는 필요를 충족시켜 주는 종교였던 것이다. 이 경우 기독교의 역사적 기능은 서구의 비서구에 대한 제국주의적 지배를 정당화시키는 지(知)의 제국주의였다. 즉 기독교 윤리는 제국주의적 허위 의식에 속박당한 노예 윤리가 되지 않을 수 없었다.

대표적인 개신교 여성 지식인이자 교육자이며 대표적인 친일파이기도 했던 박인덕의 경우를 보자. 그녀에게 기독교는 서구적 여성 지도자가 되고자 했던 자신의 자아 실현을 가능하게 해 준 최고의 효용성을 가진 '유용한 종교'였다. 그녀에게 종교의 우월성은 필요에 대한 충족 능력의 고하로 결정되었기 때문이다. 그녀에게 기독교는 여성이라는 성적 정체성의 확립과 실현을 가능하게 해주었다. 그러나 식민지 조선인이라는 민족적 정체성에 대해서는 탈출과 해체의 매개로 작용했다. 이러한 그녀의 개신교 신앙의 구조 속에서 여성으로서 자신을 확립하고 확대하고자 할수록 그녀의 자아는 분열되고 민족으로부터 소외되었다. 자신을 확대해 가는 데 필요한 것을 충족시켜 주는 '힘'으로 수용된 그녀의 신앙은 조선인이자 동시에 여성이라는 정체성을 통합시켜 분열되지 않는 자아 정체성을 확립시키는 데 실패했던 것이다.

이러한 박인덕의 신앙의 특징은 자아의 팽창과 확대를 추구하는 '자기애'의 신앙이라는 점이다. 자기애의 신앙에서는 인간이 신을 섬기는 것이 아니라 신이 인간을 섬긴다. 신은 인간의 욕망을 실현하는 도구에 불과하다. 여기에는 신이 인간에게 요구하는 '뜻'이 없다. 박인덕에게 신의 뜻은 서구적 여성 지식인이 되고자 하는 자신의 욕망과 늘 동일시되었다. 따라서 자연인으로서의 옛 자아와 구원받음으로 선사된 새 자아 사이에 어떠한 단절도 보이지 않는다. 옛 자아 그대로가 더욱 확대되고 팽창한 박인덕의 신앙이 추구하는 영성은 자신의 욕망을 실현시키고자 하는 향상주의적 승리주의의 영성이었다고 할 수 있다.

박인덕과 윤치호는 31세의 연령 차이와 여성과 남성이라는 생물학적 성(性)의 차이 그리고 이로 인한 조선 사회에서의 가부장적 압박은 달랐지만, 조선에서 서구적인 세계를 견인하는 계몽적 지도자가 되고자 하는 욕망에서는 양자가 일치했다. 그리고 기독교는 그 욕망을 실현시켜 주는 '유용성'의 종교였다. 이러한 점에서 유사한 구조를 보이는 두 사람의 기독교 신앙에서 또 하나 공통된 점은, 서구인의 눈으로 자신과 조선 민족을 보고 자신의 연원에 대해 깊은 열패감을 가지게 하는 오리엔탈리즘의 종교였다는 점이다. 이것은 기독교를 서구 산업 문명과 혼동한 결과로, 기독교는 궁극적으로 '힘'의 종교로 이해되지 않을 수 없었다. 힘의 종교로 이해된 기독교 신앙에는 자아를 초월하는 절대자로서의 신이 들어설 여지가 없다. 동시에 '이웃'도 들어설 자리가 없었다. 구원을 통해 허락된 자유 역시 신의 뜻에 대한 복종으로 발현될 필요가 없었다. 자유는 서구인적인 매너와 지식을 습득하고 실현하는 힘이었다고 할 수 있다. 그 신앙의 구조에 자유와 복종의 변증법적 관계가 나타나지 않는 것은 자연스러운 일이라 할 수 있다.

초창기 조선 감리교를 대표하는 지도자이자 신학자인 최병헌의 경우를 살펴보자. 유학자로서 과거까지 응시한 그는 개신교로의 개종 이후 유교와 개신교의 세계관의 구조를 대결시키고 개신교의 우월성을 변증하고자 했다. 그는 유교의 상제(上帝)에게는 없는 사랑의 자비라는 속성까지 구비한 기독교의 하나님을 참된 신으로 이해하고 창조 신앙도 수용했다. 그러나 윤리관에서는 여전히 유교적 성선설의 입장을 견지하며 유교의 윤리와 기독교의 윤리를 동일한 것으로 이해했다. 즉 "대도(大道)는 방국(邦國)에 국한되지 않고 진리는 중외에 통용가능한 것"으로, "서양의 하늘이 곧 동양의 하늘"이라고 이해했던 것이다. 이렇게 기독교를 유교의 연속 혹은 확대로 보는 관점은 그의 구원관이나 내세관에서도 견지되었다. 이러한 신앙의 구조에서 인간의 영역을 초월한 절대 타자로서의 신의 신비는 제거되고, 기독교는 합리주의적인 윤리로 치환되었다. 이 경우에도 옛 자아와 구원을 통해 선물로 주어진 새 자아 사이의 단절은 찾아보기 어렵다.

그렇다면 최병헌에게 개신교로의 개종의 당위성은 궁극적으로 어디에 있었을까. 그것은 기독교가 서구 근대 산업 문명을 창출했다는 인식이었다. 즉 서구적 산업 문명화를 통해 세계적 규모로 벌어지는 생존 경쟁에서 살아남아야 한다는 시대적 당위성에 있었다.

그런데 서구 근대 산업 문명은 과연 기독교가 창출한 것일까. 오늘날 이러한 인과 관계가 성립하지 않음을 확인하는 것은 그리 어려운 일이 아니다. 비근한 예로, 근대 일본의 경우 기독교는 거부한 채 서구의 과학 기술과 제도만을 받아들여 산업 문명화를 이루었다. 산업 문명화가 목적이라면 굳이 기독교를 믿을 필요가 없다. 뿐만 아니라 '하나님과 이웃 사랑'을 말하는 기독교는 '생산과 이윤의 극대화'를 지향하는 산업 문명과 근본적으로 모순되기조차 한다.

최병헌은 유교의 윤리와 기독교를 연속시킴으로써 조선인으로서 자신의 정체성을 해체하지 않고 유지할 수 있었다. 그 점에서 문명화에 실패한 '반(反) 문명' 덩어리인 유교를 철저하게 파괴하고 해체시키고자 한 윤치호와는 대조적이다. 그러나 최병헌의 신앙의 구조가 얼마나 오리엔탈리즘의 자장에서 자유로웠는가에 대해서는 의문을 제기할 수 있다. 문명사적 필연성에 추동되어 유교적 일원주의 틀거리 안에서 수용된 기독교는, 서구가 부가한 열패자라는 낙인을 감내하고 서구에 대한 모방을 추동하는 강력한 추진력으로 작용할 가능성이 농후했기 때문이다. 서구 산업 문명과 기독교를 준별하고 서구를 상대화시키기 위해서는, 이미 도래했으나 아직 완성되지 않은 하나님 나라에 대한 대망 속에서 서구를 '궁극 이전'의 역사적 과정의 한 단계로 철저히 상대화시킬 수 있는 종말론적 통찰력이 필요불가했던 것이다.

이상의 고찰을 통해 살펴본 것같이 신앙이나 회심이라는 '말'은 교회 안팎에서 너무나 익숙하게 쓰이지만, 그 의미 내용은 기독교적 세계관의 근간을 이루는 많은 의미가 함축된 매트릭스이다. 이 말들은 우리 신앙의 선배들에게는 결코 익숙하지 않은 낯선 '말'들이었다. 따라서 자신들이 이미 가지고 있었던 세계관이나 당대의 서구 산업 문명의 물리적·정신적 위력들이 준별되지 못하고 혼재되어 수용된 것은 어쩌면 당연한 일이었을 것이다. 그러나 우리 시대에도 여전히 이 '말'들은 영원성과 유용성 사이에서 다양한 스펙트럼을 가지고 유통되고 있다. 동시에 우리 시대는 이 말들의 본래의 의미 내용이 어떠한 것이며, 그것들이 제대로 이해·수용되지 못했을 때 일어나는 '의도하지 않은' 결과가 어떠한 것인가에 대해서도 알 수 있게 되었다. 개신교 수용 140년이라는 시간이 이것을 가능하게 한 것이다.

이제는 이 140년이라는 시간이 준 경험의 자산을 활용해야 할 때이다. 무너진 개신교의 사회적 공신력의 회복은 말의 오염과 오용을 정화하는 데에서 출발해야 한다. 그 정화는 어떻게 가능한가. 먼저 선행되어야 하는 것은 이성을 통한 성찰과 학습일 것이다. 신앙은 몰이성이 아니다. 신앙은 '계몽'을 통과해야 한다. 신앙은 이성의 끝자락에서 비약하는 신비이기 때문이다. 그러한 의미에서 지체되었지만, 김교신이 주장한 바대로 '기독신자가 되기 전에 우선 이성의 정상과 교양'에 힘써야 한다. 이성이 왜곡된 데는 신앙도 구원도 없기 때문이다. "금후 50년은 이성의 시대요 연구의 시대"로 삼아 '학문과 신앙의 완전한 합금(合金)'을 추구해야 할 때이다.

참고 문헌

⟨春秋⟩

⟨活泉⟩

1. 잡지

⟨開闢⟩

⟨京城日報⟩

⟨교회연합 신보⟩

⟨그리스도신문⟩

⟨基督敎世界⟩

⟨기독신보⟩

⟨대구매일신문⟩

⟨대동아⟩

⟨독립신문⟩

⟨동아일보⟩

⟨東洋之光⟩

⟨로동신문⟩

⟨每日申報⟩

⟨半島の光⟩

⟨福音新報⟩

⟨批判⟩

⟨삼천리⟩

⟨성서조선⟩

⟨新階段⟩

⟨신인문학⟩

⟨신학지남⟩

⟨우라키⟩

⟨朝光⟩

⟨조선일보⟩

⟨靑年⟩

2. 국내 저서 및 논문

강동진,《일제 언론계의 한국관》, 일지사,
   1982.

강만길,《고쳐 쓴 한국 현대사》,
   창작과비평사, 2006.

――,《韓國民族運動史論》, 한길사,
   1985.

강상중, 이경덕·임성모 역,《오리엔탈리
   즘을 넘어서》, 이산, 1997.

강수옥, "근대 중국인의 한국 3·1운동에
   대한 인식과 5·4운동", ⟨한국근현대
   사연구⟩, 2016, 79쪽.

강신룡, "한국인 기독교인들의
   구미아이교회 협력과 가입에 관한
   일고찰", ⟨한국기독교역사연구소소식⟩
   제22호, 1996. 1. 53.

강인철, "월남 개신교·천주교의 뿌리",
   ⟨역사비평⟩, 1997.

――,《저항과 투항: 군사 정권들과
   종교》, 한신대출판부, 2013.

――,《전쟁과 종교》, 한신대출판부,
   2003.

――,《한국 기독교회와 국가·
   시민사회: 1945–1960》,
   한국기독교역사문제연구소, 2003.

――,《한국의 개신교와 반공주의》,

중심, 2006.

고애신, "예장통합여성 안수 활동사",
〈한국 여성 신학〉, 1996.

고재길, "독일 고백교회 저항에 대한
연구", 〈신학과 사회〉, 2016.

고재식, "라인홀드 니버의 공산주의에
대한 한 연구", 〈기독교사상〉 29권 10
호(1985. 10).

고지수, 《개신교 민주화 운동의 기원》,
선인, 2016.

교육출판공사 편, 《세계 인명 대사전》,
교육출판공사, 1985.

국가보훈처, 《3·1운동 독립선언서와
격문》, 국가보훈처, 2002.

국사편찬위원회 편, 《尹致昊英文日記》,
1996.

권보드래, 《3월 1일의 밤: 폭력의 세기에
꾸는 평화의 꿈》, 돌베개, 2019.

권정기, "세계화의 현실과 민족주의의
미래: 대안의 모색", 〈동서철학연구〉
96(2020).

권진호, "국가에 대한 그리스도인의
태도에 관한 루터 사상", 〈신학과
현장〉 제25집.

기독교사상편집부, 《한국의 정치 신학》,
대한기독교서회, 1987.

길진경, 《靈界 吉善宙》, 종로서적, 1980.

김경일, "식민지 시기 신여성의 미국
체험과 문화 수용: 김마리아·박인덕·
허정숙을 중심으로",
〈한국문화연구〉 11(2006).

――, 《여성의 근대·근대의 여성》,
푸른역사, 2004.

김경재, "김재준의 정치신학",
〈신학사상〉, 2004.

――, 《김재준 평전》, 삼인출판사, 2014.

김교신기념사업회, 《김교신 일보》,
홍성사, 2016.

――――――, 〈성서조선〉 영인본,
홍성사, 2019.

김교신전집 간행위원회, 《김교신전집》,
일심사, 1981.

김덕영, 《루터와 종교 개혁》, 길, 2017.

김도형 편저, 《3·1운동 일본 언론매체
사료집: 중앙공론·교육시론·
사회급국가·아등·헌정편》, 홍성사,
2019.

김두식, 《칼을 쳐서 보습을》, 뉴스앤조이,
2002.

김득황, 《한국 종교사》, 에펠출판사, 1963,
393-395쪽.

김명배, "한국 개신교 사회참여에
나타난 교회와 국가의 관계에 관한
연구―1960년부터 1987년까지
민주화와 인권운동을 중심으로",
장로회신학대학교 박사학위 논문,
2007.

김병희, 《한경직 목사》, 규장문화사, 1982.

김상근, 《세계사의 흐름을 바꾼 기독교의
역사》, 평단, 2008.

김상덕, "3·1운동의 극우기독교적
기억방식 분석 연구: 2017-2018년

'3·1절 구국기도회' 사례를 중심으로",
〈한국기독교신학논총〉 115(2020).

김상봉, "시민정치·국민·그리고 세계
시민", 〈시민과 세계〉, 2004.

———, "함석헌과 씨알 철학의 이념",
〈철학연구〉 109(2009).

김상웅 외, 《친일변절자 33인》, 가람기획,
1995.

김성은, "박인덕의 사회의식과 사회 활동:
1920년대 말-1930년대를 중심으로",
〈역사와 경계〉 79(2010).

김성환, "불안한 평화: 월남전쟁과 우리",
〈기독교사상〉 105(1967).

김수태, "윌리엄 그리피스의 한국 근대사
인식", 〈진단학보〉 11(2010).

김승태, "6·25 전란기 유엔군 측 포로
정책과 기독교계의 포로 선교",
〈한국기독교와 역사〉 21(2004).

———, "일제의 기독교 정책과
기독교계의 부일 협력",
〈한국기독교와 역사〉 24(2006).

김양선, 《한국기독교 해방10년사》,
대한예수교장로회총회 종교교육부,
1956.

金永義, 《佐翁尹致昊先生略傳》, 基督教
朝鮮監理教總理院, 1934.

김용달, "3·1운동기 서대문 형무소 학생
수감자의 역할과 行刑", 〈한국학논총〉
30(2008).

김용덕, 《일본 근대사를 보는 눈》,
지식산업사, 2000.

김욱동, "박인덕의 구월 원숭이: 자서전을
넘어서", 〈로컬리티 인문학〉 3(2010).

김윤식, 《이광수와 그의 시대》, 솔, 1999.

김재용, "친일 문학의 성격 규명을 위한
시론", 〈실천문학〉 65(2002).

金在俊, 《長空金在俊著作全集》(1-4권),
장공전집출판위원회, 1971.

김정인, "젠더 관점에서 본 3·1운동의
재현", 〈여성과 역사〉 31(2019).

김정현, "일제의 대동아공영권 논리와
실체", 〈역사비평〉 28(1994).

김진호, "고 탁사 최병헌 선생 약전",
〈신학세계〉 12(1927).

김지방, 《정치교회》, 교양인, 2007.

김학민·정운현, 《친일파 죄상기》, 학민사,
1993.

김활란, "뒷일은 우리가", 〈조광〉, 1943년
12월 호.

김흥수 편, "한국전쟁 시기 기독교
외원단체의 구호활동", 〈한국기독교와
역사〉 23(2005).

———, 《한국전쟁과 기복 신앙 확산
연구》, 한국기독교역사연구소, 1999.

———, 《해방 후 북한 교회사: 연구·
증언·자료》, 다산글방, 1992.

김희은, "여성신학과 민중신학",
《민중신학 입문》, 1995.

노블 부인 편, 《승리의 생활》,
조선야소교서회, 1927.

동아출판사 편, 《동아세계백과사전》, 제22
권, 동아출판사, 1982.

류대영, "베트남 전쟁에 대한 한국
　　개신교의 태도", 〈한국 기독교와 역사〉
　　21(2004).
───,《초기 미국 선교사 연구》,
　　한국기독교역사연구소, 2001.
───,《한국 근현대사와 기독교》,
　　푸른역사, 2009.
류황태, "그리피스를 통해 본 한일관계",
　　〈미국학 논집〉 42권 3호(2010).
림학선·서정숙·전일재·리기정,
　　《조선력사─고급중학교 제4학년용》,
　　교육도서출판사, 1981.
마포삼열박사전기편찬위원회,
　　《마포삼열박사전기》,
　　대한예수교장로회총회 교육부, 1973,
　　326쪽.
문화사학회 엮음,《기억은 역사를 어떻게
　　재현하는가》, 한울, 2017.
민영진·전무용, "한국어 번역 성경에
　　나타난 중국어 성경과 일본어 성경의
　　영향", 〈성경원문연구〉 19(2006).
박경미, "민중신학과 여성신학",
　　이우정선생 고희기념논문집
　　편찬위원회,《여성 평화 생명》, 경세원,
　　1993.
박명규, "탈식민 과정에서 '3·1운동'의
　　문화적 재구성─기억, 지식 그리고
　　권력"《1919년 3월 1일에 묻다》,
　　성균관대학교출판부, 2009.
박명림·최장집,《한국전쟁연구》, 태암,
　　1990.

박명수·안교성 엮음,《대한민국의 건국과
　　기독교》, 북코리아, 2014.
박보경, "1950년 한국전쟁 당시
　　한국교회의 역할", 〈선교와 신학〉
　　26(2010).
박성원, "부록: 군종 약사(국방부. 육·해·
　　공군)", 〈군선교신학〉, 1990.
박순경,《민족 통일과 기독교》, 한길사,
　　1986.
박승찬,《알수록 재미있는 그리스도교
　　이야기 1·2》, 가톨릭출판사, 2015.
박영신 역,《사회 변동의 상징 구조》,
　　삼영사, 1981.
박용구, "로마서 13장 1-7절과 바울의
　　가르침에 대한 교부들의 해석",
　　〈신학지남〉, 1993년 여름 호.
朴殷植,《韓國獨立運動之血史》,
　　종신문화사, 1975.
박은영 편저,《3·1운동 일본 언론매체
　　사료집: 고쿠민 신문·도요케자이
　　신보·후조신문편》, 홍성사, 2019.
박은영, "고쿠민신문에 나타난 3·1운동",
　　〈일본비평〉 21(2009).
박인덕, "태평양 삼만리 가는 길",
　　〈신인문학〉 3권 2호(1936).
───,《구월 원숭이》, 인덕대학교, 2007.
───,《세계일주기》, 조선출판사, 1941.
───,《호랑이의 시時》, 인덕대학교,
　　2007.
박충구,《종교의 두 얼굴》, 홍성사, 2013.
박태균,《버치문서와 해방 정국》,

역사비평사, 2021.

박형룡, "전쟁에 대한 기독교의 태도 1",
〈신학지남〉 44(1929).

———, "전쟁에 대한 기독교의 태도 2",
〈신학지남〉 45(1929).

박형신, "로스역본 논쟁에 관한 연구",
〈장신논단〉 49권 2호(2017).

박흥식, 《미완의 개혁가 마르틴 루터》, 21
세기북스, 2017.

반민족문제연구소, 《친일파 99인》,
돌베개, 1993.

백낙준, "한국전쟁과 세계평화", 〈사상계〉
3(1953).

———, 《韓國改新教史》,
연세대학출판부, 1973.

서정민, "중일·태평양전쟁과 기독교",
〈한국기독교와 역사〉 21(2004).

석영중, 《러시아 정교》,
고려대학교출판부, 2005.

선병삼, "탁사 최병헌의 유교 변증 이론
고찰—《성산명경》과 《만종일련》을
중심으로", 〈율곡학연구〉, 2023.

성백걸, "류형기의 한국전쟁 인식과 교회
복구·구호활동", 〈한국기독교와 역사〉
15(2001).

손규태, 《장공 김재준의 정치 신학과 윤리
사상》, 대한기독교서회, 2002.

손승호, 《유신 체제와 한국 기독교
인권운동》, 한국기독교역사연구소,
2017.

송현강, "중일전쟁 발발이후 충청도 지역

교회의 전시협력 활동",
〈한국기독교와 역사〉 27(2007).

신광철, "탁사 최병헌의 한국신학 연구:
만종일련 사상을 중심으로",
〈한국종교연구〉 12(2004).

신국주, "3·1운동과 일본언론의 반향",
《3·1운동 50주년기념논집》, 1969.

신재의, "맹의순의 삶과 포로
수용소에서의 선교", 〈한국기독교와
역사〉 41(2014).

신주백, "식민지기 민족운동 세력의 3·1
운동 소환과 流動하는 기억: 1946년
3·1절 기념집회를 둘러싼 집단기억의
뿌리를 찾아서", 〈한국사학사학보〉
38(2018).

신지재, "바울과 아우구스티누스의 법·
국가 사상 비고-특히 로마서 13장 1-7
절과 신국론을 중심으로", 〈중앙법학〉
17-1(2015).

심광섭, "탁사 최병헌의 유교적 기독교
신학", 〈세계의 신학〉 61(2003).

안종철, "윌리엄 그리피스의 일본과
한국 인식(1876-1910)", 〈일본 연구〉
15(2011).

안태윤, "식민지에 온 제국의 여성—
재조선 일본 여성 쓰다 세츠코를
통해서 본 식민주의와 젠더", 〈한국
여성학〉 24-4(2006).

양명수, 《아무도 내게 명령할 수 없다》,
이화여자대학교출판부, 2018.

———, 《아우구스티누스 읽기》,

세창미디어, 2023.

양봉철, "제주 4·3과 서북기독교", 〈4·3과 역사〉 10(2010).

양현혜 편저, 《3·1운동 일본 언론매체 사료집: 도쿄아사히신문 편》, 홍성사, 2019.

양현혜, "김마리아의 대한민국 애국부인회 사건에 대한 조선과 일본 언론의 반응", 〈한국문화연구〉 39(2020).

———, "식민지 시대 한국 개신교의 전쟁과 평화에 대한 이해", 〈한국교회사학회지〉 34(2013).

———, "역사철학적으로 본 함석헌의 통일에 관한 사유", 〈신학사상〉 188(2020).

———, "최병헌의 개종에서 본 기독교와 유교와의 대결 양상 연구", 〈신학과 사회〉 38-2(2024).

———, "한국 개신교의 성차별 구조와 여성 운동", 〈여성신학논집〉 2(1998).

———, "함석헌의 역사인식과 사유 체계", 〈신학사상〉 142(2008).

———, 《근대 한일관계사 속의 기독교》, 이대출판부, 2009.

———, 《김교신의 철학》, 이대출판부, 2013.

———, 《우치무라 간조―신 뒤에 숨지 않은 기독교인》, 이대출판부, 2017.

———, 《윤치호와 김교신》, 한울, 1996.

연규홍, "해방 후 북한사회 건설과 교회박해: 1945-1948", 〈신학사상〉 114(2001).

오만규, "로마 종교와 초기 그리스도인들의 군복무", 〈한국교회사학회지〉 3(1987).

———, "제칠일 안식일 예수 재림교회 비무장 군복무의 기원과 발전", 〈한국교회사학회지〉 12(2003).

오윤태, 《동경교회 72년사》, 혜선문화사, 1980, 185-187쪽.

오제연, "한국의 민주화운동과 '3·1운동 기억': 4·19혁명에서 6월항쟁까지", 〈동방학지〉 185(2018).

옥성득, "한일 합병 전후 최병헌 목사의 시대 의식―계축년(1913) 설교를 중심으로", 〈한국 기독교와 역사〉 13(2000).

우미영, "서양 체험을 통한 신여성의 자기 구성 방식―나혜석·박인덕·허정숙을 중심으로", 〈여성문학연구〉 12(2004).

柳永烈, 《開化基의 尹致昊 硏究》, 한길사, 1985.

유영옥, "북한의 3·1운동과 임시정부에 대한 역사인식 고찰", 〈군사논단〉 44(2002).

유인선, 《베트남의 역사》, 이산, 2018.

유호열, "3·1운동과 대한민국의 정통성: 북한은 3·1운동을 어떻게 평가하고 있나", 〈북한〉 399(2005).

육군본부 군종감실, 《육군 군종사》, 육군본부, 1975.

육사 본당 30년사 편집위원회,《씨앗이
　　열매로》, 천주교 육군사관학교 교회,
　　1990.
윤상현, "1950년대 후반 1960년대 초
　　함석헌의 주체 형성 담론의 변화: 민중.
　　민족. 국민 담론을 중심으로",
　　〈사학연구〉 112(2013).
윤선자, "6·25 한국전쟁과 군종 활동",
　　〈한국기독교와 역사〉 14(2001).
윤성범,《기독교와 한국사상》,
　　대한기독교서회, 1963, 84-85쪽.
윤소영 편저,《일본 신문 한국 독립 운동
　　기사집》I · II, 독립기념관, 2009.
윤정란, "한국 전쟁기 염산면 기독교인
　　학살의 원인과 성격",〈한국 기독교와
　　역사〉 20(2004).
윤치호,《尹致昊 國文日記》, 탐구당, 1975.
유진 피터슨, 양혜원 역,《이 책을 먹으라》,
　　IVP, 2006.
이경남,《분단 시대의 청년운동》,
　　삼성문화개발, 1989.
이규수, "3·1운동에 대한 일본언론의
　　인식",〈역사비평〉 62(2003).
———,《제국 일본의 한국 인식 그 왜곡의
　　역사》, 논형, 2007.
이동근, "1910년대 '妓生'의 존재 양상과
　　3·1운동",〈한국민족운동사연구〉
　　74(2013).
이만열,《한국 기독교와 민족의식》,
　　지식산업사, 1991, 448-450쪽; W. E.
　　Griffis,《아펜젤러의 전기》, 이만열 편,

《아펜젤러》, 연대출판부, 1985. 6.
이만열, "한경직 목사를 만남",
　　〈한국기독교와 역사〉 1(1991).
이북 신도대표회 문집간행위원회
　　편,《이북 신도대표회 문집》,
　　이북신도대표회편집위원회, 1984.
이성덕,《이야기 교회사》, 살림출판사,
　　2007.
이상록, "탈식민 지식인의 歐
　　美여행 경험과 자아 인식 그리고
　　민족정체성의 재구축: 1960-70
　　년대 함석헌의 미국 유럽 여행기를
　　중심으로",〈역사와 문화〉 22(2011).
이선옥, "여성주의 시각에서 본
　　친일문학—평등에 대한 유혹: 여성
　　지식인과 친일의 내적 논리",
　　〈실천문학〉 67(2002).
이성덕,《이야기교회사》, 살림출판사,
　　2007.
이성배,《유교와 기독교》, 분도출판사,
　　1979, 275쪽.
이소희, "《구월 원숭이》에 나타난 자전적
　　서사 연구: 신여성의 근대 체험을
　　중심으로",〈미국학 논집〉 40(2008).
이수석, "3·1운동과 남북한의 인식:
　　북한의 왜곡된 역사인식 바로잡아
　　3·1운동정신 이어받자",〈북한〉
　　411(2006).
이숙진, "기독교 신여성과 혼인윤리:
　　박인덕을 중심으로",
　　〈기독교사회윤리〉 29(2014).

이승문, "로마교회의 납세 문제와 바울이
　　　로마의 크리스천들에게 납세를 권면한
　　　이유", 〈대학과 선교〉 27(2014).
이승엽, "내선일체 운동과 녹기연맹",
　　　〈역사비평〉, 50(2002).
이승준, "한경직 목사와 한국 전쟁", 〈한국
　　　기독교와 역사〉. 15(2001).
이양호, 《아우구스티누스의 생애와 사상》,
　　　동연, 2024.
──, 《칼빈: 생애와 사상》,
　　　한국신학연구소, 2010.
이영미, "일본의 한국 지배에 대한
　　　그리피스의 태도", 〈한국사연구〉
　　　166(2014) 등을 참조.
이옥순, 《식민지 조선의 희망과 절망,
　　　인도》, 푸른역사, 1997.
이용기, "3·1운동 연구의 흐름과
　　　민족주의의 향방", 〈사학연구〉
　　　139(2020).
이우정, "한국 속담과 여성의 비인간화",
　　　〈신학과 여성〉, 1983.
──, "한국 전통 문화와 여성신학",
　　　〈한국 여성신학의 과제〉,
　　　한국기독교가정생활협회, 1983.
이우정·이현숙 공저, 《한국기독교장로회
　　　여신도회 60년사》, 한국
　　　기독교장로회여신도회 전국연합회,
　　　1989.
이정배, "마태오 릿치와 탁사 최병헌의
　　　보유론(補儒論)적 기독교 이해의
　　　차이와 한계", 〈신학사상〉 122(2003).

이지원, "북한정부의 3·1운동 기념과
　　　표상: 〈로동신문〉(1946-2019)을
　　　중심으로", 〈동방학지〉 190(2020).
이진석, "한국에서 민족주의와
　　　다문화주의의 양립", 〈민족사상〉
　　　14(2020).
이철, "개신교 보수교단 지도자들의
　　　어제의 정교분리 오늘의 정치 참여",
　　　〈대학과 선교〉 37(2018).
이치석, 《씨알 함석헌 평전》, 시대의창,
　　　2015.
이태훈, "구약에 나타난 세계평화",
　　　〈장로교회와 신학〉 7(2010).
이행훈, "문명론의 접합으로 본 최병헌의
　　　종교 담론", 〈한국철학논집〉 45(2015).
──, "최병헌의 '종교' 개념 수용과
　　　유교 인식: 《만종일련》을 중심으로",
　　　〈한국철학논집〉 46(2015).
──, "최병헌의 기독교 수용과 전통
　　　지식 재해석", 〈동방문화와 사상〉
　　　4(2018).
이현숙, 《한국교회여성연합회》,
　　　한국교회여성연합회, 1992.
이혜정, "한경직의 기독교적
　　　건국론과 복음화 운동",
　　　한국학중앙연구원대학원
　　　박사학위논문, 2006.
이화100년사편찬위원회, 《이화 100년사》,
　　　이화여자대학출판부, 1994.
임경석 편저, 《동아시아 언론매체 사전》,
　　　논형, 2003.

임경석, "해방직후 3·1운동 역사상의
    분화", 〈사림〉, 63(2018).

林鍾國,《日帝末 親日派 群像의 實體》,
    《解放前後史의 認識》, 한길사, 1979.

───,《日帝侵略과 親日派》, 靑史,
    1982.

───,《日帝下의 思想彈壓》, 平和出版
    社, 1985.

임지현,《기억 전쟁: 가해자는 어떻게
    희생자가 되었는가》. 휴머니스트,
    2019.

임형택, "1919년 동아시아. 3·1운동과
    5·4운동", 〈대동문화연구〉 66(2009).

장공김재준목사기념사업회 편,
    《金在俊全集》(1-18권),
    장공김재준목사기념사업회, 1992.

장동민,《박형룡의 신학 연구》,
    한국기독교역사연구소, 1998.

장병일,《살아 있는 갈대》,
    대한기독교서회, 1968.

장석정, "한국 개신교에 나타난 반공주의:
    그 생성과 변형", 숭실대학교 기독교학
    대학원 석사학위논문, 2008.

장하진, "친일파 군상 여류명사들의
    친일행적", 〈역사비평〉 11(1990).

전병무,《김마리아》, 역사공간, 2021.

전진성,《역사가 기억을 말하다: 이론과
    실천을 위한 기억의 문화사》,
    휴머니스트, 2005.

전필순,《목회여운》,
    대한예수교장로회총회 교육부, 1965.

정숙자, "여성교회는 왜 여성을 위한
    찬송가를 만들어야 했나",
    〈기독교사상〉 437(1995).

정운현,《학도여 성전에 나서라》,
    없어지지 않는 이야기, 1997.

정재영 외,《태극기를 흔드는
    그리스도인―개신교 극우 현상의
    배경과 형성 그리고 극복》, IVP, 2021.

정종훈, "제2차 세계대전 종전 이후 독일
    개신교회의 정치사회참여의 고찰",
    〈한국기독교와 역사〉 6(1997).

정진아, "3·1운동에 대한 남북의 분단된
    집합 기억을 통일을 위한 집합
    기억으로", 〈통일 인문학〉 76(2018).

정창석, "녹기(綠旗)에 나타난 내선일체와
    황국신민화", 〈일본문화학보〉
    66(2015).

정충량,《梨花 80年史》, 이대출판부, 1967.

조선혜, "만국부인회 기도 사건",
    연세대학교 연합신학대학원 석사학위
    논문, 1993.

중앙일보사·연세대학교
    현대한국학연구소,《이화장 소장
    우남 이승만 문서 제4·5권: 3·1
    운동 관련문서 1·2》, 중앙일보사·
    연세대학교 현대한국학 연구소, 1988.

지명관, "평화에 대한 교회의 증언",
    〈기독교사상〉 98(1966).

지원용,《마르틴 루터의 종교 개혁 3대
    논문》, 컨콜디아사, 1993.

차봉준, "최병헌의 불교 인식과 기독교

변증―《성산명경》의 불교 논쟁을
중심으로", 〈문학과 종교〉, 제17권 2
호(2012).

차봉준, "濯斯 崔炳憲의 '萬宗一臠' 思
想과 基督敎 辨證―《聖山明鏡》에
나타난 對儒敎 論爭을 中心으로",
〈어문연구〉, 39-1(2011).

차정식, 《로마서 II》, 대한기독교서회,
1999.

천사무엘, 《김재준: 근본주의와 독재에
맞선 예언자적 양심》, 살림, 2003.

최명환, "근대계몽기《성산명경》을 통해
본 최병헌 목사의 역할", 〈지역문화
연구〉, 11(2012).

최병택, "해방 후 역사 교과서의 3·1
운동 관련 서술 경향", 〈역사와 현실〉
74(2009).

최병헌, 《만종일련》, 삼필문화사, 2022.

―――, 《성산명경》, 키아츠, 2024.

최상호·홍선표 외, 《이승만과 대한민국
건국》, 연대출판부, 2010.

최영실, "제국의 권력과 그리스도인―롬
13:1-7의 사회사적 편집사적 연구를
중심으로", 〈신약논단〉 16-1(2009).

최우익, 《최병헌선생약전》,
정동삼문출판사, 1998.

최유리, 《일제 말기 식민지 지배정책
연구》, 국학자료원. 1997.

최정만, 《다시 써야 할 세계 선교 역사 1》,
쿰란출판사, 2007.

최종고, 《영락교회의 부흥》, 한국문화사,
1974.

최호근, 《기념의 미래: 기억의 정치
끝에서 기념문화를 이야기하다》,
고려대출판문화원, 2019.

친일인명사전편찬위원회,
《일제협력단체사전(국내 중앙편)》,
긴족문제연구소, 2004.

태지호, "1919년은 어떻게 기억되는가:
3·1운동 100주년 기념사와 대한민국
임시정부 수립 100주년 기념사를
중심으로", 〈기호학 연구〉 63(2020).

한경직, 《한경직 목사 설교전집 1권》,
한경직목사기념사업회, 2009.

―――, 《한경직 목사 설교집》, 기문사,
1959.

한경직·이영헌 엮음, 《참 목자상》,
구장문화사, 1982.

한국교부학연구회, 《내가 사랑한 교부들》,
분도출판사, 2005.

한국교회사문헌연구원 영인본,
《만국부인회사건 자료집》, 제35권.

한국기독교사회문제연구원, 《1970
년대 민주화 운동과 기독교》, 서울:
한국기독교사회문제연구원 83(1982).

한국여성연구회 여성사분과 편,
"친일여성들의 활동과 여자정신대",
《한국여성사-근대편》, 풀빛, 1992.

한국여신학자협의회, 《제17차
층회보고서》.

――――――, 《한국 여성 민중
극회자》, 여성신학사, 1994.

한승홍, "3·1운동의 세계사적 의의의
　　불완전한 정립과 균열", 〈역사와 현실〉
　　108(2018).
─────, 《한경직의 생애와 사상》,
　　장로회신학대학출판부, 1993.
함석헌전집 간행위원회, "한국 기독교는
　　무엇을 하고 있는가", 〈사상계〉
　　1(1956).
─────────────, 《죽을 때까지 이
　　걸음으로》, 삼중당, 1964.
────────────────, 〈함석헌 전집〉,
　　한길사, 1983.
홍병선, "국민정신 총동원과 총후원",
　　〈청년〉 1938년 9월 호.
황필호 편역, 《비폭력이란 무엇인가》,
　　종로서적, 1986.
가라타니 고진, 조영일 역, 《문자와 국가》,
　　도서출판 b, 2011.
高橋哲哉, 현대송 역, 《결코 피할 수 없는
　　야스쿠니 문제》, 역사비평사, 2005.
고야스 노부쿠니, 이승연 역, 《동양·
　　대동아·동아시아》, 역사비평사, 2003.
나리타 류이치, 이규수 역, 《다시쇼
　　데모크라시》, 어문학사, 2011.
더글러스 P. 래키, 최유신 역, 《전쟁과
　　평화의 윤리》. 철학과현실사, 2006.
大江志乃夫, 이규태·양현혜 역,
　　《야스쿠니신사》, 소화, 2004.
라인홀드 니버, 이한우 역, 《도덕적 인간과
　　비도덕적 사회》, 문예출판사, 2017.
리처드 니버, 홍병용 역, 《그리스도와

문화》, IVP, 2007.
레프 톨스토이, 조윤정 역, 《국가는
　　폭력이다》, 달팽이, 2008.
로즈메리 R. 류터, 안상임 역, 《성차별과
　　신학》, 대한기독교출판사, 1985.
롤런드 베인턴, 이종태 역, 《마르틴 루터》,
　　생명의말씀사, 2016, 171쪽.
W. 뢰베니히, 박호영 역, 《마르틴 루터: 그
　　인간과 그의 업적》, 성지, 2002.
루츠 폴, 손규태 역, 《그리스도인과 국가:
　　로마서 13장 연구》, 한국신학연구소,
　　1989.
릴리어스 호톤 언더우드, 김철 역,
　　《언더우드 부인의 한국생활》(*Fifteen
　　Years Among The Top-Knots*),
　　뿌리깊은나무, 1984.
몽테스키외, 이명성 역, 《법의 정신》,
　　홍신문화사, 1988.
미야타 미즈오, 양현혜 역, 《국가와 종교─
　　유럽정신사에 나타난 로마서 13장의
　　해석사》, 삼인, 2007.
─────────, 박은영·양현혜 역,
　　《홀로코스트 이후를 산다》, 한울, 2013.
E. M. 번즈, R. 러너, S. 미첨, 박상익 역,
　　《서양문명의 역사 II》, 소나무, 1994.
본회퍼, 정지련·손규태 역, 《신도의
　　공동생활》, 대한기독교서회, 2010.
베네딕트 앤더슨, 서지원 역, 《상상된
　　공동체: 민족주의의 기원과 보급에
　　대한 고찰》, 길, 2018.
─────────, 서지원 역, 《세 깃발

아래에서: 아나키즘과 반식민주의적
상상력》, 길, 2009.

스즈키 노리히사, 김진만 역,
《무교회주의자 우치무라 간조》, 소화,
1995.

아브라함 J. 헤셸, 이현주 역,《예언자들》,
삼인, 2004.

아우구스티누스, 성염 역,《그리스도교
교양》, 분도출판사, 2011.

──────,《신국론》, 제19권,
분도출판사, 2004.

──────,《자유의지론》, 분도
출판사, 1998.

H. G. 아펜젤러, 노종해 역,《자유와 빛을
주소서》, 대한기독교서회, 1988.

앨런 브링클리, 조지형 역,《있는 그대로의
미국사》, 휴머니스트, 2011.

野田正彰, 서혜영 역,《전쟁과 인간》, 길,
2000.

에른스트 케제만, 한국신학연구소 번역실
역,《로마서》, 한국신학연구소, 1989.

우치무라 간조, 김유곤 역,《우치무라 간조
전집》, 크리스찬서적, 2002.

──────, 양현혜 역,《구안록》,
포이에마, 2016.

──────, 양현혜 역,《전도의 정신》,
홍성사, 2024.

월터 브루그만, 김기철 역,《예언자적
상상력》, 복있는사람, 2024.

──────, 박규태 역,《안식일은
저항이다》, 복있는사람, 2015.

유진 피터슨, 양혜원 역,《이 책을 먹으라》,
IVP, 2006.

조너선 색스, 김준우 역,《매주 오경 읽기
영성 강론》, 한국기독교연구소, 2022.

──────, 임재서 역,《차이의 존중》,
말글빛냄, 2007.

──────, 김대옥 역,《랍비가 풀어내는
창세기》, 한국 기독교연구소, 2023.

칼 야스퍼스, 한충수 역,《철학적인 생각을
배우는 작은 수업》, 이학사, 2020.

코야스 노부쿠니, 이승연 역,《동아 ·
대동아 · 동아시아》, 역사비평사, 2005.

土肥昭夫, 김수진 역,《일본기독교사》,
고문사, 1991.

톰 라이트, 박문재 역,《하나님의 아들의
부활》, 크리스천다이제스트, 2005.

페터 슈툴마허, 장흥길 역,《페터
수툴마허의 로마서 주석》,
장로회신학대학교 출판부, 2002.

하비 콕스, 김동혁 역,《성서를 어떻게
읽을 것인가》, RHK, 2017.

한나 아렌트, 이진우 역,《인간의 조건》,
한길사, 2019.

W. 후버, H. R. 로이터, 김윤옥 · 손규태 역,
《평화 윤리》, 대한기독교서회, 1997.

후지이 다케시,《파시즘과 제3세계주의
사이에서: 족청계의 형성과 몰락을
통해 본 해방 8년사》, 역사비평사,
2012.

3. 국외 저서 및 논문

"昭和 13年 鮮內思想運動狀況", 〈思想彙報〉第18號, 高等法院檢事委局思想部, 1939年 3月.

《聖書考古學大事典》, 講談社, 1984.

Bainton, Roland H. 中村妙子 譯, 《戰爭·平和·キリスト教》, 新教出版社, 1963.

Beard, Charles A. & Beard, Mary R. *The American Spirit.* The Macmillan Co., New York, 1942.

Bellah, Robert N. "Civil Religion in America." *Daedalus.* 96(1) Winter, MIT Press, 1967.

──────────. *Beyond Belief: essays on Riligion in a Post-Traditional world.* N.Y.: Crossroad Books, 1970.

──────────. *The Broken Covenant: American Civil Religion in Time of Trial.* N.Y.: Crossroad Books, 1975.

Betz, Hans Dieter. *The sermon on the Mount.* Minneapolis, Fortress, 1955.

Bower, Perter J. *Evolution.* 鈴木善次 譯, 《進化思想の歷史》下, 東京: 朝日新聞社, 1987.

Danker, Frederick William. *A Greek-English Lexicon of the New Testament and Other Early Christian Literature.* third English ed., University of Chicago Press, 2001.

E.u.R., Bethge. 宮田光雄 譯, 《ディートリヒ·ボンヘツフアー—》. 新教出版社, 1992.

Federal Council of Evangelical Mission in Korea. *The Korea Mission Field.* March 1920.

Frey, Lulu E. "Higher Education for Korean Girls", *The Korea Mission Field: A Monthly Journal of Christian Progress.* vol. 10 no. 10, 1914.

Heer, Friedrich. *The Intellectual History of Europe.* Ohio: The World Publishing Company, 1966.

Hofstadter, Richard. *Social Darwinism in American Thought.* 後藤後次 譯, 《アメリカの社會進化思想》, 東京: 研究社, 1973.

käsemann, E. *Römer 13. 1-7 in unserer Generation.* in: Zeitscbrift für Theologieunt Kirche, 1959.

Mitchel, Richard H. 娛平康弘 譯, 《前後日本の思想統制》, 東京: 日本評論社, 1980.

Oscar Cullmann, *Der Staat im Neuen Testament*, 2. durchgesehene und erganzte Auflarge. Tubingen: J. C. B. Mohr(Pul Siebeck), 1961, S. 41.

Said, Edward W. *Orientalism.* Georges Borchardt Inc., New York, 1978.

Schluchter, Wolfgang. 米澤和彦·嘉目克彦 譯, 《世界支配の合理主義: マツ

クス・ウエ―バ―研究》, 東京: 未來
　社, 1984.

Sills, David(ed). *International
　Encyclopedia of the Social Sciences*. vol.
　13, The Macmillian Company & The
　Free Press, New York, 1972.

*The Annual Report of the Board of Foreign
　Missions of the Presbyterian Church in
　the U.S.A.*, 1908.

Marnell, W. 野村文子 驛,《信教の自由と
　アメリカ》, 東京: 新教出版社, 1987.

Weber, M. 大塚久雄·生松敬三 譯,《マ
　ツクス·ウエ―バ―宗教社會學論選》,
　東京: みすず書房, 1983.

監野和夫,《日本組合教會史研究序說》,
　東京: 新教出版社, 1995.

姜德相,《現代史資料》26券, 東京: みす
　ず書房, 1967.

姜尙中, "'日本的オリエンタリズム'の現
　在", 〈世界〉, 東京: 岩波書店, 1988.

姜在彦,《朝鮮の開化思想》, 東京: 岩波書
　店, 1974.

高崎宗司,《妄言の元型》, 東京: 未來社,
　1990.

高島善哉,《マルクスとウエ―バ―》, 東
　京: 紀伊國屋書店, 1982.

高木八尺 譯,《アメリカ精神の歴史》, 東
　京: 岩波書店, 1954.

橋川文三, 松本三之介 編,《近代日本政治
　思想史》, 東京: 有斐閣, 1974.

宮田光雄,《キリスト教思想史研究》, 東

京: 創文社, 2008.

―――,《ボンヘツフア―反ナチ抵抗
　者の生涯と思想》, 岩波書店, 2019.

―――,《權威と服從》, 東京: 新教出
　版社, 2003.

―――,《日本の政治宗教》, 東京: 朝日
　新聞社, 1981.

宮田節子,《朝鮮民衆 '皇民化' 政策》, 東
　京: 未來社, 1985.

金田隆一,《戰時下キリスト教の抵抗と挫
　折》, 東京: 新教出版社, 1985.

吉馴明子, "內村鑑三と非戰論", 〈內村鑑
　三研究〉 43號, 2010. 4月號.

金石範,《轉向と親日派》, 東京: 岩波書
　店, 1993.

金田隆一,《昭和日本基督教會史》, 新教
　出版社, 1996, 235-236.

內村鑑三著作集刊行委員會,〈內村鑑三
　全集〉, 東京: 岩波書店, 1982.

內村祐之 編,《內村鑑三追憶文集》, 聖書
　研究社, 1931.

藤田省三,《天皇制國家の支配原理》, 東
　京: 未來社, 1966.

―――,《轉向の思想史的 研究》, 東京:
　岩波書店, 1975.

藤村道生,《淸日戰爭》, 東京: 岩波新書,
　1982.

栗原彬,《歴史とアイデンテイテイ: 近代
　日本の心理＝歴史研究》, 東京: 新曜
　社, 1982.

木田獻一,《古代イスラエルの豫言者た

ち》, 清水書院, 2023.

─────,《舊約聖書の豫言と默示》, 新教出版社, 1996.

武內義雄,《武內義雄全集》第2卷, 東京: 角川書店, 1978.

武田淸子,《正統と異端のあいだ》, 東京: 東京大學出版部, 1977.

米本昌平, "社會ダウィニズムの實像", 村上陽一郎 編, 〈時間と進化〉, 東京: 東京大學出版社, 1983.

飯沼二郎 · 韓哲曦,《日本帝國主義の朝鮮傳導》, 東京: 日本基督敎出版局, 1985.

半井淸,《朝鮮の統治と基督敎》, 朝鮮總督府學務局, 1921.

小松裕,《いのちと諸國日本》, 東京: 小學館, 2009.

小熊英二,《單一民族神話の起源》, 東京: 新曜社, 1995.

小原克博, "戰爭論の神學的考察", 〈基督敎硏究〉第70卷 第2號, 同大志大學, 2008.

松尾尊恩, "日本組合敎會の朝鮮傳道", 〈思想〉1968. 7., 東京: 岩波書店.

守本順一,《東洋政治思想史研究》, 東京: 未來社, 1986.

辻宣道,《嵐の中の牧師たち─ホ─リネス彈壓と私たち》, 新敎出版社, 1992.

阿部知二,《良心的兵役拒否の思想》, 東京: 岩波書店, 1969.

若桑みどり,《戰爭がつくる女性像》, 東京: 築摩書房, 2007.

熊野義孝,《日本キリスト敎神學思想史》, 東京: 新敎出版社, 1968.

月本昭男,《古代メソポタニアの神話と儀禮》, 岩派書店, 2010, 278.

─────,《舊約聖書におけるユ─モアとアイロニ─》, 敎文館, 2014.

─────,《物語としての舊約聖書》, 東京: NHKbooks. 2024.

─────,《悲哀を越えて》, 東京: 敎文館, 2005.

月本昭男外,《歷史を問う. 第2卷: 歷史と時間》, 岩波書店, 2002.

柳父國近, "戰後日本と靖國神社", 中村規外 編,《戰後日本: 占領と戰後改革》第5卷, 東京: 岩波書店, 1995.

由井正臣, "總動員體制の形成と崩壞", 鹿野政直 · 由井正臣 編,《近代日本の統合と抵抗》, 東京: 日本評論社, 1982.

日本聖書學研究所 編,《聖書外典僞典: 別卷補遺Ⅰ》, 敎文館, 1990, 1, 979.

長谷部弘, "內鑑村三の國家論", 〈內村鑑三研究〉24號, 1984. 3.

佐佐木宏幹,《シャ─マニズムの世界》, 講談社學術文庫, 1990.

朱熹,《朱子語類》卷 4. 1.

中濃敎篤,《天皇制國家と植民地傳道》, 東京: 國書刊行會, 1976.

曾根撓彦,《アメリカ敎會史》, 東京: 日本基督敎團出版局, 1978.

池明觀, "申采浩史學と崔南善史學",《東

京女子大學附屬比較文化研究所紀
要》第49卷, 東京, 1982.

───, "日本基督敎會朝鮮", 《東京女子
大學附屬比較文化研究所紀要》第39
卷, 東京, 1977.

池明觀·小川圭治, 《日韓基督敎關係資料
集》, 東京: 新敎出版社, 1984.

芝原拓自, 《世界史のなかの明治維新》, 東
京: 岩書波店, 1977.

織田猶次, 《チケックン: 朝鮮·韓國人傳
道の記錄》, 東京: 日本基督敎團出版
局, 1977.

川崎勝, "福澤諭吉と內村鑑三", 《福澤諭
吉年鑑》32號, 2005.

清水幾太郎, 《コントとスヘンサ》, 東京:
中央公論社, 1987.

塚本虎二, 《內村先生と私》, 伊藤節書
房, 1961.

澤正彦, "植村正久の朝鮮觀", 〈三千里〉
34號. 1983. 5., 東京: 靑丘文化社.

土肥昭夫, 《日本プロテスタント·キリス
ト敎史論》, 東京: 敎文館, 1987.

片野眞佐子, 《孤憤の人: 柏木義円》, 東京
新敎出版社, 1993.

鶴見俊輔, 《戰時期日本の精神史》, 東京:
岩波書店, 1982.

韓晢義, 《日本の朝鮮支配と宗敎政策》,
東京: 未來社, 1988.

戶村政博 編, 《神社問題とキリス敎》, 東
京: 新敎出版社, 1976.

丸山眞男 外, 《思想史の方法と對象》, 東

京: 創文社, 1969.

丸山眞男, 《日本近代思想史研究》, 東京:
東京大學出版會, 1989.

曾根繞彦, 《アメリカ敎會史》, 東京: 日本
基督敎出版局, 1978.

한국 개신교 사상사 1

신앙의 변증법: 김교신과 한국 개신교

The Dialectics of Faith: Kim Kyo-shin and Korean Protestantism

지은이 양현혜
펴낸곳 주식회사 홍성사
펴낸이 정애주
국효숙 김의연 박혜란 송민규 오민택 임영주 차길환

2025. 12. 5. 초판 1쇄 인쇄   2025. 12. 19. 초판 1쇄 발행

등록번호 제1-499호 1977. 8. 1.
주소 (04084) 서울시 마포구 양화진4길 3
전화 02) 333-5161 팩스 02) 333-5165
홈페이지 hongsungsa.com 이메일 hsbooks@hongsungsa.com
페이스북 facebook.com/hongsungsa
양화진책방 02) 333-5161

ISBN 978-89-365-1603-1 (03230)